JINGCHA FAXUE

警察法学

2013年第❶卷

中国人民公安大学法学院　编

编委会
主　任：程　琳
委　员：（以姓氏笔画为序）
仇加勉　卞建林
邢　捷　刘万奇
余凌云　张高文
张彩凤　李文燕
李玉华　陈瑞华
孟昭阳　罗振峰
赵秉志　姜明安
徐武生　高文英
崔　敏　葛余敏
程　华　程　琳
熊一新

U1005627

中国人民公安大学出版社
·北京·

《警察法学》编辑部

主　编：程　华

副主编：马明亮

编　辑：

警察法学基础理论：叶晓川

宪法、人权法与公安行政执法：沈国琴

公安刑事实体法：陈志军

公安刑事程序法：张小玲

国际警务执法合作、民商法等：王应富

主管单位：中国警察法学研究会

主办单位：中国人民公安大学法学院

支持单位：北京奇虎科技有限公司

图书在版编目（CIP）数据

警察法学（第1卷）/中国人民公安大学法学院编. —北京：中国人民公安大学出版社，2013.4

ISBN 978-7-5653-1124-6

Ⅰ.①警… Ⅱ.①中… Ⅲ.①人民警察法-法的理论-中国-文集 Ⅳ.①D922.111-53

中国版本图书馆CIP数据核字（2012）第282877号

出版发行：中国人民公安大学出版社
地　　址：北京市西城区木樨地南里
邮政编码：100038
印　　刷：北京蓝空印刷厂

版　　次：2013年4月第1版
印　　次：2013年4月第1次
印　　张：10.5
开　　本：787毫米×1092毫米　1/16
字　　数：220千字

ISBN 978-7-5653-1124-6
定　　价：30.00元

本社图书出现印装质量问题，由本社负责退换
版权所有　侵权必究

代 序

法治天空升起一面《警察法学》的旗帜

程 华*

一、缘起

理论研究从公认的客观事实出发，可以得出结论上的共识，进而改善自身的理论不足和生存危机。

就警察执法而言，下面有两个事实是客观存在的：

1. 截至2011年年底，中国有公务员708万人，而警察有近200万人，占我国公务员总数四分之一强。在经济发达地区和大城市，警察占公务员的比例就更大一些，例如北京市，公务员10万人，警察编制有5万人，占到了一半。社会发展需要，以及出于国家安全和稳定的需要，警察队伍还要壮大。这样一支数量庞大的执法队伍在维护国家安全与稳定、维护社会秩序、保障人权等方面发挥了其他执法力量不可替代的作用，付出很多，贡献巨大。

2. 每天清晨，当我们打开电脑浏览各大网站的新闻时，都有1至2条关于警察行为、警察执法的负面报道，无非是这样几种情况：警察及其相关亲属违法犯罪；警察从事与职务不相关的事情；警察滥用权力侵犯人权；在群体性事件、突发性事件中警察的不当行为等。

整体而言，警察的形象目前处于危机的边缘，且有愈演愈烈之势。

上述两个事实促使我们思考这样一个问题：在某种程度上，一切关乎警察执法引发的探讨、争议、评析都涉及到“个人权利与公共权力”的关系问题。一言以蔽之，目前警察执法的困境、症结、争议固然有多重原因，但核心是权利与权力的冲突问题。作为公安院校中的法学教育者应当对此有所思考、有所作为、有所担当。

就我国法学教育的现状而言，同样有两个事实是客观存在的：

1. 从1977年全国只有三所大学招收法学本科生，截至2012年全国有630多所普通高校招收法学本科生，在校本科生达到40万人。到2012年年底，法学研究生教

---

* 中国人民公安大学法学院教授，院长，博士生导师，法学博士。

育中有法学硕士学位授予权的机构有330多个，法学一级学科博士授权点单位达到39个。无论是发展速度、发展规模，还是发展层次、发展广度，我国已经成为法学教育大国。

2. 在法学教育蓬勃发展的进程中，问题同样突出：法学教育同质化现象严重，办学模式没有特色，在课程设置、教材编写、教学方法等方面千篇一律；法学毕业生就业困难，曾有几年在全国就业排行榜上排名落后；法学教学与法律实践脱节，法学是面向实践，终究要解决实践问题的学科，教材重于理论，解决实际问题滞后。

基于以上事实，我们确定了中国人民公安大学法学院的发展宗旨：坚持法学本色，突出公安特色，为公安法治服务。在困惑与事实的强烈撞击下，我们如果要有所特色、有所作为，必须在法学教育的丛林中突围。仰天俯地，观世察情，我们应当把融法学本色与公安特色为一体的警察法学作为我们发展的逻辑起点、教研重心、责任与使命。基于此，我们需要发出自己的声音，我们需要阐释我们对于警察法学的理解，我们希望以自己的绵薄之力为法治国家尽责，法治天空需要升起一面警察法学的旗帜，于是，有了连续出版物《警察法学》的诞生。

二、主旨

2012年新学期伊始，中国人民公安大学法学院（当时为法律系）就开始策划、创办一个围绕警察法学基本理论建设，警察执法等警界、警学热点问题，警察执法疑难与前沿问题进行探讨、交流的学术出版物。经过半年多时间的酝酿，确定该连续、固定出版物名称为《警察法学》——一个简单、明了而又响亮的名字，直接表达了该连续出版物的主旨。

在内容上，我们不希望成为法学的大杂烩，淹没在法学杂志和出版物的大海中。我们从警察法学原理、基本理论到警察法学的具体内容都要明确发展方向。第一，在行政权的丛林中我们重点研究“警察权”。研究警察权的武装性、特殊性、时效性；警察权在行使过程中的问题与对策；深究警察执法不当、群众暴力抗法的原因与对策等。第二，研究警察执法思维方式与执法理念的变革。在执法思维方式方面，应从管理型（权力型）思维方式向法治思维方式转变。在执法理念方面，从侧重打击犯罪、追求秩序向保障人权前提下的处罚犯罪，向在尊重宪法权利与自由前提下实现秩序方面转变。第三，程序与实体并重，打破法学传统部门法的划分，打破学科壁垒，强化交叉与融合，以公安刑事执法和公安行政执法为两大基本板块。第四，法学教育不仅培养法律职业人，亦能成为社会管理者，但凡涉及国家利益、社会稳定、国计民生的热点问题、深层次问题能以警学的视角进行解释并有独到见解的文章也可。

本连续出版物的主旨是从法治的视角来探索警察的当代使命，仍在重复古老而恒真的命题。古罗马查士丁尼云：正义是给予每个人他应得的部分的这种坚定而恒久的愿望。法学是关于神和人的事物的知识；是关于正义和非正义的科学。黑格尔一语中的：就每个人被承认为一个自由存在者而言，他是一个人格。所以法的命令是：成为一个人，并尊敬他人为人。

三、努力

法学院创办《警察法学》，是提升法学院学术影响力的重要举措和必由之路，我们深知其重要性。一流的法学院，必须拥有自己的学术阵地和表达平台，否则是不完整的。一流的学术出版物，是法学院的软实力，它不仅是与同行交流的重要平台，更是法学院研究成果的宣传阵地，从这个角度讲，它还是一面向外界推广自己的旗帜。但唯其如此，我们也深知其重要性。

在当下舆论、信息、媒体爆炸的年代，没有公开的、独立的学术刊物，已经成为当今法学院发展的障碍，甚至学术出版物的数量与质量，俨然成为衡量院校学术影响力的重要风向标。传统的知名法学院都有特色鲜明的法学学术期刊，他们记录了改革开放以来我国法学发展繁荣的历史，在中国法学的发展过程中作出了重要的学术贡献。同时，这些刊物的良性发展也为法学院勃勃生机的学术景象贡献着不可替代的力量。与此相对照，大部分综合性大学法学院系没有公开发行的、独立的法学连续出版物，包括已经有学术名气或者近年来学术名气不断提升的法学院。可以说，没有公开的学术刊物，已成为当今法学院发展的瓶颈。但唯其如此，我们也深知办好《警察法学》的艰难。

因其艰难，我们更加需要努力。《警察法学》是应潮流而生、因形势所需，是提升公安大学法学院学术影响力的必需与必然之产物。我们有信心，在公安大学的指导与支持下，在法学院全体师生的努力下，在法学界同人的鼎力相助下，《警察法学》会成长为警察法治建设的一支重要力量。

警察法学

目录

【名家论坛】

谈谈中国法制史学的“治世”作用 …… 张晋藩 / 1
深入贯彻落实党的十八大精神，推动公安法制工作发展进步 …… 孙茂利 / 4

【主题研讨】

新刑事诉讼法的实施与人权保障
辩护制度变革对公安执法的影响 …… 王敏远 / 7
刑事诉讼中的证明责任问题 …… 陈瑞华 / 11
强制措施完善与2012年《刑事诉讼法》修改的价值选择 …… 黄　永 / 29
非法证据排除规则司法适用问题探究 …… 刘静坤 / 38
案件管理：促进刑事诉讼人权保障的新机制 …… 石献智 / 52

【法学专论】

论“当场击毙”的正当化要件 …… 赵秉志　张伟珂 / 64
刑讯逼供的原因及对策的多维思考 …… 左坚卫　王　帅 / 78
论环境法治视野下的警察执法 …… 邢　捷 / 94
我国警察法的概念与范围再析 …… 高文英 / 108
人权国际保护语境下“不干涉内政原则”的困境与维护 …… 高智华 / 116

【高警论坛】

侦查取证中问题、难题与出路 …… 李富成 / 127

【域外法治】

美国警察讯问录音录像制度 …… 宋洪恩著　赵　华译 / 140
俄罗斯联邦警察立法变化述评 …… 周艳萍 / 153

Catalogue

On the "Kingcraft" Effect by the Historiography of Chinese Legality …… Zhang Jinfan / 1
To Thoroughly Implement the Spirit of the 18th Party Congress, Furthering the Development of Public Security Legal Work …… Sun Maoli / 4
The Influence on the Public Security's Enforcing Law by the Reform of Advocassie Regime …… Wang Minyuan / 7
On the Burden of Proof in Criminal Procedure …… Chen Ruihua / 11
Reviewing the Selection of Values in Revising *the Criminal Procedural Code* in 2012 from the Perspective of Improving Coercive Measures …… Huang Yong / 29
On the Judicial Application of the Exclusionary Rule of Illegal Evidence …… Liu Jingkun / 38
Case Management: New Mechanism to Promote Human Rights Protection in Criminal Procedure …… Shi Xianzhi / 52
On the Justification Conditions of "Shooting Dead on the Spot" …… Zhao Bingzhi Zhang Weike / 64
Multidimensional Thinking about the Reasons and Countermeasures of Using Torture to Extract Confession …… Zuo Jianwei Wang Shuai / 78
On Police's Enforcing Law in the View of the Rule by the Environmental Law—Concurrently Discussing the Establishment of Environmental Police System in China …… Xing Jie / 94
Re – discussing the Concept and Scope of Police Law in Our Country …… Gao Wenying / 108
Abiding by the Principle of non – Intervention of Internal Affairs in the Context of International Protection of Human Rights …… Gao Zhihua / 116
On the Problems and Solutions in Criminal Investigation and Evidence – Collecting …… Li Fucheng / 127
Electronic Recording of Police Interrogations in the United States …… Hung – En Sung Zhao Hua / 140
Reviewing the Change in Russian Federal Police Legislation …… Zhou Yanping / 153

谈谈中国法制史学的“治世”作用

张晋藩*

马克思曾经指出：“我们仅仅知道一门唯一的科学，即历史科学。”这是马克思主义的创始人对于历史科学的价值所作的经典论述。我国的古圣先贤对于历史学的治世功能也多有论述。孔子修《春秋》便意在整饬礼崩乐坏的世道。司马迁写《史记》，也不是为史而史，他志在“述往事，思来者”①，把过去和未来贯通起来。唐时刘知几更把历史看成“有国有家者，其可缺之哉？”② 可见，他们何等重视史学的“资政”、借鉴和预测未来的作用。唐太宗在魏征殁后，追思其贡献时说过：“以铜为镜，可以正衣冠；以人为镜，可以明得失；以史为镜，可以知兴替。”③ 宋司马光编《资治通鉴》，开创了资鉴史学的体例，其后则有《续资治通鉴》、《读通鉴论》之类的著作问世。

史学的另一个功能是正人心，厚风俗。孔子修《春秋》而乱臣贼子惧，说明乱臣贼子害怕被钉在历史的耻辱柱上。

中国法制史作为一门研究历代法律制度的专史，同样承载着“治世”的功能。

其一，传承中国法制史学，守护中华民族的优秀文化。

中国法制历史诞生在中华民族的文化土壤上，它的文化源头是多元的。儒墨道法诸子百家之学都融入到中华法制文明当中。但儒家学说逐渐取得了主导地位，儒家思想以及施政原则，始终指导着法制的构建过程与司法的总体规范，这是由深厚的宗法社会的道德理想主义国情背景所决定的。中国法制历史的连续性、系统性、完整性，为世界其他文明古国所少有。遗留至今的浩瀚法律文献与档案资料，雄辩地说明了中华民族对世界法文化宝库的巨大贡献，以及中华法系何以受到各国尊重。因此，传承中国法制历史，就是在守护中华民族优秀的文化传统，而这是中华民族伟大复兴的重要的立脚点。

其二，传承中国法制史学，发扬中华民族在法制上所体现的民族精神。

譬如，（1）重理性思考，远离宗教迷信的影响。东汉时期，本土的宗教道教已

* 张晋藩，中国政法大学终身教授，博士生导师，中国政法大学法律史学研究院名誉院长。

① 司马迁：《报任安书》。

② 《史通·史官建制》。

③ 《旧唐书》卷七十一《魏征列传》。

经诞生，印度的佛教也已传入中国。唐宋以来的统治者，虽尊重道教、佛教，但绝不使其干预国家的政治、法制与宗法族权的传统，唐武宗的灭佛、康熙时期的驱逐传教士都是明显的例证。西方中世纪存在的宗教法与宗教法庭，在中国古代是没有的。中国古代无论立法、司法，都表现出中华民族深刻的理性思考和智慧。

（2）重视道德教化，轻刑罚制裁，但并不意味着刑措而不用。《唐律疏议·名例律》中明确规定："德礼为政教之本，刑罚为政教之用。"这种本用关系，是汉以来德主刑辅论的重要发展。

（3）重人际和谐，调处息争。中国古代的政治家主张和为贵。所谓"和也者，天下之达道。致中和，天地位焉，万物育焉"。① 在中国古代宗法制度影响下，出现聚族而居的现象，而又共同经营农业经济，形成了世代比邻而居的村落。如发生争讼，多以调解排难解纷，以维持和谐。古代司法中，所主张的法、理、情三者的统一，也往往是着眼于和谐息争。

（4）重诚信，恶诈伪。孟子说："诚者天之道也，思诚者人之道也。"② 天道与人道的沟通存乎诚。商鞅变法，徙木为信，强调信赏必罚。唐朝戴胄曾对唐太宗建言："法者，国家所以布大信于天下也。"③ 并据此折服太宗以己意断案的过失。《唐律疏议》在市场法的规定中，严格规定了度量衡的准与信、产品质量的规格要求与责任制度，同时不准"以高下其价"，违者依法制裁。

以上可以看出中华民族在法制上表现出的素质和亘古相传的民族精神。如果离开了这样的文化土壤和民族精神，中国法制的历史不可能绵延四千余年。

其三，传承中国法制历史，弘扬民主性的法律理念和原则。

譬如人本主义的法律支点、法致中平的价值取向、天人合一的和谐诉求、礼法结合的互补作用、援法断罪的司法责任、法为治具的政治方略等等，正是这些法律理念和原则支撑着中华法制文明的大厦，使其卓尔不群地矗立于世界法制文明之林。

其四，传承中国法制历史，为现实的法制建设提供借鉴。

中国法制史学研究的是过去，但面对的是现实。它的价值与生命力就在于科学地总结历史经验，为当前的政治法律建设提供借鉴。仅举以下数例加以说明：

（1）法治与国家盛衰的关系。四千多年的法制历史雄辩地证明了法制兴则国兴，法制废则国危。中国古代的盛世，如成康之治、文景之治、贞观之治、开元盛世、康乾盛世等等，都是认真执行法治带来的结果。就贞观之治而言，贞观法治有很多值得肯定的地方，如：立法简约，保持稳定；以法论罪，画一用法；明法慎罚，防止枉纵；德礼为本，刑法为用等等，这些都在法制上保证了贞观时期的稳定和繁荣。

① 《中庸》。
② 《孟子·离娄上》。
③ 刘昫：《旧唐书·戴胄传》。

（2）礼乐政刑综合为治。早在西周，周公制礼作乐，立政建刑，开创了综合治国的先例。《史记·乐记》说："礼以导其志，乐以和其声，政以壹其行，刑以防其奸。礼乐刑政，其极一也，所以同民心而出治道也。"这种综合的治国理念，充分显示了古代政治家的智慧，并对后世有着深远的影响。汉以后，形成的德主刑辅的方略，仍然是通过多种渠道治理国家。今天所说的综合治理在中国古已有之。

（3）治法与治吏的结合。治法，是制定一部良法。治吏，是选拔培养执法的贤吏。只有法与吏的结合，才能发挥法律的治世功能。唐德宗时，白居易说："虽有贞观之法，苟无贞观之吏，欲其刑善，无乃难乎？"[①] 宋王安石说："守天下之法者，莫如吏。"[②] 明末清初，王夫之从总结历史经验的角度，提出"任人任法，皆言治也"。[③] 但是既不能"任人而废法"[④]，又不能任法而废人。结论就是"择人而授之以法，使之遵焉"。[⑤] 为了治吏，古代创立了很多制度值得借鉴，比如严格划分职官的权责；依法制定，考课官吏；任官重在得人，不完全拘于出身；注重发挥监察机关的察吏作用，等等。

总之，"观今宜鉴古，无古不成今。"中国古代法制历史无论立法的内容、制度的建构都充分显示了中华民族的智慧和创造力，值得认真加以总结，吸取其超越时空的民主性的部分，为建设中国特色社会主义法制提供历史法文化的支撑。

本文应约匆匆草成，挂一漏万之处敬请批评指正。

（初审编辑：叶晓川）

On the "Kingcraft" Effect by the Historiography of Chinese Legality

Zhang Jinfan

① 《长庆集》卷四十八。
② 《翰林学士除三司使》。
③ 《读通鉴论》卷三。
④ 《读通鉴论》卷十。
⑤ 《读通鉴论》卷十。

深入贯彻落实党的十八大精神，推动公安法制工作发展进步

孙茂利*

在我国进入全面建成小康社会决定性阶段之际，举世瞩目的中国共产党第十八次全国代表大会在北京胜利召开。这次大会高举中国特色社会主义伟大旗帜，承前启后、继往开来，勾画了全面建成小康社会、夺取中国特色社会主义新胜利、加快推进社会主义现代化的宏伟蓝图，吹响了创造中国人民更加幸福美好生活、实现中华民族伟大复兴的号角。深入贯彻落实党的十八大精神，是当前摆在各级公安机关面前的首要政治任务。公安法制部门要认真学习好、领会好、落实好党的十八大精神，推动公安法制工作不断开创新局面、迈上新台阶。

一、深入学习领会党的十八大精神，提高贯彻落实的自觉性和坚定性

党的十八大精神，集中体现在胡锦涛同志的重要报告中。报告主题鲜明、思想深刻、内容丰富、博大精深，提出了一系列新表述、新思想、新论断，旗帜鲜明地向党内外、国内外回答了我们党举什么旗、走什么路、以什么样的精神状态、朝着什么样的目标前进等核心问题，为党和国家事业进一步发展指明了方向。报告立足我国国情和发展的阶段性特征，对夺取中国特色社会主义新胜利、全面建成小康社会和深化改革开放、提高党的建设科学化水平作出全面部署，对深入推进依法治国、加强和创新社会管理等作出明确要求，提出政法队伍要“切实肩负起中国特色社会主义事业建设者、捍卫者的职责使命”，为公安工作和公安队伍建设提供了明确指导。公安法制部门要深入学习、领会十八大精神，深入理解把握中国特色社会主义理论体系和科学发展观的深刻内涵，自觉地以十八大精神武装头脑、指导工作。要不断强化社会主义法治理念，坚定社会主义法治道路，立足国情稳步推进公安法制建设，既充分吸收借鉴国外有益的经验做法，又不机械照搬照抄。要把科学发展观贯穿于公安法制工作全过程，坚持以人为本、执法为民，统筹处理好打击犯罪与保障人权、追求效率与实现公正、执法形式与执法目的的关系，做到既严格、公正、规范执法，又理性、平和、文明执法，努力实现执法的法律效果、政治效果与社会效果的统一。要提高运用法治思维和法治方式化解矛盾、维护稳定的能力，认真贯彻落实宽严相济的刑事司法政

* 孙茂利，法学博士，公安部法制局局长。

策，牢固树立严格依法履行职权、法律面前人人平等、尊重和保障人权的观念，进一步强化证据意识、程序意识、自觉接受监督的意识，充分发挥法制基础保障作用，着力创新执法方式，增强执法能力，提高公安机关执法公信力。

二、全面加强公安立法和执法制度建设，进一步完善公安法律规范体系

完善的法律体系是依法治国的基础。党的十八大从全面落实依法治国基本方略、深化政治体制改革的高度，明确提出“完善中国特色社会主义法律体系，加强重点领域立法，拓展人民有序参与立法途径”，给公安立法和制度建设提出了新的更高要求。党的十七大以来，公安机关积极推动出台了一系列涉及公安工作的法律法规，制定了一大批基层急需的执法制度，公安工作和公安队伍建设的主要方面已经实现有法可依、有章可循，公安法规体系日臻完善，执法程序和裁量标准更加规范。但与执法形势的发展变化和基层的实际需要相比，一些领域的公安立法还存在空白，一些已有的法规制度还比较粗疏，需要进一步细化修改。公安法制部门要积极适应社会主义民主法制建设要求，进一步推动完善公安立法和执法制度，为公安工作提供更加坚强有力的保障。要坚持民主立法、开门立法，探索建立民意收集、调查、采纳和反馈等公众参与立法的新机制，广泛听取社会各方面的意见、建议，对事关群众切身利益的重要法律和规章草案，公开征求公众意见，进一步提高公安立法和制度建设的公众参与程度。要及时推动出台涉及公安工作的法律法规，进一步严密公安法规体系，健全各个执法领域、各个执法环节的执法实体制度和程序制度。要针对贯彻落实修改后的《刑事诉讼法》、《行政强制法》、《出境入境管理法》等法律的要求，抓紧清理相关的规章、规范和法律文书，修订《公安机关执法细则》等执法规范，出台配套性规范文件，为基层执法提供具体指导。要按照精细化、标准化的要求，进一步细化执法流程、规范执法程序、统一裁量标准，提高立法和执法制度的针对性、可操作性，从源头上预防和减少执法问题发生。

三、不断深化执法规范化建设，提高严格公正规范文明执法水平

规范执法是法治的基本要求。2008 年以来，公安部立足于执法环境的深刻变化，从推动公安事业长远发展的高度出发，部署全国公安机关深入开展执法规范化建设，给新时期公安执法工作带来了一场深刻变革，推动公安机关在执法理念创新、执法制度完善、执法管理精细、执法能力提升等方面取得了长足进步，有力地促进了公安工作和公安队伍建设。同时要清醒地看到，执法规范化建设是一项长期的工作，只有起点，没有终点，必须常抓不懈、持续推进。公安法制部门要按照党的十八大关于严格公正规范文明执法的要求，充分发挥组织、协调、规划、推动的职能作用，强化理念机制创新，统筹“硬件”和软件建设，持续深入地推进执法规范化建设，推动各地普遍均衡发展，争取早日全面实现公安部提出的阶段性目标。要进一步推进执法办案场所规范化改造，结合贯彻落实修改后的《刑事诉讼法》的要求，因地制宜做好办案场所的规划建设和考核验收，确保在 2012 年年底前完成改造任务；加强执法办案场所装备科学管理和规范应用，加大示范推广力度，促进规范执法办案。要进一步完

善法制人员制度，加强监督管理，强化队伍建设，通过开展业务技能竞赛等活动，提升法制人员业务能力和专业化水平。要进一步推进执法示范单位建设，在选树新一轮执法示范单位的基础上，加强培育指导和考核评估，大力宣传执法单位先进经验做法，以执法“标杆”引领和带动各地规范执法工作。要探索完善执法质量标准及考评指标体系，完善个案监督机制，把年度考评与日常考评、动态考评相结合，把内部考评与外部考评相结合，更好地发挥考评的导向、激励、监督、管理作用。要进一步加强执法主体能力建设，完善执法资格等级考试制度，在继续做好基本级执法资格考试的同时，组织开展好中高级执法资格考试；加强执法教育培训，着力创新培训方式，提升培训效能。要进一步推进执法公开，认真贯彻落实《公安机关执法公开规定》，扩大公开范围，拓展公开渠道，为群众提供更多更好的公开服务。

四、大力加强法制队伍履职能力建设，打造学习型、服务型、创新型公安法制队伍

能力建设关系事业兴衰成败。随着社会主义民主法治建设进程的加快，人民群众的法治观念和权利意识不断增强，社会监督力度空前加大，公安工作面临的环境更加敏感复杂，公安法制建设任务更加繁重艰巨。深入贯彻落实党的十八大精神，全面推动公安法制工作迈上新台阶，为公安工作提供强有力的法律服务保障，必须大力加强公安法制队伍履职能力建设，着力打造学习型、服务型、创新型公安法制队伍。要认真贯彻落实《关于进一步加强公安法制队伍履职能力建设的意见》，按照正规化、专业化、实战化的要求，强力推进公安法制部门队伍建制改革，规范机构设置、明确职责定位、充实工作力量。要准确把握全面建成小康社会、深入推进依法治国对公安工作提出的要求，不断加强法制队伍辅助决策和执法管理能力建设，建立完善重大执法事项合法性评估机制、执法管理机制、个案监督机制、执法巡查机制、案件审核等制度，切实发挥法制部门法律监督审核和组织协调作用，促进基层公安机关规范执法。要切实增强大局意识，紧紧围绕公安中心工作，大力加强法制服务保障能力建设，加强对维护国家安全和社会稳定重点问题的法律政策研究，为应急处突、执法协作、重大案件侦办提供优质高效的法律服务，为基层执法实践提供及时准确的法律指导。要按照化解社会矛盾、维护群众权益的要求，进一步提高执法办案能力，妥善办理行政复议、行政诉讼和国家赔偿等案件，及时发现纠正执法问题。要按照择优录用的原则，建立完善法制民警准入制度，加强法律学习培训，大力提高法制民警的执法素养和业务素质，建设高素质专家型法律队伍。

（初审编辑：张小玲）

To Thoroughly Implement the Spirit of the 18th Party Congress, Furthering the Development of Public Security Legal Work

Sun Maoli

【主题研讨】新刑事诉讼法的实施与人权保障

编者按：新刑事诉讼法的实施是2013年刑事司法领域的一件大事。因为刑事诉讼法素有“小宪法”之美誉，关乎一国刑事法治状况，尤其是2012年新刑事诉讼法在人权保障方面进行了创新性甚至是革命性的修改，比如确立了“不得强迫自证其罪”原则，确立了非法证据排除规则，确立了讯问中的录音录像制度，等等。这些都是我国以往刑诉立法中所没有的。我们相信，新法的实施将在刑事人权保障方面带来新的景象，同时也有一丝隐忧：立法的先进性是否会被司法的保守性所消解？由是，我们邀请了法学界与相关司法实务部门同人，围绕新刑事诉讼法实施与人权保障进行了研讨，以期为实践的良性运行尽到绵薄之力。

辩护制度变革对公安执法的影响

王敏远*

2012年3月14日，全国人大通过了关于修改刑事诉讼法的决定（本文所说新刑事诉讼法如无特别说明即指2012年修改的刑事诉讼法），这是继1996年之后，我国对刑事诉讼法的又一次修改，意义重大。这次修改，涉及面很广，其中，对辩护制度所作的修改，特别醒目。关于辩护制度的修改，不仅内容多，而且很重要，将对我国的刑事诉讼法治产生积极的作用。辩护制度的完善对公安机关在刑事诉讼中的执法，也将产生重要影响。因此，我们需要在正确认识修改之后的刑事诉讼法和刑事辩护制度的基础上，认真研究我国刑事辩护制度变革对公安机关执法的影响问题，以使公安机关在刑事诉讼中履行其职责时能够适应新刑事诉讼法的要求。

我认为，对修改之后的刑事辩护制度，应当从多维度的视角来认识，应当将刑事辩护置于刑事诉讼法律制度发展完善的大背景中予以认识。

首先，需要从历史的维度来认识修改之后的刑事辩护制度。我国的刑事辩护制度是由1979年制定的刑事诉讼法所确定的。1978年，我刚到西南政法大学法律系学习时，还没有刑事诉讼法，1979年才制定、颁布了刑事诉讼法。关于这部法律，当时我们听到实务部门的同志有一个说法，那就是“今后刑事案子不好办了”。公检法三

* 王敏远，中国社会科学院法学研究所教授，博士生导师，中国刑事诉讼法学研究会副会长。本文为2012年中国人民公安大学法律系主办的“刑事诉讼法修正与公安执法”研讨会的发言整理稿。

个机关都有人这样说："这个刑事诉讼法对我们提出的要求太多了。"确实，相对于刑事诉讼无法可依的情况而言，刑事诉讼法颁布之后，对法院的刑事审判来说，根据制定的刑事诉讼法进行审判，不仅规定了要开庭审判，在开庭审判中有辩护人为被告辩护，还应当在审判期限内完成任务。这样的要求，相对于法院原来的审判，有很大的差别。因此，法院中有的同志认为："今后刑事案子不好办了。"对检察院来说，刑事诉讼法实施之后，不仅要在其履行职责时面对公安机关和法院，而且，在法庭审判时还会有辩护人和自己对着干，并且，检察机关也需要在刑事诉讼法规定的期限内完成办案任务。因此，检察院中也有同志认为："今后刑事案子不好办了。"而刑事诉讼法颁布之后，对公安机关办理刑事案件提出了比以前更多、更高的要求。公安机关办理刑事案件，不仅要经受检察院的审查，而且，还要在法庭审判中经受辩护人挑毛病，因此，公安部门也有同志说："今后刑事案子不好办了。"1996 年修改刑事诉讼法的时候，我们又听到了实务部门有人有同样的说法，不过，那次修改之后，认为"今后刑事案子不好办了"的，主要是检察机关和公安机关的同志，法院这样说的相对较少。那次修改的许多内容，如免予起诉制度的废除，法庭审判中增加了控方的责任等，对检察机关办案影响较大。而对公安机关来说，那次刑事诉讼法修改之后，收容审查制度被废除、律师在侦查阶段可以介入刑事诉讼等，对其办案也有重大影响。2012 年修改刑事诉讼法以后，估计也会听到法院和检察院有人说"今后刑事案件不好办了"，但更可能听到公安机关有人会说："这样修改刑事诉讼法，今后刑事案件更难办了。"

上述历史的回顾，对我们有什么启发呢？第一个启发是，我国的刑事法治肯定在进步。第二个启发是，对刑事诉讼中的职权机关尤其是对公安机关来说，影响十分突出。公安机关在刑事侦查中，同以前相比，不仅任务越来越重了，而且要求越来越高了，规范越来越严了。公安机关承担的任务更加重了，不仅体现在所要办理的刑事案件数量越来越多了，而且，在办理刑事案件过程中，还增加了"尊重和保障人权"这个重要任务。而公安机关办理刑事案件，规范越来越严，要求越来越高，亦即意味着：现在不仅仅是要达到实体公正——把刑事案子办对了，把案子真正破了，真正要抓对人，而且，还要采取法律所允许的方式，按照程序公正的要求来办理刑事案件。在公安机关办理刑事案件的过程中，辩护律师也会发挥比以前更加重要的作用。所以说，公安机关有人反映，按照修改后的刑事诉讼法，办案更难了，我们应该理解。

其次，从刑事诉讼的不同主体的角度来认识刑事诉讼法的修改和刑事辩护制度的完善。从辩护律师的角度来看，1979 年制定刑事诉讼法后，在开始实施的那些年，许多辩护律师可能还不知道该怎么办。确实，当时刑事诉讼法规定的辩护制度相对比较原则，人们难以知道该具体怎么办。此外，一些辩护律师受到的待遇，很多情况下比现在好，甚至辩护律师还被认定为"国家法律工作者"，与公务员一样拿工资，待遇跟公检法机关一样，只是职责不同而已。据说，当时有的地方的律师甚至还有穿制服的。当然，在20 世纪80 年代，也有"抓律师"的情况发生。当时，对于辩护律师在履行其辩护职责时与职权机关产生的矛盾，职权机关还不知道该怎么办，律师自己也有不知道该怎么办的。显然，这是一个不知道该怎么办的阶段。1996 年修改刑事诉讼法的时候，辩护律师倒是普遍知道了其在刑事诉讼中的职能，但是，刑事案件却很难办了。修改刑事诉讼法后，辩护律师知道该干什么了，也知道该做些什么了，但是，这时的刑事辩护却面临着诸多困难，出现了诸如“阅卷难”、“会见难”、“调查取证难”、“辩护意见被尊重难”等一系列难题。刑事辩护不仅难度大，而且风险高，一些辩护律师被错误追究刑事责任的情况时有发生。2012 年修改刑事诉讼法之后，辩护律师可能仍然会觉得，还有些“难题”会存在，还有问题会发生，但从总体来说，自 1979 年以来，整个刑事诉讼法治的进展与变化，给我们更多的是鼓舞。

我认为，随着刑事法治的发展，尽管给我们公安的感觉更多的是压力，但是，作为法律人，增加这个压力是对的，是法治进步的标志。刑事案件数量多当然不是法治进步的标志，但是，刑事诉讼法对公安机关的要求越来越高，规范越来越严，这正好是我们法治进步的标志。

多维度视角认识刑事辩护，确实意味着不同主体的认识会有分歧，是很难统一的，这可能是普遍现象。世界上不同国家，在刑事侦查过程中，警察一般都不会欢迎律师参与进来。在刑事侦查阶段，甚至警察内部也是这样。如果有一个专案组正在侦办一个刑事案件，另一个非本专案组的警察也来查办这个案件，同样会引起反感的，让人觉得你是在搅和别人的案子。从某种意义上说，律师进入侦查阶段，对侦查机关来说，是一种多元主体的参与。要协调这项多元主体相互间的矛盾，不是那么容易的。尤其在刑事侦查过程中，案子还没有定型，侦破刑事案件还在过程中，辩护律师的参与对其会有影响。当然，侦查终结、案件定型以后，在审查起诉阶段，辩护律师的参与，情况就不一样了。

在侦查过程中，辩护律师与侦查人员之间的矛盾虽然很难协调，但是，我觉得应当设法协调，原因很简单：对于公安机关来说，不仅有的刑事案件越来越复杂，根据新的刑事诉讼法，其在侦查过程中，确实是任务更重、要求更高、规范更严，而且，辩护律师介入后，会使办案的复杂性增加了。因此，辩护律师在侦查阶段的介入，看起来对公安机关的办案不是好事，但是，从另一角度看，也会带来很多好处，比如可以促使侦查更加规范化。对公安机关办案来说，有一个外部的制约和监督，而且这种外部制约和监督来自非体制内的律师，很重要。尽管公安部及上级公安机关的要求对公安机关的办案来说很重要，公安机关内设的相关职能部门对侦查的制约也很重要，检察机关对侦查机关的制约也很重要，但是，所有这些来自体制内的制约都代替不了来自辩护律师的那种外部制约。因为辩护律师对侦查人员的制约是现实针对性特别强的，这种制约是让公安机关不得不打起精神来好好对待的，因此，对规范公安机关的侦查行为有特别重要的影响。既然这种制约方式具有这么重要的作用，我们就应当重视辩护律师参与侦查，并注意协调相关的关系。

当然，协调过程中会遇到很多问题。比如，侦查过程中，案子还没有定型的时候，辩护律师会见犯罪嫌疑人能谈什么，不能谈什么；辩护律师通过侦查机关了解案情，能让他知道什么，不能让他知道什么，都需要确定界限。如何确定这个界限对于公安机关是个挑战，对于辩护律师也是个难题。怎么办？应当多维度来认识这个问题。如果公安机关说，“辩护律师会见时，审讯这个事情不能谈”；辩护律师则认为，“如果审讯的事情不能谈，怎么维权啊”。显然，如果只从公安机关自己一个维度来看这个问题，那么，律师在会见时可能就什么问题也不能谈。公安机关会认为，如果在侦查尚未终结时辩护律师与犯罪嫌疑人谈具体案情、证据，就容易出问题；如果只是从辩护律师的维度来看待该问题，会觉得，在会见犯罪嫌疑人时，什么都应该可以谈。因此，需要从不同的维度协调。但不论怎样协调，对公安机关的办案都会增加难度。

当然，对公安机关来说，新刑事诉讼法的要求使刑事辩护对其侦查工作的影响是全方位的。例如，证据制度所增设的非法证据排除，使刑事辩护增加了一种新的方式，同时，也使公安机关的侦查及之后的刑事程序中的工作，增加了新的要求，即应当采用法律所允许的方式收集证据，必要时，办案警察还需要出庭作证。对这些新的挑战，我们的公安机关（当然也包括承担侦查任务的检察机关）应当充分认识，认真对待，积极适应。

对公安机关来说，新刑事诉讼法虽然使其在刑事诉讼中任务更重、要求更高、规范更严，但也应看到诸多积极的因素。例如，审判方式以及其他制度的改变，对侦查制度也会有很多积极影响。不能仅仅看到新刑事诉讼法允许辩护律师介入侦查阶段、排除非法证据等所带来的挑战，还应该看到刑事诉讼法相关修改的积极影响。如，简易程序的采用，对侦查机关的影响也是很大的。修改后的刑事诉讼法规定，基层人民法院审判的所有第一审刑事案件都可以适用简易程序，其前提是被告人“认罪”并同意适用简易程序审判。这个“认罪”如果是真诚的，那么，就会使得新刑事诉讼法所要求的诸如“警察出庭”、“证人出庭”等一系列问题都简化了。因此，只要侦查机关扎扎实实把案子办好，按照法律规定要求办，使得犯罪嫌疑人“真诚认罪”，那么，后面所有可能的麻烦都不会再发生了。因此，如果律师介入侦查程序，能够促使犯罪嫌疑人在侦查阶段认罪基于真诚的意愿，则会给侦查工作带来很大好处。显然，“真诚认罪”应当建立在自愿的基础上，因此，只要有“真诚认罪”，就说明公安机关在侦查过程中很好地履行了自己的职责。而刑事诉讼法对公安机关的工作所增加的要求，也就都不是麻烦了。诸如证据合法性审查、证人出庭、警察出庭作证等麻烦，可以预先消解了。当然，这也可能是我这个书生的过于天真的“理想”。实现这个理想，需要刑事诉讼中的公检法等职权机关和辩护人等方方面面的共同努力，尤其是公安机关的努力。

（初审编辑：马明亮）

The Influence on the Public Security's Enforcing Law by the Reform of Advocassie Regime

Wang Minyuan

刑事诉讼中的证明责任问题

陈瑞华*

一、引言

证明责任是刑事证据制度的重要组成部分。长期以来，我国刑事诉讼法学界在证明责任问题上存在着很多争论，对于诸如证明责任的性质、证明责任与举证责任的关系、证明责任分配的原则、被告人是否承担证明责任、法官调查与证明责任的关系等问题，都曾有不同的看法。但近年来，大多数学者都投入到对刑事诉讼制度改革问题的研究之中，对于证据制度的构建更多地采取一种"拿来主义"的态度，而对包括证明责任问题在内的一些基本理论问题则很少涉猎，结果导致这一问题的研究渐渐趋于沉寂。

但是，证明责任问题却一直为立法机关所关注，并在前后两次刑事诉讼法修改过程中成为法律规范的对象。1996 年刑事诉讼法曾明确规定，对于事实不清、证据不足的案件，法院可以作出"指控的犯罪不能成立的无罪判决"。这意味着我国法律首次确定了检察机关在公诉案件中的"败诉风险"。2012 年刑事诉讼法则第一次明确规定了检察机关的"举证责任"。根据这一法律，公诉案件中"被告人有罪的举证责任由人民检察院承担"。

立法机关经过近 20 年的努力，逐步在成文法中确立了检察机关的"举证责任"和"败诉风险"，这是一种值得高度重视的立法动向。但相比之下，有关证明责任问题的理论研究却明显滞后，甚至在不少方面都难以对现行诉讼制度作出准确的解读。例如，一些学者至今仍然将证明责任与举证责任予以区分，将前者界定为"公检法三机关调查证据、查明案件事实的责任"，将后者则定义为控辩双方为支持本方诉讼主张所承担的证明义务。又如，一些学者对中国与西方司法制度的差异视而不见，直接将英美证据法中的"双重证明责任理论"引进过来。颇具讽刺意味的是，在刑事诉讼法学界普遍接纳英美"举证责任"和"说服责任"的同时，民事诉讼法学界几乎众口一词地接受了大陆法中的"行为责任"和"结果责任"的概念。

面对刑事诉讼立法发展的现状和有关理论研究的缺憾，我们有必要对证明责任问题进行重新考察。本文拟从证明责任的概念入手，对于两大法系国家的证明责任理论

---

* 陈瑞华，北京大学法学院教授，博士生导师，长江学者。

作出比较分析，在此基础上提出中国的证明责任理论。笔者将讨论证明责任的分配原则、证明责任的转移和倒置以及被告人承担证明责任的问题，并对法官调查与证明责任的关系作出新的理论解读。

二、证明责任的概念

作为司法证明的主要构成要素，证明责任是提出诉讼主张的一方所承担的提出证据证明本方所主张的待证事实的义务。在证明责任的性质问题上，我国证据法理论曾出现了多种观点，存在着诸如“权利说”、“义务说”、“责任说”、“后果说”等不同的学说。笔者持“义务说”，将证明责任界定为提出诉讼主张的一方所承担的一种证明义务，并在无法负担这一义务时承担不利的法律后果。具体来说，证明责任的概念可以包含提出主张事实、履行举证义务、完成论证过程以及承担败诉后果四个密不可分的要素。要全面认识证明责任的性质，我们需要从这四个角度来揭示证明责任概念的不同方面。

首先，证明责任离不开特定的诉讼主张。通常来说，无利益则无诉讼。诉讼活动的发生起源于控辩双方的利益冲突，无论是指控方还是被告方，都是因为无法通过其他途径解决利益争端而不得不诉诸司法裁判程序的。而司法裁判程序一旦启动，法院就要对控辩双方的利益作出权威的裁决。作为与案件结局有着直接利害关系的人，控辩双方的利益都处于接受法庭裁判的状态。为维护本方的利益，控辩双方向法庭提出诉讼主张，从而通过行使诉讼权来说服法院接受本方的主张，作出有利于自己的裁决。而提出诉讼主张的一方，要达到说服法院接受本方主张的效果，就必须从事司法证明活动，承担证明责任，向法院提出证据并论证待证事实的真实性。因此，从根本上说，证明责任乃至整个司法证明机制都与诉讼主张的提出有着直接的联系。

罗马法有句著名的格言：“谁主张，谁举证。”一般的理解是，在诉讼活动中，哪一方提出了积极的诉讼主张，或者提出肯定某一事实存在的诉讼请求，该方就负有提出证据对该项主张加以证明的义务，否则，该方所提出的诉讼主张就不被法庭所接受。在某种意义上，提出积极的诉讼主张，就意味着要改变法律关系的现状，使得原已存在的权利、义务和责任格局发生变化。提出积极的诉讼主张也经常具有“诉讼权利”的性质。但是，积极提出诉讼主张本身，并不足以说服法院作出有利于该方的裁决。提出诉讼主张固然可能属于一种诉讼权利，但是，主张者必须提出证据并论证本方所主张的待证事实，否则，该方所主张的待证事实就无法成立，该方的诉讼主张也无法得到事实的支持。

其次，证明责任包含着举证义务。证明责任之所以被界定为一种“义务”，就是因为提出诉讼主张的一方必须提出证据，也必须运用这些证据论证本方所主张的待证事实，否则，该方就要承担消极的法律后果。所谓“举证”，是指主张方向法庭提出本方证据并逐一展示证据事实的活动。笔者之所以不同意使用“举证责任”这一概念，就是因为，在现代汉语语境中，“举证”仅仅意味着提出本方证据和展示证据事实的活动，它远远不能概括司法证明的全部含义。而“证明责任”除了包含“举证义务”之外，还同时包含着论证义务和承担败诉后果的内容。可以说，在任何诉讼形态下，承担证明责任的一方假如提不出任何证据，无法履行举证义务，该方所提出的诉讼主张是不可能被法院接受的。对于主张者而言，提出证据绝不属于该方可以放弃的权利，而属于不承担就要承受不利后果的义务。

再次，证明责任包含着论证待证事实的义务。提出诉讼主张的一方要承担证明责任，仅仅提出证据是不够的，该方还必须运用证据论证待证事实的真实性。这种论证既包括对本方主张事实的证实，也包括对对方证据和主张事实的证伪活动。在法庭审判过程中，承担证明责任的一方对对方证据进行的“质证”活动，以及就本方待证事实的真实性所进行的综合辩论活动，都属于这种论证活动。对于提出积极主张的一方而言，他对待证事实的证明贯穿于法庭审判的全过程，而这种对本方待证事实的论证也不是可行使也可放弃的权利，而属于该方必须承担的义务。

最后，证明责任与败诉风险是联系在一起的。证明责任之所以不能被界定为简单的“权利”或者“利益”，就是因为提出诉讼主张的一方一旦不能提出证据，或者无法论证待证事实的真实性，那么，待证事实就只能被视为不真实或不存在的，该方所提出的诉讼主张也就不能成立，因此只能承担所主张的诉讼请求不能成立的后果。而提出诉讼主张的一方一旦无法使裁判者接受本方的诉讼主张，就意味着本方诉讼活动的失败，也就是通常所说的“败诉”。在任何诉讼活动中，无论是指控方还是被告方，都有可能提出各种各样的证据，来论证本方的某一观点，但假如该方不承担“举证不能”的败诉后果，那么，该方就不属于证明责任的承担者。

通过上述分析，我们可以发现证明责任与“诉讼主张”、“举证义务”、“论证义务”以及“败诉风险”有着密切联系。从维护权益、提出诉讼主张的角度来说，承担证明责任的一方是在为维护实体利益而行使诉讼权利；从承担败诉风险或本方主张不成立的法律后果的角度来看，承担证明责任的一方也确实在承担法律责任。但从总体上看，证明责任本身既不是权利或利益，也不能简单地被归结为责任，而属于提出诉讼主张的一方所要履行的法律义务。

假如我们接受上述对证明责任概念的界定，那么，这一法律义务的承担者显然只能是那些与案件结局有着利害关系的控辩双方。在刑事诉讼中，承担证明责任的要么是作为公诉方的检察机关，要么是作为自诉方的被害人，要么是那些提出某些积极诉讼主张的被告人。法院作为司法裁判者，负有对诉讼主张进行裁判、对司法证明的过程和结果加以验证的使命。法院与诉讼活动本身既不存在任何利害关系，也不会提出任何旨在改变法律关系现状的诉讼主张，更不会因为“举证不能”而承受消极的法律后果，因此，法院不是证明责任的承担者。那种将法院视为证明责任承担者的观点，要么是将法院与控辩双方的诉讼职能混为一谈，要么是对证明责任的认识存在误解。可以说，法院不承担任何形式的证明责任，这应当是我们研究证明责任问题的逻辑前提。

三、英美法中的举证负担与说服负担

证明责任是一种从英美法中引进的法律概念。在英语语境中，所谓证明责任，其实是指“证明负担”（burden of proof）。英美证据法基于陪审制和对抗制的制度背景，确立了一种颇具特色的证明责任双层次理论。根据陪审制，法官对案件的法律适用问题拥有裁判权，而陪审团在法官的法律指导下对案件的事实认定问题拥有权威的裁断权。而根据对抗制，法庭审判以控辩双方诉讼对抗的方式来展开，法官、陪审团所要裁断的就是控辩双方存在争议的事实和主张是否成立。在陪审制的影响下，英美证据法确立了主张者向法官承担举证责任、向陪审团承担说服责任的制度。而在对抗制的作用下，任何承担证明责任的一方都需要首先承担举证责任，使得法官将该方所论证的事实和诉讼主张列为一个诉讼争点，然后才能提交陪审团对该方所主张的事实进行最终的裁断。论证本方事实和主张列为诉讼争点的责任，也就是通常所说的举证责任；而在法官列为诉讼争点之后，向陪审团证明本方待证事实存在的责任，则属于说服责任。①

在英美证据法中，“证明负担”是一个多义的、容易被混淆的概念，判例法对此经常作出一些不同的解释。一般而言，有关“证明负担”的法律规则通常规定在实体法之中，证据法只是确立了有关证明负担分配的基本原则。在“证明负担”之下，存在着两个层次的概念：一是举证负担；二是说服负担。所谓“举证负担”（burden of production），又被称为“证据负担”（burden of evidence），在美国证据法中还被称为“提出证据推进诉讼的负担”（the burden of presenting evidence to put forward the proceedings）。任何承担证明责任的一方，首先应当证明某一特定事实的存在具有初步的证据支持，才能被法官纳入诉讼争点。如果负有证明责任的一方对于某一事实的存在没有提供足够的证据，那么，法官将不会将该项问题提交给陪审团，而是直接裁断该项事实在法律上不能成立。②

另一个概念是“说服负担”（burden of persuasion），是指在法官将某一争议事实纳入诉讼争点的前提下，负有证明责任的一方证明该事实的真实性，并说服陪审团对该事实产生较高程度的内心确信的义务。作为事实裁判者，陪审团在审查完全部证据之后，假如对于所要证明的事实仍然存有疑问的，将会裁断有关待证事实不能成立，承担证明责任的一方也将会承受败诉的后果。

在英美刑事诉讼中，检察官对于其指控的罪行的每一项基本构成要素（essential elements）的责任都承担说服负担。检察官必须将其指控的每一项罪状（count）的成立都证明到排除合理怀疑的程度，才能成功地承担“说服负担”。这一说服负担是不可转移的。但是，在陪审团确定检察官是否成功地承担了这种说服负担之前，检察官还必须就同一事项提出证据进行初步的证明，也就是承担前面所说的“举证负担”。

① 陈瑞华．比较刑事诉讼法［M］．北京：中国人民大学出版社，2010：125.

② Wayone R. LaFave and Jerold H. Israel. *Criminal Procedure*. West Publishing Co.，1992，503－504.

只有在检察官首先满足了举证负担所要求的证明标准之后，法官才会将案件移交给作为事实裁判者的陪审团，后者也才会进一步确定检察官是否已经将其指控的罪状证明到排除合理怀疑的程度。而在检察机关提出证据证明被告人有罪具备初步的或表面的证据之后，举证负担就转移给被告方，后者也要提出证据证明被告人有罪这一事实并不具备初步的或表面的证据。假如被告方发现检察官并没有提出初步的或表面的证据证明自己的指控事实，就可以提出“无辩可答”（no case to answer）的意见，要求法官直接在法律上宣告指控不成立。

在有些案件中，英美法允许被告方提出一些“积极抗辩”（affirmative defense）事由，以便证明被告人的行为在法律上不构成犯罪，或者证明被告人应被判定较低等级的罪名。通常情况下，这些旨在排除或者减轻被告人刑事责任的积极抗辩事由主要有精神病、正当防卫、受到强迫、自愿醉酒、极端的情绪障碍等。原则上，被告人以上述事由为根据提出积极抗辩的，应当承担一定的证明责任。例如在美国和英国证据法中，被告方对这些积极抗辩事由都要承担说服负担。也就是说，被告方既要对这些事由的存在承担举证负担，说服法官将此抗辩事由纳入诉讼争点，也要在此基础上，说服事实裁判者对这些抗辩事由的存在形成较强的内心确信。当然，与检察官所承担的说服负担不同，被告方的说服负担不需要达到排除合理怀疑的最高程度，而至多达到优势证据就足够了。当然，在美国一些司法区，法院要求被告方对特定的积极抗辩事由的证明，达到“清晰而有说服力的证明”这一更高的标准。

但在其他一些普通法国家中，判例法通常要求被告人对这些积极抗辩事由承担举证负担。例如，根据加拿大证据法，在提出积极抗辩的情况下，被告人需要承担举证负担。具体来说，辩护方必须提出证据证明自己的抗辩事由具有存在的可能性（a sense of reality），法官才会将此辩护意见提交给陪审团加以考虑。而一旦辩护方满足了这一举证负担，那么，证明这些抗辩事由不存在的责任，就将转移给检察官一方。不过，检察官证明这些抗辩事由不存在的责任，将不再属于举证负担，而相当于一种新的说服负担。与其他说服负担一样，对抗辩事由不存在的说服负担，也需要达到排除合理怀疑的程度。不仅如此，有权判定检察官是否满足这一说服负担的将是陪审团，而不是法官。①

四、大陆法中的行为责任与结果责任

与英美证据法不同，大陆法国家的刑事证据制度并没有接受前述的双层次证明责任理论。这一方面是因为大陆法并不存在陪审团与法官在司法裁判权的角色区分，举证方无须分别向法官和陪审团承担不同的证明责任；另一方面也是因为大陆法实行职权主义的诉讼构造，法官始终拥有对案件事实的司法调查权，控辩双方在调查证据方面只起到辅助的作用，这就导致那种典型的“谁主张，谁举证”的原则并不能完全适用到刑事诉讼之中。尽管如此，大陆法国家的刑事诉讼中仍然存在着一种司法证明

① John Sopinka. *The Law of Evidence in Canada* [M]. utterworths Canada Limited, 1999. 51 – 90.

过程，也存在着相应的证明责任分配机制。对大陆法中证明责任制度作出理论总结的是德国学者，他们提出了结果责任与行为责任相结合的证明责任理论。

结果责任与行为责任的区分，首先发端于德国民事证据法理论。德国民事诉讼实行的是一种当事人进行主义的诉讼构造，这有些类似于英美刑事诉讼的对抗制构造。按照德国证据法理论，只有当法庭审理后待证事实仍然难以明确时，才会产生证明责任分配的问题。具体而言，在法庭审理进行到最后时，法官有时会面临所要证明的事实无法澄清或者难以查明的情形，对此“事实不明”的案件，法官要进行裁判，就必须遵循一套认定案件事实的规则。其中，证明责任的分配规则就是旨在解决“待证事实最后不明时如何分配法律效果”的规则。

所谓结果责任，又称为客观的证明责任，就是指这种法官在审理后无法确定待证事实或者对事实存在疑问的情况下，确定由何方承担败诉后果的责任。在当事人进行主义的诉讼构造中，负有结果责任的一方当事人，必须承受最后事实不明时的败诉后果。但是，结果责任与当事人的举证活动并没有必然的联系，法官的裁判直接取决于客观上“什么事实被澄清了”，而不是主观上“什么人澄清了这件事”。正因为如此，承担结果责任的一方在事实不明情况下最终要承受不利的败诉结果。①

在当事人进行主义的诉讼中，行为责任是由结果责任所衍生出来的概念。也就是说，当事人为避免败诉后果，负有提出证据证明待证事实的责任。这种行为责任也称为主观的证明责任。但是，这种行为责任是由结果责任所派生出来的证明责任，承担证明责任的一方为避免败诉的结果，才向法官提出证据，论证待证事实的真实性。正因为如此，这种行为责任并不具有独立性，其主体和范围都取决于结果责任。②

但是，大陆法国家的刑事诉讼采取的是职权主义的诉讼构造。这一诉讼制度确立了实质真实原则和无罪推定原则。根据实质真实原则，法官对案件事实负有查明真相的责任，所认定事实的依据不限于控辩双方提交的证据，还可以自行收集新的证据。而根据无罪推定原则，证明被告人有罪的责任应由公诉方承担，被告人不承担证明自己无罪的责任，在检察官无法证明被告人有罪或者所证明的案件事实不清楚的情况下，法官应作出被告人犯罪事实不成立的无罪判决。③

在这两个原则的影响下，那种“谁主张，谁举证”的原则就受到了一定的限制。由于法官负有调查义务，即使控辩双方不提出任何证据，法院仍然要依据职权调查案件事实，而不能直接作出裁判；法院所调查的证据也不以控辩双方当庭提出的为限，而可以自行调查新的证据。正因为如此，那种建立在诉讼主张基础上的行为责任就无法发挥作用了。尽管如此，在大陆法国家的刑事诉讼中，结果责任的概念仍然是可以适用的。也就是说，法官在审理后如果没有对被告人有罪这一点达到内心确信无疑的程度，就应遵循无罪推定原则的要求，作出被告人无罪的判决。但这种结果责任与民

---

① 林钰雄．刑事诉讼法（上册总论编）［M］．台湾：元照出版公司，432.

② 林钰雄．严格证明与刑事证据［M］．北京：法律出版社，2008：164.

③ ［美］菲尼，［德］赫尔曼，岳礼玲．一个案例，两种制度——美德刑事司法比较［M］．北京：中国法制出版社，2006：350.

事诉讼中的结果责任有所不同，它仅仅被用来说明法官在案件审理后事实不明状态下的法律后果问题。

通过简要分析大陆法国家的结果责任和行为责任的理论，我们不难发现，这是一种与英美双层次理论截然不同的证明责任理论。假如有人将这两对概念等同视之，也就是将德国法中的结果责任等同于英美法中的说服负担，而将德国法中的行为责任归结为英美法中的举证负担，这将属于一种严重的误读。其实，英美法中的举证负担与说服负担分别是用来向法官和陪审团承担的证明义务，前者是主张者说服法官将争议事实纳入诉讼争点的义务，后者则是在法官同意将待证事实提交陪审团考虑的情况下，主张者向陪审团证明案件事实的真实性具备较高可信度的义务。可以说，没有法官与陪审团的裁判职能分工，就不可能有这种双层次的证明责任理论的存在。

与英美法国家不同的是，大陆法国家没有确立陪审团制度，法官和陪审员都负有相同的裁判职能，控辩双方不需要将同一事实的证明区分为法律问题和事实问题，更不需要对同一事实前后进行两次证明过程。即使在民事诉讼中，控辩双方的证明责任也是单一的，也就是承担证明责任的一方首先要承受败诉风险，而为避免这一不利的诉讼结果，该方不得不承担行为责任，也就是提出证据证明待证事实的责任。可以说，满足结果责任是司法证明的目标和归宿，而满足行为责任则是避免败诉结果的手段。结果责任和行为责任是合为一体、不可分离的。当然，大陆法国家的刑事诉讼基本上没有接受民事诉讼中的这种证明责任理论。尽管在这一诉讼中也有结果责任的存在空间，但这种结果责任已经与民事诉讼中的结果责任不可同日而语了，它仅仅是指法官在案件受理后事实不明时的法律效果而已。在刑事诉讼中，即便在案件事实不清、法官无法形成内心确信无疑的情况下，也不存在“检察官败诉”的问题，而只存在“犯罪事实无法澄清”的问题。

五、中国刑事证据法中的证明责任

面对英美法和大陆法这两套各不相同的证明责任概念体系，中国刑事证据法究竟应确立怎样的证明责任理论呢？在以往的证据理论中，这属于仁者见仁、智者见智的问题，凡是涉猎这一领域的学者似乎都有自己的独立见解，而很难有形成共识的观点。在笔者看来，证明责任作为来自西方法律制度的“舶来品”，要被成功地移植到中国证据法体系之中，我们就必须首先对两大法系国家的证明责任理论进行梳理，并且对中国法律制度的特殊性进行界定，然后才能提出一种能够融入中国法律制度的证明责任理论。这种理论不仅能够体现中国证据制度的特点，而且还应具有一定的前瞻性和指导性，能够对中国刑事证据法的未来发展产生理论引领作用。

首先，可以肯定的是，对于英美证据法中的双层次理论，中国证据法理论是无法进行整体移植和吸收的。所谓的“举证负担”和“说服负担”的概念区分，建立在陪审团和对抗制的制度基础上，强调举证方先后分别向法官和陪审团承担不同的证明责任。这对于那些没有确立陪审团制度和对抗制的国家，属于几乎不可接受的制度安排。尤其是在中国司法制度下，法院通过一次连续的法庭审判，既要裁决事实问题，又要决定法律适用问题；合议庭无论是由职业法官与人民陪审员混合组成的，还是完全由职业法官组成的，都既要裁决案件的事实认定问题，又要解决法律适用问题。况且，在这样的法庭审判中，法官（尤其是作为“承办人”的法官）还有权主动进行调查核实证据的活动，除了当庭主导证据调查活动以外，还可以进行庭外收集新证据的活动。因此，在中国刑事审判中，将证明责任区分为“举证责任”和“说服责任”，将是没有太多制度基础的。

那么，对于德国法学界提出的“结果责任”和“行为责任”的概念，中国刑事证据法能够直接移植吗？答案也是否定的。尽管在中国民事诉讼法学中，这两个概念已经被整体吸收到证据法理论之中，但是，刑事诉讼的情况要更为复杂。首先，德国证据法理论将证明责任界定为“解决事实不明时分担法律效果或败诉风险”的制度设计，这不符合司法证明的基本原理。既然是从事司法证明活动，那么，举证方就理应承担提出证据论证待证事实真实性的义务，证明责任的核心就应当是提出诉讼主张的一方论证本方待证事实存在的义务。这一证明义务应当贯穿于司法证明的全部过程，从证明对象的确定，到证明方法的设置，再到证明标准的确定以及证明不能时败诉风险的分担，都应受到证明责任分配原则的影响。其中，所谓事实不明时败诉风险的分担问题，不过是证明责任的一个要素，也就是“败诉风险分担”要素，但绝不等于证明责任的全部。至少，证明责任除了风险分担要素以外，还应有举证要素和论证过程要素。德国证据法将证明责任仅仅界定为审判最后事实不明时的风险分担机制，这显然忽略了司法证明的全部过程，而带有明显的“重结果，轻过程”的意味。

其次，德国证据法理论过分重视法官的澄清义务，而无视控辩双方的证明责任，这不符合刑事诉讼构造的现状。按照这一理论，“什么人证明待证事实”并不重要，而“说明事实得到澄清”才是最重要的；即便没有任何证据，法院基于基本的裁判义务，都必须自行调查事实，从而查明事实真相。而即使在确立了当事人进行主义构造的民事诉讼中，当事人的行为责任仍不具有任何独立性，而只是结果责任所逼迫出来的一种证明义务。至于那种具有职权主义诉讼构造的刑事诉讼，则就连当事人的行为责任都没有存在的空间。既然如此，刑事诉讼为什么还要构建基本的诉讼形态呢？法庭为什么还要举行如此形式化的司法证明活动呢？何不像纠问式诉讼那样，直接设计成为法官依据职权进行的查明真相活动呢？其实，根据德国法所确立的无罪推定原则，公诉方肯定要承担一定的证明责任，也就是提出证据论证被告人构成犯罪的责任。这是德国刑事诉讼法所确立的基本程序。唯一富有特色的可能就是法官主导法庭调查和组织庭外调查的程序设计，这使得法庭上的司法活动受到了某种程度的冲击。但至少公诉方要提出证据论证待证事实，这一点是毋庸置疑的。既然如此，德国法学界为什么要不顾这一基本司法现实，而提出一种不合时宜、充满纠问主义色彩的证明责任理论呢？可能唯一的解释就是这是一种与司法现实严重脱节的理论，是法学家在书斋之中生搬硬造出来的“理论”。对于这一点，中国证据法学者应给予高度注意。

迄今为止，中国刑事诉讼法已经确立了一种基本的司法证明机制。根据 1996 年修改后的刑事诉讼法，法院对于证据不足、不能认定被告人有罪的案件，应当作出

"证据不足、起诉的罪名不能成立的无罪判决"。2012 年刑事诉讼法，更是确立了检察官在公诉案件中对被告人的犯罪事实承担"举证责任"的条款。与此同时，1996 年刑事诉讼法确立了"抗辩式审判方式"，严格限制法官在庭前所查阅的案卷材料的范围，禁止法官在庭前进行证据调查核实工作，法庭上的证据调查基本上由提出证据的一方自行负责，对方则有权对证据进行质证。这就至少在形式上放弃了原来实行的带有"超职权主义"的审判方式。但 2012 年刑事诉讼法则不再限制检察机关提前移送案卷的范围，允许法院全面查阅和研读公诉方移交的全部案卷材料，从而给予辩护律师庭前阅卷的机会，也使得法庭可以进行较为充分的审判准备工作。这种对案卷移送主义的全面恢复，也可能对"抗辩式审判方式"造成一定的冲击，职权主义的因素将有所恢复。①

在中国刑事审判方式发生巨大变化的情况下，如何才能确立一种具有解释力和前瞻性的证明责任理论呢？在笔者看来，中国刑事诉讼法对"超职权主义"诉讼构造的抛弃，以及对"抗辩式审判方式"的确立，使得司法证明过程在刑事审判中具有了基本的制度前提。这就使得那种建立在"谁主张，谁举证"和"无罪推定"原则基础上的证明责任机制具有了存在的空间。

首先，按照"谁主张，谁举证"的原则，证明责任与诉讼主张的提出具有密不可分的联系。检察机关作为国家利益的代表，指控被告人构成某一犯罪，这就等于提出了积极的诉讼主张。这种积极的诉讼主张，既包含着公诉方所主张的待证事实，又有对该事实的法律评价。对这一诉讼主张所包含的待证事实，公诉方要负有提出证据论证其真实性的责任。假如检察机关不能提出证据，或者无法证明待证事实的存在，那么，法院完全有权作出指控的犯罪不能成立的无罪判决。这显然说明，检察机关作为积极诉讼主张的提出者，既要履行举证义务，又要对待证事实进行论证，还要对无法证明的待证事实承担败诉的后果。这显然说明，检察机关的证明责任同时包含着四个方面的要素：一是提出积极的诉讼主张，并提出所主张的待证事实；二是提出证据，履行举证义务；三是运用证据进行论证，以便说服法官接受所主张的待证事实的真实性；四是对于无法举证或者无法证明待证事实存在的案件，承担所主张的待证事实不能成立的败诉后果。这四项基本要素是不可分离的，它们构成证明责任的有机组成部分。

其次，根据无罪推定的原则，法律推定被告人处于无罪公民的状态，公诉方承担证明被告人有罪的责任，这一责任是不可转移的，并且要达到最高的可信度和确定性；被告人由于受到无罪推定的保护，因此不承担证明自己无罪的责任；在公诉方无法证明被告人犯罪事实的情况下，无罪推定就不能被推翻，而可以直接转化为无罪的判定。正是无罪推定原则确立了刑事诉讼中证明责任的基本框架，使得检察机关承担对被告人犯罪事实的证明责任。这一带有为被告人提供诉讼特权保障的原则，与"谁主张，谁举证"的理念不谋而合，既为检察机关承担证明被告人有罪的责任奠定

---

① 陈瑞华．案卷移送制度的演变与反思［J］．政法论坛，2012（5）．

了基础，而且也为检察机关承担败诉后果提供了理论依据。在无罪推定原则的作用下，即便中国刑事诉讼仍然保留了一些职权主义的构造因素，但那种基本的证明责任机制仍然得到了确立。

再次，出庭公诉的检察官不仅要向法庭提出本方的证据，而且还要直接论证自己所主张的待证事实的真实性。在中国现行刑事审判程序中，检察机关对本方证据负责进行“举证”活动，辩护方对公诉方的证据进行“质证”活动，而法官则基本不负责对控辩双方的证据加以举证和质证。其中，公诉方通过出示、讯问、询问、播放等各种举证手段，将本方证据及其所包含的证据事实逐一展示给诉讼各方。这种举证活动绝不只是一种简单的“行为”或“形式”，而具有证明待证事实的目的和实质内容。

最后，检察机关无法提出证据，或者所提出的证据无法证明待证事实的，法院可以作出“证据不足，指控的犯罪不能成立的无罪判决”，这一无罪判决其实就是宣告公诉方诉讼主张的不成立，意味着检察机关公诉活动的失败或者国家的“败诉”。根据中国的刑事司法现实，假如检察机关提不出任何证据，法院别说作出有罪判决，就连启动刑事审判程序都是不可能的。而在法庭审判过程中，检察机关所进行的举证活动假如漏洞百出，根本无法形成完整的证明体系，法院也会作出建议撤回起诉并在征得检察机关同意的前提下准许撤回起诉的裁定。其实，这种撤回起诉的制度设计本身，就属于对检察机关败诉风险的确认。假如检察机关拒绝撤回起诉而重新起诉的，法院也可以直接作出无罪判决。当然，这里可能有其他一些案外因素在影响着法院的独立审判，但这些案外因素的干预已经不再属于司法证明机制所能解决得了的了。除去这些影响审判独立的因素，中国刑事审判中的司法证明机制其实已经存在并发挥作用了。那种由检察机关承担证明责任，并进而承担败诉风险的证明责任机制也已经得到初步的确立。

通过上述分析，我们大体上可以提出中国刑事诉讼中的证明责任理论。根据这一理论，所谓证明责任，是指提出积极诉讼主张的一方提出证据、论证所主张的待证事实真实性的证明义务。在刑事诉讼过程中，检察机关对其所主张的被告人犯罪事实承担证明责任，也就是承担提出证据论证该犯罪事实真实性的责任；检察机关的举证活动，是其承担证明责任的必要手段；检察机关对犯罪事实的论证活动，是其承担证明责任的必经过程；法院对证据不足的案件作出指控的犯罪不成立的无罪判决，是检察机关在无法证明被告人有罪时承担败诉后果的标志。

六、证明责任的转移与倒置

在证据法理论中，证明责任一般要由提出积极诉讼主张的一方来承担。但在这一点上，可能还存在着一些法定的例外。其中，证明责任的转移和证明责任的倒置，就属于证明责任分配中的两种主要例外情形。

所谓“证明责任转移”，是指在遵循“谁主张，谁举证”原则的前提下，提出诉讼主张的一方在将待证事实证明到一定程度之后，另一方需要承担证明该待证事实不存在或者另一新的案件事实存在的责任。证明责任的转移是有条件的，那就是提出诉讼主张的一方承担了证明责任，并将待证事实证明到法定的程度。证明责任一旦被转移给对方，那么，对方就需要对待证事实的不存在承担证明责任，或者其他足以推翻原诉讼主张的新事实承担证明责任。对方如果无法提出证据或者无法进行证明，也会承担败诉后果。

证明责任的转移在民事诉讼中经常发生。在我国刑事诉讼中，证明责任的转移通常发生在以下几种情形之下：一是在检察机关对被告人构成犯罪的事实承担了证明责任之后，被告人提出了一些法定的积极抗辩事由，如正当防卫、紧急避险等，对这些积极抗辩事由的真实性，被告人要承担证明责任；二是在那些适用推定规则的案件中，检察机关对作为推定前提的基础事实承担了证明责任，使得那些推定事实得到初步成立，而被告人为推翻推定事实，就需要承担证明责任，以证明相反事实是真实存在的。

但需要注意的是，证明责任的转移必须以法律有明文规定为前提。在法律明确要求某一方承担证明责任的情况下，该方将有关待证事实证明到法定证明标准之后，对方对该事实所进行的抗辩活动，应当被列为“质证权”的范围，而不属于证明责任的转移。只要法律明确了某一方的证明责任，那么，不论对方是否提出了相反的证据，或者是否证明了相反的事实，法院都要审查承担证明责任的一方是否证明了待证事实，以及是否达到了法定的证明标准。而对方有提出相反证据和事实的权利，却不承担证明相反事实的义务。承担证明责任的一方对对方提出的证据和事实仍然承担反驳义务，这种反驳义务是其证明义务的有机组成部分。例如，检察机关对犯罪构成要件事实承担证明责任，但未有法律明文规定，不论检察机关将这一待证事实证明到怎样的程度，法院都不能将证明责任转移给被告人。又如，检察机关提出了某一法定量刑情节，并提出证据进行了证明，但无论这一证明达到多高的程度，被告人都不承担证明该量刑情节不成立的义务，而最多享有对该项量刑情节加以反驳的权利。再如，检察机关提出了某一程序事实，以证明本方所提出的某一诉讼主张，法院也不能责令被告人承担证明该程序事实不存在的义务。

在中国司法实践中，经常发生法院任意将证明责任转移给被告人的情形。尤其是在法院认为公诉方的证据已经足以证明被告人犯罪事实的情况下，假如被告人未能提出证明自己无罪的证据，就会被视为被告人没有承担证明自己无罪的责任，因此，被告人有关自己不构成犯罪的辩解便不能成立。云南省昆明市中级人民法院对杜培武一案的有罪判决就体现了这一裁判逻辑。尽管这一判决最终被撤销，杜培武最终被裁判无罪，但是，这种曾经存在过的判决书也足以说明法院有些人有将证明责任加以转移的情形。这份判决书所作的相关表述是：

“被告人杜培武在公安机关的亲笔供词证实，被告人杜培武在公安机关供述的实施杀害王某某、王某某的行为。其供词以及作为现场指认的声像资料与本案证据证明的指控事实相互吻合一致。

“被告人杜培武及其辩护人对公诉机关出示的证据表示异议，被告人杜培武当庭辩称：‘案发当晚未曾见，也未曾驾驶云OA0455号昌河牌微型汽车，更未实施杀害二被害人的行为。’其辩护人提出‘本案指控的有罪证据自相矛盾，且相关物证是违反《中华人民共和国刑事诉讼法》有关规定所提取的，被告人杜培武在公安机关的有罪供述是在刑讯中产生的假供述，因此，公诉机关出示的证据不能作为认定本案指控事实的证据，本案事实不清，证据不足，被告人杜培武无罪’的辩护意见。但辩护人未能向法庭提供证实其观点的证据，也未能提供证实被告人杜培武无罪的证据……

“本院认为：本案控辩双方争执的焦点是指控证据取得是否违反《中华人民共和国刑事诉讼法》的有关规定。在诉讼中辩护人未能向法庭提供充分证据证明其辩护观点的成立，仅就指控证据材料的部分内容加以分析评述，而否定相关证据的整体证明效力，并推出本案事实不清，证据不足，被告人杜培武无罪的结论，纯系主观……的推论，无充分证据加以支持，该辩护意见不予采纳……”①

这份判决书后来因为真凶落网、杜培武被改判无罪而被撤销。但是，该判决书所表达的裁判逻辑却是带有普遍性的。这种有意无意地将证明无罪的责任转移给被告人的思维，一直存在于部分刑事法官的裁判文书之中。其实，无论被告人是否提出证据，也无论被告人所提出的辩护意见是否成立，公诉方都始终承担证明被告人有罪的责任，这一证明责任是不可转移的。这是由无罪推定的逻辑所带来的基本结论。

与证明责任的转移不同，证明责任倒置是指提出积极诉讼主张的一方不需要承担提出证据进行论证的义务，而对方则需要承担证明前者所主张的待证事实不存在的义务，否则，对方就要承担败诉后果。证明责任的倒置又被通俗地称为“谁主张，谁不举证”或者“一方主张，对方举证”。这种分配证明责任的特殊情形在民事诉讼中时有发生，也存在于那种以“民告官”著称的行政诉讼之中。但在刑事诉讼中，证明责任倒置发生的概率较为罕见。

迄今为止，唯一可以被归入证明责任倒置的情形存在于被告方申请排除非法证据的案件之中。根据2012年刑事诉讼法，被告人有权申请法院对公诉方以非法方法收集的证据依法予以排除，但要提供相关线索或证据。法院在对证据收集的合法性进行法庭调查的过程中，检察机关对于证据收集的合法性承担证明责任；对于法庭存在重大疑点，不能排除以非法方法收集证据可能性的，法院应当排除该项证据。需要注意的是，刑事诉讼法要求被告方对侦查人员非法收集情况提供线索或者证据，这从表面上看似乎属于被告人承担证明责任的情形。但实际上，非法证据排除规则的适用程序可分为两个环节：一是初步审查环节；二是程序性裁判环节。在初步审查环节，被告人对相关证据线索负有说明义务，这带有承担证明责任的性质，目的在于说服法院启动非法证据排除的程序。当然，刑事诉讼法既没有确立被告方承担举证义务和论证义务的方式，也没有规定不提供线索或证据的法律后果。况且，在我国司法实践中，被

① 参见云南省昆明市中级人民法院（1998）昆刑初字第394号刑事判决书，载王达人，等．正义的诉求——美国辛普森案和中国杜培武案的比较［M］．北京：法律出版社，2003：151－155.

告人只要向法庭就侦查人员非法收集证据的情况作出一些必要的说明，也就相当于提供了证据线索，法院据此就可以启动非法证据排除程序。但根据刑事诉讼法的立法原意，被告人假如提不出有关侦查行为违法的任何证据或者线索，那么，被告人所提出的排除非法证据的申请也很难被接受。根据两个证据规定的要求，被告方对非法侦查行为的证明只需要达到初步的程度就可以了。法官对于侦查行为的合法性只要产生疑问，就可以启动非法证据排除程序了。这显然说明，被告人在非法证据排除的初步审查阶段，确实要承担一定的证明责任，而且这一证明责任并不需要达到太高的标准。①

非法证据排除程序一旦启动，就意味着程序性裁判程序的正式开始。在这一裁判过程中，检察机关始终承担证明侦查行为合法性的责任。可以说，被告人提供证据线索只发生在初步审查程序之中，这有点像民事诉讼中的立案审查程序。而非法证据排除程序的启动，则类似于民事审判活动的开始。在这一正式裁判程序中，被告人作为提出积极诉讼主张的一方，并不需要承担证明责任，检察机关则需要证明被告人所主张的程序事实不存在。这显然属于一种证明责任的倒置情形。

七、被告人的证明责任

对于检察机关指控的犯罪事实，承担证明责任的始终是检察机关。被告人由于受到无罪推定的保护，因此不承担证明自己无罪的责任。但在法定例外情形下，被告人也有可能承担一定的证明责任。但是，这种证明责任并不是证明被告人无罪的责任，而只是对特定案件事实或特定抗辩事由所承担的证明责任。即便被告人无法提出证据或者无法证明有关案件事实的存在，法院也最多在该事实环节上作出不利于被告人的裁断。至于被告人究竟是否构成犯罪，最终还要视检察机关能否证明被告人犯罪事实而定。总体上看，被告人承担证明责任的情形主要有四种：一是被告人对其所提出的法定积极抗辩事由，承担证明责任；二是被告人对法律所确立的推定事实，承担证明其不成立的证明责任；三是被告人对于所主张的量刑事实，承担证明责任；四是被告人对于所主张的程序事实，承担证明责任。下面对这四种情形依次加以分析。

（一）积极的抗辩事由

通常情况下，证明被告人构成某一犯罪的责任要由检察机关承担。这就意味着对于所指控的犯罪的每一构成要件事实，检察机关都应承担证明责任。但在法定情形下，刑法还确立了一些积极的抗辩事由。所谓积极抗辩事由，是指刑法所确立的足以免除被告人刑事责任的事实。在刑法中，公认的积极抗辩事由主要有两种：一是正当防卫；二是紧急避险。这两种积极抗辩事由只要成立，那么，被告人无论被证明实施了多么严重的危害社会的行为，在法律上都不构成犯罪。

除了这两种抗辩事由以外，刑法在一些分则条款中还确立了其他一些带有积极抗辩性质的事由。例如，根据《刑法》第 243 条第 2 款之规定，行为人“不是有意诬

---

① 陈瑞华．非法证据排除规则的中国模式［J］．中国法学，2010（6）．

陷，而是错告，或者检举失实的”，不按照诬告陷害罪追究刑事责任；《刑法》第306条第2款规定，“辩护人、诉讼代理人提供、出示、引用的证人证言或者其他证据失实，不是有意伪造的，不属于伪造证据”。又如，根据《刑法》第276条第3款之规定，有恶意欠薪行为，“尚未造成严重后果，在提起公诉前支付劳动者的劳动报酬，并依法承担相应赔偿责任的，可以减轻或者免除处罚”；根据《刑法》第390条第2款和第392条第2款之规定，行贿人在被追诉前主动交代行贿行为，介绍贿赂人在被追诉前主动交代介绍贿赂行为的，可以减轻处罚或者免除处罚。

上述旨在免除被告人刑事责任或者减轻刑事责任的条款，往往被确立在某一刑法分则的第2款或第3款，构成了某一犯罪成立的例外。被告人只要符合这些例外事由，就应被宣告为无罪，或被减轻或免除刑事处罚。这些带有“但书”或“豁免”性质的例外情形，也构成刑法上的积极抗辩事由。

通常情况下，检察机关在提起公诉的时候，只需要提出证据证明被告人具备了有关犯罪的构成要件事实，就相当于承担了证明被告人有罪的责任。在支持公诉过程中，检察官不需要在每一案件中逐一证明被告人不具备正当防卫、不属于紧急避险或者不存在有关的“但书”或“豁免”情形。因为大多数情况下，这些抗辩事由的发生概率并不是很高，这种旨在否定特定事实的证明活动是没有必要的。同时，除非被告方主动提出这类积极抗辩，否则，法庭一般也不会对每一个案件逐一审查被告人是否具备上述免责事由。按照证明责任分配的一般原理，只要一方提出积极的诉讼主张，或者提出一种社会生活和经验的例外情形，或者提出旨在改变某一既存法律关系的事实，就都应承担证明责任。而那些仅仅对某一事实进行否认的一方，则不需要承担证明责任。基于这一理由，被告人既然提出了诸如正当防卫、紧急避险以及有关的“但书”情形，就理应承担证明该项抗辩事由存在的责任。否则，该项积极抗辩事由也就不能为法庭所接受。

（二）推定事实

1988年，刑法首次确立了“巨额财产来源不明罪”，明确规定对于国家工作人员收入或支出与其合法所得差额巨大的，应责令其说明财产的来源，本人不能说明财产来源的，司法机关可将差额部分视为非法所得，并追究其刑事责任。这标志着我国刑法开始通过确立推定制度来对部分犯罪案件追究刑事责任。

自20世纪90年代以来，最高法院更是通过颁行司法解释，确立了大量的推定规则。这些推定规则比较集中地体现在对刑法分则有关“明知”和“以非法占有为目的”等主观要件事实上，所涉及的罪名主要有包括合同诈骗在内的金融诈骗罪，盗伐、滥伐林木罪，盗窃、抢劫、诈骗、抢夺机动车犯罪，侵犯知识产权的犯罪，走私犯罪，走私、贩卖、运输、非法持有毒品的犯罪，以及销售假冒注册商标的商品罪，等等。

例如，根据最高法院2000年通过的《关于审理破坏森林资源刑事案件具体应用法律若干问题的解释》，“非法收购明知是盗伐、滥伐的林木”中的“明知”，是指知道或者应当知道，对于下列情形可以视为“应当知道”，但有证据证明确属被蒙骗的除外：（1）在非法的木材交易场所或者销售单位收购木材的；（2）收购以明显低于市场价格出手的木材的；（3）收购违反规定出售的木材的，等等。

又如，根据最高法院2001年发布的《全国法院审理金融犯罪案件工作座谈会纪要》，金融诈骗罪都是以非法占有为目的的犯罪，对于行为人通过诈骗非法获取资金，造成数额较大不能归还，并有下列情形之一的，可以认定为以非法占有为目的：（1）明知没有归还能力而大量骗取资金的；（2）非法获取资金后逃跑的；（3）肆意挥霍骗取资金的……

法律所确立的这些推定规则都有一个共同的特点：对于犯罪构成的某一要件事实，在检察机关能够证明基础事实存在的前提下，法律免除了检察机关的证明义务，将其视为推定事实，从而直接确认该项事实的存在。但是，这些推定事实在法律上又是不确定的事实，被告人只要提出证据证明了相反的事实存在，就可以推翻该项推定事实，使得检察机关通过推定所认定的案件事实不再成立。例如，对于巨额财产来源不明的案件，检察机关首先需要对基础事实承担证明责任，包括证明被告人为国家工作人员，证明被告人收入或支出与其合法所得存在巨大差额，并且要将这些基础事实证明到法定最高程度。在此情况下，推定事实——被告人巨额财产系属非法所得——即告成立。但是，这一推定事实是不确定的，也就是说被告人只要提出了相反的事实，就可以推翻这一推定事实。于是，推定事实的初步成立，使得证明财产来源合法性的责任被转移给被告人。对于巨额财产来源系属合法所得这一新的待证事实，被告人需要提出证据论证其真实性。只有在将这一事实证明到法定标准的情况下，被告人才能推翻推定事实，从而成功地证明巨额财产来源是合法的，检察机关的指控是不成立的。但是，假如被告人提不出证据，或者无法证明财产来源的合法性，那么，上述推定事实就等于没有被推翻，从而转化为法律上的裁判事实，也就是说被告人巨额财产来源属于非法所得，检察机关指控的罪名最终成立。

（三）量刑事实

我国已经初步确立了相对独立的量刑程序，实现了将量刑纳入法庭审判程序的改革目标。无论是在量刑调查还是在量刑辩论中，控辩双方都有可能提出各自的量刑事实和量刑情节。在我国刑事司法实践中，检察机关提出的量刑情节通常都是法定的情节，但作为一种例外情形，该方也有可能提出一些酌定的量刑情节。与此同时，被告人也有可能提出对本方有利的量刑情节，这既包括法定的从轻、减轻或免除处罚的情节，也包括大量的酌定量刑情节。前者可以有最常见的自首、立功、坦白、从犯、未成年等法定情节，后者则可以有包括犯罪起因、被害人过错、积极赔偿、取得被害方谅解、平常表现、家庭状况等在内的一系列酌定情节。

在量刑事实的证明方面，控辩双方都要遵循“谁主张，谁举证”的原则，对本方所提出的积极的量刑事实承担证明责任。对于被告人而言，由于所提出的量刑情节都被用来证明该方的诉讼主张，也就是证明应当对被告人从轻、减轻或者免除刑事处罚，因此，对这些量刑情节的证明责任，理应由该方承担。对于这些量刑情节，检察机关有可能提出质疑或者予以直接否认，但并不因此承担证明责任。

（四）程序事实

根据前面的分析，非法证据排除程序明显分为初步审查程序和正式的程序性裁判程序。在前一程序中，被告人需要对侦查行为非法性提供证据线索，并证明到令法官对侦查行为的合法性产生疑问的程度。被告人假如不能提供证据或者线索，无法令法官产生这一疑问，那么，法官就有可能拒绝启动正式的程序性裁判程序，而直接拒绝被告人的诉讼请求。这显然说明，对于侦查行为的合法性这一程序事实，被告人确实要承担一定的证明责任。

在非法证据排除规则之外，被告人又可能提出其他方面的诉讼请求，如申请回避、申请证人出庭作证、申请延期审理，在上诉程序中还有可能申请二审法院宣告一审法院违反法律程序、影响公正审判，等等。这些诉讼请求都基于一种程序上的争议事实，要么提出了程序上的申请，要么对公诉方或者一审法院的诉讼程序提出了合法性异议。对于这些程序事实，作为申请方的被告人也要承担证明责任。而公诉方作为可能否定有关诉讼请求的一方，无须承担证明责任；法官作为裁判者，也不能在被告方仅仅提出诉讼请求的情况下，一味地进行司法调查。被告人对这些程序事实承担证明责任，也就意味着同时要承担举证义务、论证义务以及败诉风险。

八、证明责任与法官的真相探知活动

我国现行的审判程序并没有完全走向对抗制，法官并不是完全消极、超然的仲裁者，而是对案件事实的发现负有一定的责任。但是，法官又不可能像过去那样，可以完全依据职权主动收集和调查证据，自行确定证据调查的方式、顺序和范围，而必须将程序的控制权让位于控辩双方。这是现行审判制度确立“抗辩式”构造的必然结果。但与此同时，法官对于法庭调查仍然保留了一定的主导权，可以通过询问、讯问、查阅、辨认等方法来参与法庭上的调查证据活动。而最不确定的情况是，法官可以根据案件审理情况自行启动庭外调查核实证据的程序，要么对法庭上出现过的证据进行核实，要么直接收集新的证据。对于这些调查核实的书面笔录或者所收集的新证据，法官既可以恢复法庭调查，接受控辩双方的质证，也可以直接将这种调查核实证据的结果作为裁判的依据。可以说，法官通过庭外调查来查明案件事实真相，这是我国刑事审判制度保留职权主义构造的重要标志。

那么，在一个保留了职权主义因素的“抗辩式”审判制度中，法官的诉讼角色究竟应如何界定呢？正确地解释这一问题，是确定证明责任分配机制的关键之所在。

首先，可以肯定的是，法官不承担证明责任，而只是司法证明活动的裁判者。法官与诉讼既不存在利益关系，也没有提出积极的诉讼主张，当然就不承担证明义务。法官不仅不应提出证据证明有关待证事实，而且更不应该承担任何败诉风险。对于提出积极诉讼主张的一方所进行的证明活动，法官所要做的只是验证证明的过程和结果，并作出权威的事实裁判。对法官的诉讼角色唯有作如此定位，才能正确理解司法裁判与司法证明的关系。而那些坚持主张法官承担证明责任或者从事司法活动的观点，要么可能曲解了司法证明和证明责任的本来意义，要么对我国刑事法官的诉讼角色作出了错误的解释。这是应该引以为戒的。

其次，对于检察机关所承担的证明被告人有罪的责任，法官既不独自承担，也不能代替检察机关予以承担。从理论上看，法院的使命是裁断，而不是从事刑事追诉。尽管在司法现实中，我国法官有一定的刑事追诉倾向和压力，这是一个不争的事实。但在证据法理论上，我们应当坚守一种观念的底线，那就是法官对于犯罪事实的发现和证明不承担法律责任。对于法官在法庭上所进行的证据调查活动，我们应将其解读为一种对司法证明过程的积极验证活动。而对于法官在法庭之外所进行的调查核实证据活动，我们可以不将其视为司法证明活动，而带有对司法证明的补充和替代性质。也就是说，法官所进行的庭前调查核实活动，是在法庭上的司法证明活动无法进行下去的情况下进行的，这种真相探知活动本身并不是司法证明活动，而属于法官主动发现事实真相的查明活动。当然，对于这种在司法证明活动之外另行组织的真相查明活动，法律也应施加一定的限制。

例如，法官假如发现某一不利于被告人的证据对于真相发现而言确属重要的，就可以责令检察官自行调取，然后将该证据纳入法庭调查的范围之中。法官应尽量不去亲自收集这类证据。又如，在法官不得不进行庭外调查的情况下，应当通知控辩双方同时到场参与，并允许双方提出问题和发表意见。这实际等于在法庭之外举行特别的“法庭调查”。再如，对于庭外调查核实证据的笔录以及庭外所收集的新证据材料，法官应一律恢复法庭调查，给予控辩双方进行举证、质证和辩论的机会，否则，就不能将其作为定案的根据。

最后，考虑到被告方处于较为弱小的地位，法官在被告人承担证明责任的情况下应对其提供必要的协助。在前述四种由辩护方承担证明责任的场合下，一旦被告人提出一定的证据证明了本方的主张，那么，即使这种证明并没有达到法定的证明标准，法官也可以对其待证事实进行必要的调查核实活动，而不应轻易以证明责任未达到法定标准为由，拒绝辩护方的诉讼请求。例如，如果被告人提出了正当防卫的辩护理由，并举出一定的证据或者证据线索，那么，法官就不能仅仅对其证据加以审查，而应采取积极手段调取那些未被提到法庭上的证据，从而对正当防卫是否成立进行积极的调查。又如，如果辩护方认为公诉方的某一证据属于非法证据，并要求法官将该证据排除于法庭之外，那么，法官一方面要审查该方提出的证据和线索，另一方面也要对该证据的调查和收集情况进行必要的调查，甚至可以要求公诉方提供用以说明其证据合法性的材料。再如，对于公诉方提出的“巨额财产来源不明”的指控，被告人只要对财产的来源作出了合乎情理的说明和解释，那么，法官就不应要求其将财产的合法性证明到过高的标准，而应对被告人的说明进行积极的调查核实。可以说，在被告人承担证明责任的情况下，法官不应简单地坚守中立立场，而应秉承“平等武装”和“天平倒向弱者”的理念，对于被告人的证明活动采取“职权主义”的态度，实施积极的协助和干预。唯有通过赋予检察机关一定的特殊义务，而维护被告人的诉讼特权，法官才能避免司法证明变成一种“弱肉强食”的不公平游戏，而实现程序的正义。

九、结论

原则上，诉讼形态的建立，是证明责任分配机制存在的前提条件。在那种近乎行政化构造的超职权主义诉讼制度中，法官通过积极主动的司法调查来承担发现事实真相的责任，基本上没有“谁主张，谁举证”机制的存在空间。从1996年刑事诉讼法引进“抗辩式诉讼制度”，确立“疑罪从无”的诉讼规则，到2012年刑事诉讼法确立检察机关对被告人犯罪事实的“举证责任”，我国刑事审判制度与那种行政化的诉讼构造渐行渐远，具备了越来越浓厚的“诉讼形态”。与此相对应，那种旨在分配举证义务和败诉风险的证明责任体系，也已经在这种审判制度中得到确立。

本文的研究揭示出这样一个道理：任何法律理论都应对已经发生的法制改革具有解释作用。法学研究者既不能墨守成规，将那种已经发生变化的制度作为解释的对象，也不能将那些缺乏现实基础的理论进行随意的移植。在证明责任问题的研究方面，原先曾盛行一时的“公检法三机关承担证明责任的观点”，就明显不再符合我国刑事诉讼的实际情况。而那种简单地将英美双重证明责任理论引进过来的观点，则有些过于天马行空了。

通过分析，本文认为，证明责任其实包含着举证义务和败诉风险这两个不可分割的要素。检察官为证明本方所提出的“犯罪事实”，既要承担向法院提出证据和进行证明的义务，又要在无法证明时承担被告人犯罪事实不能成立的法律后果。至于法官当庭要进行调查活动，庭外也会进行一些调查核实证据的活动，这都不意味着法官在承担证明责任，而至多属于对控辩双方证明责任分配机制的必要补充。

对于起诉书所记载的犯罪事实，检察机关固然要承担证明责任，这一证明责任也是不可转移的，但是，在法定例外情形下，被告人也会承担证明责任。例如，在提出积极抗辩事由、为反驳推定事实、为提出程序事由或者为论证有利于被告人的量刑情节等情形下，被告人就有义务提出证据证明这些事实的存在。被告人的这些证明责任也同样属于举证义务与败诉风险的双重组合。只不过，考虑到被告人诉讼地位较弱，抗辩能力不强，被告人为承担证明责任所要达到的证明标准也明显偏低，原则上只要达到“高度可能性”就足够了，而无须达到“事实清楚”的最高程度。

（初审编辑：张小玲）

On the Burden of Proof in Criminal Procedure

Chen Ruihua

强制措施完善与2012年《刑事诉讼法》修改的价值选择

黄　永*

摘　要：本文介绍了2012年刑事诉讼法修改有关强制措施完善的几个内容：通过细化和规范强制措施条件与操作程序，保障强制措施更充分发挥作用；通过扩大司法机关的选择权和裁量权，增强司法机关保障公民权利的倾向性；通过严格司法审查和救济程序，进一步实现刑事诉讼法保障人权的功能；通过确立羁押替代措施，完善和丰富强制措施体系。通过这几个方面，可以透视出刑事诉讼法修改是如何综合、平衡保障人权与惩治犯罪两种价值观之间的冲突，从而实现进一步规范和约束司法权力，保障公民合法权利，保障刑事诉讼活动顺利进行的目的的。

关键词：强制措施　惩治犯罪　保障人权　司法审查　强制措施体系

刑事诉讼法作为规范刑事诉讼活动的基本法律，不仅要保障司法机关侦查、起诉、审判等诉讼活动的顺利进行，以查明案件事实、准确定罪量刑、及时有效惩治犯罪，同时也对司法机关的活动起到有效的制约作用，防止它们在刑事诉讼中滥用司法职权，保障公民的合法权益不受侵犯。2012年3月14日第十一届全国人大第五次会议通过的关于修改刑事诉讼法的决定，无疑就是综合、平衡保障人权与惩治犯罪两种价值观的集中体现。王兆国副委员长在大会上所作的说明中就提出，这次修改刑事诉讼法的一个重要考虑，就是解决当前在惩罚犯罪中面临的新问题，满足人们维护司法公正和保护公民权利的更高要求。① 从修改决定中也可以看出，这一价值权衡和选择过程体现在修改决定的各个方面。强制措施制度的修改作为决定的重要内容，也必然陷入两种价值观的冲突旋涡，既要考虑保障强制措施进一步发挥作用，保障刑事诉讼活动顺利进行，也要考虑进一步规范和约束司法权力，保障公民合法权利。本文尝试通过梳理修改决定中有关强制措施的内容，管窥这次刑事诉讼法修改的价值倾向和抉择轨迹。

---

* 黄永，法学博士，全国人大常委会法制工作委员会刑法室副处长。

① 王兆国2012年3月8日在第十一届全国人大第五次会议上《关于〈中华人民共和国刑事诉讼法〉修正案（草案）的说明》。

从技术和机制层面来说，这次刑事诉讼法关于强制措施的修改，主要体现了以下几个特点。

一、通过细化和规范强制措施条件与操作程序，保障强制措施更充分发挥作用

在刑事诉讼中，强制措施一般发挥着保障诉讼顺利进行、保障刑罚顺利执行以及防范新的社会危险等作用。实践表明，我国刑事诉讼法中规定的强制措施，基本上能够实现上述宗旨。但是，由于各方面规定不够细致等原因，实践中有些规定并没有不折不扣地被执行。这次关于强制措施的修改，首要的也是最基本的内容就是在技术和操作层面对强制措施进行规范和完善，以消除对条文把握的模糊地带，促进对条文的统一理解和执行，防止司法人员任意解释和适用。

最明显的例子是关于逮捕条件的修改。根据1996年《刑事诉讼法》第60条的规定，对有证据证明有犯罪事实，可能判处有期徒刑以上刑罚的犯罪嫌疑人、被告人，采取取保候审、监视居住等方法，不足以防止发生社会危险性，而有逮捕必要的，应即依法逮捕。这一逮捕规定，相较于1996年刑事诉讼法修改前，逮捕理由更为宽松，已经降到低于法院定罪所需的证明标准。但实践中还是存在对这一条件的不同理解和掌握，一定程度上导致逮捕适用的恣意化。比如，1996年刑事诉讼法对“有证据证明有犯罪事实”、“逮捕必要”没有进行解释，依赖侦查人员和检察人员的自由裁量权。在进行逮捕批准时，检察院最关心的是自己掌握的证据是否满足法定的逮捕标准，所以把逮捕的刑期条件、证据条件、犯罪嫌疑人是否有逃跑或妨碍侦查等社会危险等都归入“逮捕必要”这一概念中。由于没有对犯罪嫌疑人适用非羁押措施的可能性进行分门别类的衡量，实践中导致逮捕条件表面严格而实际较低，法律上明确而操作中无标准，任何犯罪嫌疑人均可能因为具有所谓的“妨碍诉讼或者逃跑而发生社会危险性”等原因，而符合“有逮捕必要”的条件。原则性的“有逮捕必要”实际上就成了侦查机关和检察机关享有的“自由裁量权”，在刑事诉讼中公安机关更倾向于羁押犯罪嫌疑人，导致未决羁押适用率高，而拘传、取保候审、监视居住等措施使用率较低的现实。①

所以，这次修改，首先是在总结实践情况和需要的基础上，对1996年刑事诉讼法规定的逮捕条件作了进一步细化，明确了“社会危险性”的五种具体情形，增加规定了三种案件不需要进行社会危险性审查即可直接予以逮捕，并规定被采取取保候审、监视居住措施的犯罪嫌疑人、被告人违反有关规定情节严重的，就可以直接转为逮捕，不需要再审查是否符合一般的逮捕条件，包括是否具有法律规定的五种社会危险性情形。②

规范和完善具体条件和执行程序的另一个例子是明确保证金数额标准和收缴程

---

① 王尚新，李寿伟．《关于修改刑事诉讼法的决定》释解与适用［M］．北京：人民法院出版社，2012：94－95.

② 具体规定参见2012年《刑事诉讼法》第79条规定。

序。由于1996年刑事诉讼法未对保证金数额的确定规定必要的标准，导致司法实践中办案机关随意收取保证金，或者收取过高的保证金而导致犯罪嫌疑人、被告人无力缴纳，变相剥夺其获得取保候审的权利，或者因为数额过低，导致保证金丧失必要的约束作用；由于保证金缴纳和退还程序不明确，实践中也出现办案机关以各种理由拒不退还保证金的情况，导致当事人的权利缺乏必要的保障措施。[①] 根据强制措施的一般理论，取保候审也应当遵循比例性原则，也就是说，追诉机关必须以对相对人侵害最小的方式行使权力，侵犯基本权利的强制措施，其种类和轻重必须与所追究的行为严重程度相适应。比例性原则也要求在选择适用取保候审措施时，应当决定与其所犯罪行以及社会危险性相适应之保证金数额。具体来说，保证金能否起到足够的约束作用，保障诉讼的顺利进行，一是取决于被取保候审的犯罪嫌疑人、被告人对没收保证金和逃避、妨碍诉讼后果的利害比较，保证金的数额要能够切实保障诉讼活动正常进行，防止犯罪嫌疑人、被告人产生逃避追究的意图，压抑犯罪嫌疑人、被告人发生社会危险性的冲动。二是取决于被取保候审人的社会危险性，也就是说实施一定的行为对社会造成一定危害的可能。这都要根据其已经实施犯罪的性质，个人性格、价值观及心理倾向等综合考虑。一般来说，社会危险性越大，保证金的数额应当越高。如果保证金数额过低，则无法起到应有的约束作用。三是与罪刑相适应原则一样，当事人在刑事程序中所受到的刑事处遇也应当与其应当承担的法律责任相称，这也与国际司法准则的一般要求相一致。另外，不同经济能力的犯罪嫌疑人、被告人对没收保证金的心理承受能力不同，即使社会危险性、犯罪性质、情节等因素基本相同的犯罪嫌疑人、被告人，因为经济能力不同，其遵守有关规定的心理倾向也会产生差异。[②] 因此，对于保证金的收取，应当从保证金的作用出发，根据适度原则确定保证金的数额，既要足以起到对犯罪嫌疑人、被告人的约束作用，以防止在刑事诉讼期间发生社会危险，保障刑事诉讼顺利进行，又要使保证金的数额适度，不能要求交纳畸高数额的保证金。这次修改刑事诉讼法，根据上述考虑，对保证金数额的确定和收取程序作了进一步的规定，规定了收取保证金的基本依据，并且确定保证金的交纳与退还直接由提供保证金的人到银行办理而不需再经办案机关这道中转手续，[③] 一方面使得程序变得更为简便，另一方面也有利于规范办案人员的行为，对于解决保证金收取的混乱局面，保护当事人的财产权利具有重要意义。

二、通过扩大司法机关的选择权和裁量权，增强司法机关保障公民权利的倾向性

作为保障诉讼顺利进行的审前措施，强制措施应当遵循无罪推定原则，也就是说，对当事人采取强制措施的原因，只能是其在诉讼中的社会危险程度是否对诉讼和社会安全造成影响。因此，强制措施的采取要遵循两个最基本的原则。一是羁押法定

① 郎胜.《中华人民共和国刑事诉讼法》修改与适用［M］. 北京：新华出版社，2012：141－142.

② 陈瑞华，黄永，褚福民. 法律程序改革的突破与限度［M］. 北京：中国法制出版社，2012：97－98.

③ 具体规定参见2012年《刑事诉讼法》第70条、第71条。

原则，只有根据法律的规定，采取法定程序，符合法定期限要求的强制措施，才是符合法律规定的。二是羁押必要性原则。强制措施的采用应当综合考量保障诉讼顺利进行或社会安全的必要，并以不违反法定原则为基础。必要性原则是基于人身危险性对刑事羁押必要性所作出的判断，要求羁押的期限要与涉嫌犯罪的严重程度及可处刑罚相适应，对控制和减少刑事羁押具有重要价值。必要性要求在有多种同样可达到目标之方法可供选择时，应选择对相对人权益侵害最小的措施，不能超出必要的限度。①从我国目前羁押率过高的现实出发，需要扩大取保候审等替代措施的适用，这就要求在以解决超期羁押作为设计宗旨的改革中，应当把扩大取保候审和监视居住的适用范围作为最基本的思路。

从1996年刑事诉讼法的规定来看，虽然规定了取保候审和监视居住措施，但由于两者的适用条件相同，因此，在选择适用监视居住措施来代替拘留、逮捕措施方面，实际上使监视居住处于取保候审和拘留、逮捕措施之间的夹缝地带。而且，随着现代通信、交通日益发达，监视居住未经批准“不得离开住所或指定的居所”、“不得会见他人”等规定也难以落实，导致监视居住在实践中对犯罪嫌疑人缺乏必要的约束。因此，实践中公安机关往往不愿意采取监视居住措施。即使采取监视居住措施，也往往变相在指定的居所执行，不仅没能发挥羁押替代措施的作用，而且演变为变相的羁押。②

取保候审的适用也面临同样的尴尬境地。虽然1996年刑事诉讼法对取保候审条件的规定采取了刑期和社会危险性相结合，并以刑期为基本依据的体例，但是对于特殊人群社会危险性的判断上，并没有明确具体的标准，因此，实践中对于患有严重疾病、生活不能自理，怀孕或者正在哺乳自己婴儿的妇女，从实质意义上虽然已经不具有造成社会危险的能力，仍然可能被采取羁押措施；对于羁押期限届满，案件尚未办结的，继续采取羁押措施已经缺乏法定依据，但在侦查机关从实质上认定犯罪嫌疑人、被告人仍然具有社会危险性的情况下，办案机关为了保障诉讼的顺利进行，在缺乏法定的替代措施的情况下，很多情况下也只好采取超期羁押的方法，以保证诉讼的顺利进行。

因此，要改变这种状况，就要在法律关于司法机关自由裁量的规定中，设计鼓励司法人员向取保候审和监视居住倾斜的机制，使他们更愿意采取轻缓的措施，而不是优先选择羁押。2012年修改的刑事诉讼法，在这方面增强了司法机关选择的倾向性。③

一个例子就是规定取保候审的特殊条件。2012年刑事诉讼法在取保候审的条件中增加了“患有严重疾病、生活不能自理，怀孕或者正在哺乳自己婴儿的妇女，采取取保候审不致发生社会危险性的”和“羁押期限届满，案件尚未办结，需要采取

---

① 陈瑞华，黄永，褚福民. 法律程序改革的突破与限度［M］. 北京：中国法制出版社，2012：109.

② 郎胜.《中华人民共和国刑事诉讼法》修改与适用［M］. 北京：新华出版社，2012：156－159.

③ 李晓慧. 论羁押与非羁押措施的选择机制［D］. 北京大学法学院2005年硕士学位论文.

取保候审的”两种情形。这两种情形属于确定性条件，因此一旦符合这些条件，司法人员一般就应当使用这些措施，而不需要再根据其社会危险性判断是否需要羁押。这样就免除了办案机关选择的尴尬，优先选择取保候审措施。

关于增强司法机关的选择权和裁量权的例子，最典型的是将监视居住修改为一种替代性的措施，把监视居住对取保候审的分流功能改造为替代羁押的功能，从而增强司法机关在减少羁押时选择轻缓措施的积极性和机动性。为此，2012 年《刑事诉讼法》第 72 条单独规定了监视居住的适用条件，规定监视居住适用于符合逮捕条件，并且有以下五种情形之一的犯罪嫌疑人、被告人："患有严重疾病、生活不能自理的"、"怀孕或者正在哺乳自己婴儿的妇女"、"系生活不能自理的人的唯一扶养人"、"因为案件的特殊情况或者办理案件的需要，采取监视居住措施更为适宜的"以及"羁押期限届满，案件尚未办结，需要采取监视居住措施的"。这样，对于原来"可能判处管制、拘役或者独立适用附加刑"的犯罪嫌疑人、被告人，就不能再适用监视居住措施，实际上把监视居住变成了羁押的替代措施。这样单独规定的做法，进一步严格了监视居住的适用条件，缩小了适用范围，有效平衡了保障诉讼顺利进行和保障人权的关系，有利于促使司法机关把本该采取羁押措施的当事人改为监视居住措施，真正使监视居住成为羁押替代措施而减少羁押，体现了人道主义原则和对公民权利的进一步保护。

三、通过严格司法审查和救济程序，进一步实现刑事诉讼法保障人权的功能

司法审查原则是指追诉机关可能侵犯犯罪嫌疑人、被告人公民权益的行为，必须经过司法机关的审查才能实行。未经司法机关审查，不得对公民实施逮捕、羁押等强制措施，可以使公民在国家强制权面前得到有效的法律保护。司法审查原则的核心是不具有追诉倾向的中立机关，以开庭、质证、辩论、裁判等程序审查和决定羁押问题，以保证强制措施的客观、严格及程序的正当性。这一原则要求羁押和其前置程序分离，追诉机关虽然在紧急情况下可以实施紧急逮捕，但是逮捕以后的羁押毫无例外地应当由司法官员决定。另外，司法审查还包括司法机关可以对非法羁押提供救济途径，对不合法或不必要的羁押予以解除。受到羁押的犯罪嫌疑人、被告人，有权将羁押的合法性问题诉诸司法机构，请求进行事后司法审查。对任何非法羁押以及侵犯被羁押人权利的行为，当事人都可以提出控告。有些国家还要求司法机关应当主动定期审查羁押的合法性和必要性，及时变更没有必要和羁押条件已经丧失的羁押，解除非法羁押。[①]

---

① 比如，德国嫌疑人质疑羁押有主动和被动两种选择。嫌疑人的主动质疑包括就羁押令提出上诉和申请法官对羁押令进行复议两种。被动的质疑是指不需要嫌疑人的申请，法官在受理案件、法庭审判、作出判决时，都要对审前羁押进行审查。另外，被羁押人被逮捕 6 个月后，如果需要延长，则需要上诉法院的特殊令状才可以。参见［德］托马斯·魏根特．德国刑事诉讼程序［M］．岳礼玲，温小洁，译．北京：中国政法大学出版社，2004：102－103.

我国规定逮捕由侦查机关提请，由人民检察院批准，这一制度体现了分工负责、互相制约的原则，发挥了减少羁押、保障当事人权益的作用。但实践中，一旦将犯罪嫌疑人、被告人羁押后，对于情势变化等引起的羁押必要性的丧失等，则没有最起码的司法审查，而完全由侦查机关自己决定了。除因为诉讼期限届满，相应环节的诉讼活动还没终结而需要变更措施外，解除羁押几乎不太可能。当然检察机关对公安机关有法律监督的权力，但法律没有规定对警察违法行为的制裁措施，检察机关发出的“纠正违法通知书”有时得不到执行，甚至遭到公安机关的变相拒斥。另外，一系列延长和重新计算羁押期限的规定，则完全可能导致检察院监督权大打折扣，导致严重的羁押率过高、超期羁押等问题，减少了其他措施适用的余地。

增加规定继续羁押必要性审查制度则成为解决这一问题的一个里程碑，从而将羁押的司法审查贯穿于整个羁押过程中。2012 年《刑事诉讼法》第 93 条规定，犯罪嫌疑人、被告人被逮捕后，人民检察院仍应当对羁押的必要性进行审查。对不需要继续羁押的，应当建议予以释放或者变更强制措施。有关机关应当在十日以内将处理情况通知人民检察院。

同时，2012 年刑事诉讼法还进一步完善了强制措施的批准和救济程序。在刑事诉讼中，对于当事人权利的保护，一方面在事前应当通过司法审查进行，以防止决定的恣意。另一方面，还应当通过事后的司法审查，对非法的强制措施为当事人提供救济途径。一是应当允许犯罪嫌疑人、被告人对强制措施提出充分的抗辩，并且获得专业的帮助。二是应当主动对强制措施的合法性和必要性进行事后的审查，及时变更或解除丧失必要性，适用条件已经消失的强制措施。2012 年刑事诉讼法加强对被采取强制措施的犯罪嫌疑人、被告人的权利保障，规定了一系列的限制和救济措施。比如，严格限制了指定居所监视居住的适用范围，以减少这一准羁押措施对犯罪嫌疑人、被告人人身自由的严厉限制。同时规定检察机关对指定居所监视居住的决定和执行是否合法进行监督，通过事中监督与事后监督相结合的方式严格规范指定居所监视居住的适用。为了体现对犯罪嫌疑人、被告人人身自由权利的尊重，2012 年刑事诉讼法还规定对虽然不属于羁押但却对人身自由限制程度严厉的指定居所监视居住期限折抵刑期。

这些修改，从主动和被动两个方面对羁押和其他强制措施的关系进行规范，使司法机关在适用强制措施，特别是羁押措施的时候，注重选择有利于公民的较为轻缓的措施，也就是优先选择非羁押措施。① 羁押措施只有在迫不得已的情况下才能适用，而且应当作为个别情况。这种适用程序和司法审查的规定，实际上构建了一种可以有效吸引、保障以及迫使追诉机关有限和最大限度选择非羁押措施的机制。这些机制，在司法机关适用强制措施前可以促使他们审慎选择，在公民权利被侵害时又可以提供直接的救济，有利于公民权利的保障。

---

① 陈瑞华，黄永，褚福民．法律程序改革的突破与限度［M］．北京：中国法制出版社，2012：104.

四、通过确立羁押替代措施，完善和丰富强制措施体系

1996 年刑事诉讼法规定了拘传、取保候审、监视居住、拘留和逮捕五种强制措施。这些强制措施按照限制人身自由的强度差别，基本形成了一个由轻到重的体系，也就是说根据案件性质和当事人的社会危险性分成了不同的层次。但是，这个强制措施的体系中，由于取保候审、监视居住是在同一条中规定了相同的适用条件，而且监视居住没有财产可能丧失的限制，因此很难真正发挥约束作用。虽然可以说取保候审和监视居住都是作为逮捕的替代性措施来规定的，但是其作用的发挥却显示监视居住并不具备独立的强制措施的品质，在适用中，实际上主要是通过变相羁押的方式才能真正有效，也就是丧失独立的强制措施种类的属性而在形式和操作上向逮捕措施倾斜。由于强制措施不需要像逮捕一样提请检察院批准，而是由公安机关自己决定采取，因此缺乏必要的监督制约机制，不仅不能使犯罪嫌疑人、被告人的人身自由得到更轻缓的限制，反而可能为恣意侵犯公民权利，限制人身自由提供温床。

2012 年刑事诉讼法对监视居住进行了修改，对监视居住规定了独立的适用条件，实际上是在取保候审和监视居住之间作了最明晰的区隔，原来应当适用监视居住措施，也就是可能会被变相羁押的一些犯罪嫌疑人、被告人，都划分到取保候审适用对象中来，从而扩大了取保候审的范围。另外，从逮捕措施中划分出一部分可以适用监视居住措施的情形，在品质上实际上承认了监视居住对人的“软禁”性的限制方式，对人身自由的限制与逮捕相近但在限制人身自由期间的处遇上则明显轻于羁押措施。可以说，由于与取保候审和逮捕措施在适用条件、执行处遇上的差别，监视居才真正具有了独立的强制措施的品格，成为一种与取保候审有实质区别的强制措施，能够真正发挥羁押替代措施的作用，丰富了我国刑事强制措施的体系和层次。①

这种关于强制措施体系的完善，也可以从这次修改关于监视居住应当遵守的规定及监督管理措施的加强方面看到，正是这些具体规则真正保障了监视居住成为独立强制措施。监视居住在原来的体系中之所以成为变相羁押措施的一个重要原因，就是其在监督管理措施上的匮乏。办案机关要想使监视居住真正发挥作用，就必须借用羁押措施的监管方式，再加上监视居住在审查决定方面比起逮捕措施更为便利，办案机关具有更大的自由决定空间，也就决定了监视居住措施更容易被滥用为变相羁押。2012 年刑事诉讼法从刑事处遇个别化的理念出发，规定对被采取监视居住措施的当事人有选择性地适用一些禁止性措施，并规定电子手镯、电话监控等方式，实际上加强了监视居住措施的针对性。从表面来看这加重了监视居住应当遵守的规定，但实际上其处遇比起羁押或者变相羁押有了很大的改善，并且更符合刑事处遇个别化的要求。因为决定一项强制措施是否有效的因素，一方面是这项强制措施的约束能力，另一方面是被采取强制措施人的个人情况，比如主观恶性、经济条件、监管环境等。一方面，不

① 陈瑞华，黄永，褚福民．法律程序改革的突破与限度［M］．北京：中国法制出版社，2012：108－109.

能有针对性地采取适当的措施，就可能使措施失去效果。从另一个方面来说，这样规定也与罪行相适应原则以及刑事谦抑的理念相适应，在未对犯罪嫌疑人、被告人定罪判刑之前，尽量将对犯罪嫌疑人、被告人人身自由的剥夺、限制程度降低，有利于保护犯罪嫌疑人、被告人的合法权益。①

关于强制措施体系和层次方面的完善，还有一个更重要的方面是逮捕决定程序的体系性完善。而继续羁押必要性审查制度的确立则是其中最关键的体现。作为逮捕条件的所谓证据条件、罪行条件、社会危险性条件，无一不与逮捕的必要性相关。而这几方面的条件都可能随着诉讼活动的进展发生变化，进而影响到继续羁押的必要性发生变化。如审查批准逮捕时据以证明有犯罪事实的重要证据，随着侦查工作的深入，被新的证据所否定；立案时认定的犯罪数额，经过进一步调查核实，大为缩小，影响到对可能判处刑罚的估计；实施新的犯罪、干扰证人作证或者串供的可能性已被排除的，等等。由于1996年刑事诉讼法没有规定继续审查，因此在程序体系上，检察院就不能在事后再根据逮捕条件作出进一步的认定，这是强制措施决定程序体系的一个重要缺陷。2012年刑事诉讼法规定逮捕以后继续进行羁押必要性审查，也就在另一个层面上确立了羁押的程序体系，超越了原来的只注重实体条件审查的规定。当然，2012年刑事诉讼法对羁押必要性审查的具体程序没有作出更具体的可操作性规定，但其意义不仅在于为司法实践探索留下进一步的空间和方向，而且使我们真正认识到审查批准逮捕和羁押必要性审查的诉讼化的开始。② 虽然这次修改没有彻底改变原来的审批化体制，人民检察院对公安机关提请批准的审查仍然与其讯问犯罪嫌疑人、被告人的活动发生在不同的时间和空间内，控辩双方也缺乏必要的对抗和辩论。但是，这种必要性审查制度却使检察院在批准与不批准逮捕之外，拓展了要求公安机关解除羁押的权力，并为当事人申请检察院进行继续审查提供了明确的程序机制。这无疑会进一步完善强制措施批准和执行程序体系。

五、结语

通过上述介绍，我们可以看到2012年刑事诉讼法之修改在惩治犯罪和保障人权方面所做的有效均衡。当然，这些规定仍然存在粗略以及给办案机关过大的自由裁量空间等问题，需要通过进一步的细化作出更清晰的厘定。但无论如何，这些修改反映了立法机关严格规范和限制强制措施的态度，反映了立法者面对涉及国家和社会重大利益问题时在惩治犯罪和保障人权之间的权衡倾向。应当说，这些平衡和折中都是从当前的经济社会发展和治安形势出发，根据社会各方面的意见所进行的修改。通过对1996年、2012年刑事诉讼法修改的轨迹进行研究，我们可以看到保障人权在刑事诉讼法的价值体系中的权重越来越大。我们也可以看到，随着侦查技术、侦查效能进一步提升和人民要求的提高，我们的强制措施也会在人权保障方面有进一步提高。但这

---

① 陈瑞华，黄永，褚福民．法律程序改革的突破与限度［M］．北京：中国法制出版社，2012：106.

② 陈瑞华，黄永，褚福民．法律程序改革的突破与限度［M］．北京：中国法制出版社，2012：121.

并不能否认，随着经济社会的发展，犯罪态势会发生更新的变化，我们在惩治犯罪上也需要提供更新的程序保障。也就是说，强制措施乃至刑事诉讼制度任何时候都会面临惩治犯罪和保障人权的冲突，我们在任何时候都需要权衡和抉择。正如这次《刑事诉讼法》修改一样，当我们再次修改《刑事诉讼法》时，还会面临这种冲突，还会面临这种抉择，所不同的是我们的认识会更加深刻、更加理性，我们的选择也会更加坚定、更加明确。

（初审编辑：张小玲）

Reviewing the Selection of Values in Revising *the Criminal Procedural Code* in 2012 from the Perspective of Improving Coercive Measures

Huang Yong

Abstract: This article discusses the following contents on improving coercive measures in revising *the Criminal Procedural Code* in 2012; clarifying the conditions and procedures for implementing coercive measures in order for them to play their roles as much as possible; extending the power of selection and discretion by the judicial body to strengthen its preference for protecting citizens' rights; stipulating strict procedure for judicial review and remedy to progressively realize the function of *the Criminal Procedural Code* to safeguard human rights; establishing substitutive measures of custody to perfect the system of coercive measures. From the above revisions, we can see that the amendmen of *the Criminal Procedural Code* balances the conflict between the two values of safeguarding human rights and punishing crimes so as to realize the purpose of normalizing and restraining the judicial power, safeguarding the citizens' legal rights, and ensuring the activities of criminal proceedings be successful.

Key words: coercive measures; punishing crimes; safeguarding human rights; judicial review; the system of coercive measures

非法证据排除规则司法适用问题探究

刘静坤*

导言

新刑事诉讼法已经从2013年1月1日起实施了。这次刑事诉讼法修改，在指导思想和制度设计方面的一个重大突破，就是将“尊重和保障人权”明确写入总则，确立了“不得强迫自证其罪”原则，并且在此基础上完善了非法证据排除程序。从立法的角度看，我国刑事诉讼法一直旗帜鲜明地反对非法取证行为。1979年刑事诉讼法第32条明确规定：“严禁刑讯逼供和以威胁、引诱、欺骗以及其他非法的方法收集证据。”1996年刑事诉讼法第43条重申了上述要求。1998年和1999年“两高”陆续出台的司法解释中初步确立了非法言词证据的排除规则。但由于法律和司法解释缺乏非法证据排除的具体操作程序，导致实践中针对证据合法性问题产生的争议难以得到有效的解决。根据中央关于深化司法体制和工作机制改革的总体部署，2010年“两高三部”联合出台了《关于办理死刑案件审查判断证据若干问题的规定》（以下简称《办理死刑案件证据规定》）、《关于办理刑事案件排除非法证据若干问题的规定》（以下简称《非法证据排除规定》），确立了系统的非法证据排除规则，得到了社会各界的充分肯定，在实践中取得了积极的效果。“两个证据规定”出台后，实践中对于非法证据排除制度的适用又暴露出一些新情况和新问题，亟待研究解决。

新刑事诉讼法在“两个证据规定”的基础上，进一步完善了非法证据排除制度，明确了非法证据排除的范围和排除原则，确定了非法证据排除的程序、证明责任和证明标准，强化了“非法证据应予排除”的理念，有助于兼顾惩罚犯罪与保障人权，兼顾实体公正和程序公正，最大限度地避免冤错案件发生。

为了确保准确适用新刑事诉讼法，最高人民法院于2012年底出台了《最高人民法院关于适用〈中华人民共和国刑事诉讼法〉的解释》（以下简称《新司法解释》），其中专设“非法证据排除”一节，在尊重立法精神的基础上对非法证据排除规则的有关条文作出了进一步的解释。新司法解释对非法证据排除规则的规定具有较强的可操作性，对刑事司法工作具有直接的指导性，应当引起高度的重视。

---

* 刘静坤，法学博士，最高人民法院刑三庭法官。

一、非法证据排除规则的功能定位

在探讨非法证据排除规则的制度设计之前，首先需要明确一个基础性的问题，即为什么要设立非法证据排除规则。我国非法证据排除规则的产生和发展，是程序正义理念在刑事司法领域兴起的产物，反映出人权保障观念在刑事诉讼活动中日益受到重视。从保障人权，维护司法公正、权威和公信等角度出发，非法证据排除规则主要具有以下几个方面的功能。

第一，通过排除非法证据保障被告人的宪法权利。我国宪法规定，任何公民享有宪法和法律规定的权利，公民的人身自由、人格尊严、住宅不受侵犯，通信自由和通信秘密受法律保护。2004 年修改宪法，将“国家尊重和保障人权”原则明确写入宪法后，如何在刑事诉讼领域充分体现对被告人宪法权利的尊重和保障，成为立法和司法机关需要慎重考虑和认真对待的问题。

“没有救济就没有权利”，在刑事诉讼领域，只有将非法证据排除规则作为宪法权利的救济手段，才能确保宪法权利真正落到实处。2012 年刑事诉讼法修改，在重申“尊重和保障人权”这一宪法原则的基础上，确立了“不得强迫自证其罪”的原则。面对司法实践中刑讯逼供和暴力取证等非法取证行为时有发生的现状，只有依法排除通过上述非法方法收集的证据材料，在诉讼程序内为被告人提供充分的法律救济，才能真正体现对被告人宪法权利的法律保障，切实落实不得强迫自证其罪原则。强调对被告人宪法权利的有效保障，是我国此次修改刑事诉讼法确立非法证据排除规则的主要考虑。美国法院通过判例确立非法证据排除规则，也是将被告人宪法权利的保护和救济作为重要的政策基础。

第二，通过排除非法证据确保案件质量，防止错案发生。通过非法方法收集证据，尤其是通过刑讯逼供等非法方法收集的犯罪嫌疑人、被告人供述和采用暴力、威胁等非法方法收集的证人证言、被害人陈述，虚假的可能性极大。“棰楚之下，何求而不可得”。如果将此类非法证据作为定案的根据，既可能冤枉无辜者，也可能会放纵真正的犯罪人。实践中暴露出的一些刑事错案，如杜培武案、佘祥林案等，大多是因为错误采信通过刑讯逼供取得的虚假供述，进而导致事实出现错误。

我国刑事诉讼法强调实事求是的原则，重视查明事实真相，因此，从确保案件质量的角度考虑，需要依法排除那些非法取得并且虚假可能性极大的证据。在英国早期的普通法上，有关被告人供述的排除规则也是以供述是否可信为基础的。后来美国法院通过建立排除规则与宪法的关联，又逐步将宪法权利保障和遏制警察非法取证行为作为排除规则的基础。①

第三，通过排除非法证据确保程序的公正性。程序法定是现代诉讼的基本原则。现代刑事诉讼强调控辩双方理性、平等对抗，通过正当程序来依法制裁犯罪，不能将被告人作为单纯的被追诉对象。坚持程序的公正性，是确保法律面前人人平等的制度基础。

---

① 美国联邦宪法第四修正案：非法证据排除规则［M］. 吴宏耀，等，译. 中国人民公安大学出版社，2010：99－101.

人民法院在依法独立公正行使审判权的过程中，必须要严格执行宪法和法律的规定，维护法律的正当程序。如果法院在刑事审判中使用了控诉方非法取得的证据，就等于法院认可和纵容了违反正当程序和宪法法律规定的非法取证行为，甚至间接鼓励了非法取证行为。① 这种做法不仅有违正当程序的要求，而且从长远意义上讲是对法治的违反和破坏。同时，法院依法排除非法证据，还能够树立当事人和公众对程序和法治的信仰。因此，为了确保程序的公正性，不能将非法证据作为认定犯罪的根据。美国法院在推行证据排除规则时提出的司法廉洁性理论，讲的也是同一个道理。

第四，通过排除非法证据遏制非法取证行为。在美国，法院还肩负着司法审查的职责，有义务审查政府行为的合法性。通过排除非法证据，能够消除警察非法取证的动机，这也被视为遏制警察不法行为的最有效方式。

我国实行的是公检法三机关“互相配合、互相制约”的制度，法院没有司法审查的职能，但实行非法证据排除规则，倡导庭审中心主义观念，有助于推进侦查取证规范化，有效遏制刑讯逼供等非法取证行为发生。

立足司法实践，充分认识非法证据排除规则在保障被告人宪法权利、维护程序公正、确保案件质量、遏制非法取证等方面的重要功能，树立“非法证据应予排除”的正确观念，是在实践中切实贯彻执行非法证据排除规则的观念基础。

二、非法证据排除规则的属性

在非法证据排除规则产生前，英美等国的证据法已经创设了诸多的证据排除规则，如传闻证据规则、意见证据规则等。作为证据排除规则家族中的一员，非法证据排除规则究竟与传统的证据排除规则存在哪些差异，非法证据排除规则具有哪些独特的属性，值得认真研究。

（一）非法证据排除规则与关注可靠性的传统证据规则有本质区别

第一，非法证据排除规则解决的是证据能力问题，而不是证明力问题。从认证的过程看，法官在审查判断证据时要区分两个层面的内容：首先需要确认特定的证据是否具有证据能力，即能否作为诉讼证据提交给法庭；其次才能确认特定的证据的证明力，即对于案件事实的证明具有多大的证明价值。非法证据排除规则所要解决的是第一个层面的问题。即使非法证据的内容是真实的，因其是非法取得，依法不能作为诉讼证据使用，也就谈不上作为定案的根据。

第二，传统意义上的证据排除规则主要关注的是证据可靠性这一事实认定层面的问题。为了确保提交给事实裁判者的证据材料具有证据能力，各国均确立了诸多的证据排除规则。许多证据排除规则，尤其是在陪审团制度下的证据排除规则，如传闻证据排除规则、意见证据排除规则等，都是为了避免不可靠的证据或者缺乏关联性的证据误导事实裁判者，进而避免错案发生。

第三，与关注证据可靠性的传统证据规则不同，非法证据排除规则涉及的是证据

---

① 马普诉俄亥俄州案件（Mapp v. Ohio）的裁判意见，参见美国联邦宪法第四修正案：非法证据排除规则[M]. 吴宏耀，等，译. 北京：中国人民公安大学出版社，2010：101.

合法性问题。非法证据排除规则所关注或者主要关注的并非证据本身是否真实可靠，而是取证程序是否合法。如果取证方法侵犯了公民的基本人权或者严重违反了法律规定的正当程序，那么，即使该证据本身是真实可靠的，依法也应当予以排除，以体现程序的公正性，就算因此影响案件事实的查明也在所不惜。关注取证合法性问题的非法证据排除规则，与关注证据可靠性问题的传统证据排除规则，共同构成了广义上的证据排除规则。但两者存在着内在的差异，非法证据排除规则的产生，与宪法和正当程序在刑事诉讼领域的影响密不可分。

（二）非法证据排除规则有特定的适用范围

“两个证据规定”颁布以后，一些人将《办理死刑案件证据规定》中所确立的诸多证据排除规则不当地等同于非法证据排除规则。但实际上，《办理死刑案件证据规定》中确立的许多证据排除规则，有些是针对证据的合法性问题，有些则是针对证据的证明力问题。[①] 因此，“两个证据规定”中的排除规则，并不等同于此处所讲的非法证据排除规则，其外延也要远远大于非法证据排除规则。

例如，《办理死刑案件证据规定》第 12 条第 1 款规定：“以暴力、威胁等非法手段取得的证人证言，不能作为定案的根据。”该款规定的排除规则属于非法证据排除规则的范畴。相比之下，该条第 2 款规定：“处于明显醉酒、麻醉品中毒或者精神药物麻醉状态，以致不能正确表达的证人所提供的证言，不能作为定案的根据。”第 3 款规定：“证人的猜测性、评论性、推断性的证言，不能作为证据使用，但根据一般生活经验判断符合事实的除外。”这两款规定的排除规则显然并不是非法证据排除规则，而是有关作证资格、意见证据问题的一般证据排除规则。

又如，《办理死刑案件证据规定》第 9 条第 3 款规定：“对物证、书证的来源及收集过程有疑问，不能作出合理解释的，该物证、书证不能作为定案的根据。”该款规定的排除规则也不是非法证据排除规则。该款规定涉及的证据取证过程虽然并未侵犯当事人的基本人权，但却具有极大的虚假可能性，因此，干脆釜底抽薪地否定了其作为证据的资格，即所谓“不能作为定案的根据”。

“两个证据规定”尤其是《办理死刑案件证据规定》之所以确立大量的证据排除规则，与我国此前实行的“书面审”庭审模式有很大的关系。我国刑事诉讼法并未严格实行直接言词原则，证人、鉴定人、侦查人员等通常并不出庭作证，法官当庭难以对相应的笔录证据作出准确的判断。为了避免法官错误采用不可靠的证据，“两个证据规定”确立了相应的证据排除规则，其中许多规则都涉及笔录证据的可靠性问题，这实际上是当前庭审模式下确保案件质量的重要制度保障。

三、非法证据的界定

新刑事诉讼法并未规定“非法证据”的概念，而是直接规定了非法证据的表现形式，即，采用刑讯逼供等非法方法收集的犯罪嫌疑人、被告人供述和采用暴力、威胁等非法方法收集的证人证言、被害人陈述，以及通过不符合法定程序且可能严重影响司法公

---

① 张军．刑事证据规则理解与适用［M］．北京：法律出版社，2010.

正的方式收集的物证、书证。只有通过上述严重侵犯基本人权的非法方法或者严重影响司法公正的方式收集的证据，才属于非法证据排除规则所针对的“非法证据”。

（一）非法言词证据的界定

根据新刑事诉讼法的规定，非法言词证据，主要是指“采用刑讯逼供等非法方法收集的犯罪嫌疑人、被告人供述和采用暴力、威胁等非法方法收集的证人证言、被害人陈述”。《新司法解释》规定：“使用肉刑或者变相肉刑，或者采用其他使被告人在肉体上或者精神上遭受剧烈疼痛或者痛苦的方法，迫使被告人违背意愿供述的，应当认定为此处的‘等非法方法’。”为了准确把握这里的“等非法方法”，需要关注以下问题：

第一，关于“其他使被告人在肉体上遭受剧烈疼痛或者痛苦的方法”。实践中可以参照《最高人民检察院关于渎职侵权犯罪案件立案标准的规定》关于刑讯逼供案的规定，即，“以较长时间冻、饿、晒、烤等手段逼取口供，严重损害犯罪嫌疑人、被告人身体健康的”，应当认定为与刑讯逼供相当的非法方法。

刑讯逼供等非法讯问方法是许多国家明令禁止的取证方法。例如德国刑事诉讼法就明确禁止用虐待、疲劳战术、伤害身体的方法进行讯问。正是由于被告人在肉体上遭受剧烈疼痛或者痛苦，才导致其丧失意志自由，迫使其违背意愿供述。这种做法直接违背了不得强迫自证其罪的法律原则。实践中，如果讯问人员一方面对被告人进行肉体折磨，另一方面进行引供诱供，极易迫使被告人作出虚假供述，导致错案发生。有调查显示，被告人虚假口供是导致刑事错案的首要原因，而造成被告人虚假口供的主要原因是办案人员偏重口供和刑讯逼供。① 因此对于此类非法证据，依法应当予以排除。

第二，关于“其他使被告人在精神上遭受痛苦的方法”。实践中，有些非法讯问方法并不直接折磨被告人的肉体，而是主要表现为对被告人进行精神折磨，或者给被告人服用药物。与肉体上的折磨相比，精神上的痛苦对被告人意志自由的影响更加直接。因此从正当程序的角度出发，许多国家都反对使用此类讯问方法。例如德国刑事诉讼法明确禁止采用服用药物、折磨或者催眠的方法以及有损被告人记忆力、理解力的措施进行讯问。这种“精神层面的刑讯逼供”，更能直接迫使被告人违背意愿作出虚假供述，极易导致错案发生。因此对于此类非法证据，依法应当予以排除。

第三，关于“采用引诱、欺骗方法收集的证据”。刑事诉讼法除了禁止刑讯逼供和暴力、威胁等取证方法外，还禁止以“引诱、欺骗”方法收集证据。但刑事诉讼法并未将以“引诱、欺骗”方法收集的证据纳入非法证据排除规则的范畴。这主要是考虑到司法实践中“引诱、欺骗”的含义及标准不好界定，讯问和询问中很多涉及“心理较量”的语言、行为和策略，都不可避免地带有引诱、欺骗的成分，在法律限度内或者经法律许可的引诱、欺骗也并不构成违法。如果将这些讯问、询问方法都视为非法，进而将相关的言词证据作为非法证据排除，将给侦查工作带来巨大的冲击。

尽管如此，并不意味着采用“引诱、欺骗”方法取得的证据能够被法庭所采纳。有意见指出，对于此类证据，应综合多种可能损害公正审判的因素决定是否排除。②

---

① 何家弘，何然．刑事错案中的证据问题——实证研究与经济分析［J］．政法论坛，2008（2）．

② 龙宗智．威胁、引诱、欺骗的审讯是否违法［J］．法学，2000（3）．

同时，从证明力的角度看，通过“引诱、欺骗”方法取得的证据极有可能是虚假的，以之为基础认定案件事实极易导致错案发生，因此，如果查明通过“引诱、欺骗”方法取得的证据虚假的可能性很大，就不能将之作为定案的根据。

（二）非法实物证据的界定

我国司法解释最初所确立的证据排除规则主要针对的是非法言词证据，将非法言词证据与非法实物证据一并纳入到非法证据排除规则的范畴，是这次修改刑事诉讼法的一个进步。新刑事诉讼法规定，“收集物证、书证不符合法定程序，可能严重影响司法公正的，应当予以补正或者作出合理解释；不能补正或者作出合理解释的，对该证据应当予以排除。”

为了准确把握这里的非法实物证据的排除范围，需要关注以下问题。

第一，关于非法实物证据的第一个条件：“收集方式不符合法定程序”。刑事诉讼法对侦查机关搜查、扣押等程序作了明确规定，搜查的对象是犯罪嫌疑人以及可能隐藏罪犯或者犯罪证据的人的身体、物品、住处和其他有关的地方，搜查时必须向被搜查人出示搜查证。又如刑事诉讼法明确规定了技术侦查的审批程序、适用对象和使用条件等问题。一旦侦查取证活动违反了法律规定的程序，就符合了非法实物证据的第一个条件。

第二，关于非法实物证据的第二个条件：“可能严重影响司法公正”。《新司法解释》对此规定“应当综合考虑收集物证、书证违反法定程序以及所造成后果的严重程度等情况”作出认定。由于物证、书证的客观性较强，通常是定案的重要证据，因此，实践中对物证、书证的排除要持慎重的态度。根据我国宪法的规定，任何公民享有宪法和法律规定的权利，公民的人身自由、人格尊严、住宅不受侵犯，通信自由和通信秘密受法律保护。如果收集实物证据严重违反法定程序，并且侵犯了公民的隐私权、财产权、通信自由权和通信秘密等基本人权的严重后果，就可以被视为“严重影响司法公正”。

第三，关于“补正或者作出合理解释”。对于非法实物证据，法律并未实行绝对排除，而是允许进行补正或者作出合理解释。实践中，需要区分不同情况作出处理。

例如，对于一起普通刑事案件，警察在非紧急情况下进行强行无证搜查，破门而入取得了相应的物证、书证，这种做法违反了法定的程序，严重侵犯了公民的财产权和隐私权等基本权利，引起了当事人家属的强烈抗议，严重影响了司法公正，不能也不允许通过补签搜查证的方法进行补正，相应的，非法取得的实物证据应当依法予以排除。

不过，如果警察是在紧急情况下进行无证搜查，取得了相应的物证、书证，就可以对无证搜查作出合理的解释，相应的，取得的实物证据可以作为证据使用。不过在此种情况下，对于“紧急情况”的存在，必须提供相应的证据证明无证搜查的正当性。

强调排除非法实物证据，有助于强化依法、规范取证的意识。尤其是对于据以定案的关键性证据，必须要在确保被告人基本人权的基础上严格遵守法定的程序收集，确保取证的合法性。

四、非法证据排除程序的启动

新《刑事诉讼法》规定：“在侦查、审查起诉、审判时发现有应当排除的证据的，应当依法予以排除，不得作为起诉意见、起诉决定和判决的依据。”根据这一规定，侦查机关、检察机关和人民法院在相应的诉讼阶段，均有义务排除非法证据。从理论上讲，证据资格问题解决的是某一项证据是否能够被法庭采纳，因此，非法证据排除的主体一般主要是指法院。新刑事诉讼法强调各个诉讼阶段的司法职能部门均有排除非法证据的义务，有助于督促侦控机关强化合法、规范取证的意识，杜绝非法取证现象发生。不过，此处所探讨的非法证据排除程序，主要关注审判阶段的相关问题。

非法证据排除程序，被学者形象地称为“审判之中的审判”①，为了保障庭审的质量和效率，确保被告人依法有据提出非法证据排除申请，避免被告人滥用程序权利，有必要规范非法证据排除的启动程序。

（一）提出申请的时间

由于非法证据排除程序涉及的是证据能力的裁判问题，因此，为了避免在庭审中提出该问题导致庭审中断，过度延迟审判，被告人应当在审判前申请排除证据。通过庭前程序解决可能导致庭审中断的非法证据排除等程序性问题，已经成为许多国家的普遍做法。例如，美国大多数的州要求，被告人必须在审判前申请排除证据。②

为了将非法证据排除问题尽量解决在庭前，确保庭审集中审理，《新司法解释》规定：“人民法院向被告人及其辩护人送达起诉书副本时，应当告知其申请排除非法证据的，应当在开庭审理前提出，但在庭审期间才发现相关线索或者材料的除外。”

为了准确把握司法解释对申请时间所作的规定，需要关注以下问题。

第一，法院在庭前的权利告知义务。非法证据排除是一个新生事物，涉及较为复杂的程序问题，被告人可能对此知之甚少。为了确保被告人的知情权，人民法院应当在送达起诉书副本的同时，告知被告人享有该项权利，并明确要求被告人及其辩护人应当在开庭审理前提出排除非法证据的申请。

第二，鼓励被告人及其辩护人在开庭审理前提出排除非法证据的申请。实践中，如果被告人及其辩护人意图提出排除非法证据申请，通常已经在庭前掌握了相关的线索或者材料。司法解释要求被告人及其辩护人在开庭审理前提出非法证据排除申请，可以督促被告人及其辩护人尽量在开庭审理前提出排除非法证据的申请，进而通过庭前会议程序妥善解决该问题，避免在庭审中突然提出非法证据排除申请而导致庭审中断。

在庭前会议中，人民检察院可以对取证的合法性进行说明，反驳当事方提出的非法证据排除申请。《新司法解释》对此专门规定：“开庭审理前，当事人及其辩护人、诉讼代理人申请排除非法证据，人民法院经审查，对证据收集的合法性有疑问的，应当依照刑事诉讼法第一百八十二条第二款的规定召开庭前会议，就非法证据排除等问题了解情况，听取意见。人民检察院可以通过出示有关证据材料等方式，对证据收集的合法性加以说明。”

需要指出的是，庭前会议只是庭审的准备性程序，不能作出实质性的裁判。③ 因

---

① 陈瑞华. 审判之中的审判——程序性裁判之初步研究［J］. 中外法学，2003（3）.

② 王兆鹏. 美国刑事诉讼法［M］. 台湾：元照出版公司，2004：14.

③ 张军. 新刑事诉讼法法官培训教材［M］. 北京：法律出版社，2012：“庭前会议”一节内容.

此，虽然我们希望非法证据排除问题尽量在庭前予以解决，但许多案件中，控辩双方都对非法证据排除问题存在较大的争议，该问题很难在庭前会议中得到切实的解决。尽管如此，通过庭前会议，控辩双方可能围绕取证合法性问题达成初步的共识，进而在庭审中顺利解决该问题。

第三，如果被告人及其辩护人在庭前就掌握相关线索或者材料，一直拖延到庭审中才提出排除非法证据申请的，尽管法律并未禁止，但司法解释对此予以特殊对待，法庭的处理程序有所差异。对于上述情形，《新司法解释》第100条规定：法庭“应当在法庭调查结束前一并进行审查，并决定是否进行证据收集合法性的调查”。换言之，法庭可以先搁置被告人及其辩护人提出的申请，待到法庭调查结束前再对申请进行审查。同时，法庭对申请的审查要更加严格，对调查程序的启动要从严把握。相比之下，如果被告人及其辩护人在庭审期间才发现相关线索或者材料，进而在庭审中提出非法证据排除申请，根据司法解释的规定，法庭应当先行调查证据合法性。当然，如果被告人及其辩护人在庭审期间才发现相关线索或者材料的，属于例外情形，法律和司法解释依法维护被告人的诉讼权利。

（二）申请方的初步提供证据责任

新《刑事诉讼法》规定：“当事人及其辩护人、诉讼代理人有权申请人民法院对以非法方法收集的证据依法予以排除。申请排除以非法方法收集的证据的，应当提供相关线索或者材料。”

与审判人员依职权对证据收集的合法性进行调查的程序不同，对于当事人及其辩护人、诉讼代理人申请排除非法证据的，申请人负有提供相关线索或材料的初步责任。实践中提出排除非法证据申请的多是被告人及其辩护人，之所以规定被告方承担这种初步责任，主要是基于以下考虑：

第一，如果侦查人员确有非法取证情形，那么被告人通常亲历整个过程，有接触证据、提供证据的便利。

第二，实践中，一些被告人及其辩护人可能基于辩护策略的考虑，随意提出非法证据排除申请，要求被告人及其辩护人提供侦查人员非法取证的相关线索或者材料，可以有效地防止被告人及其辩护人滥用诉讼权利，随意启动对证据合法性的审理。

第三，要求被告人提供侦查人员非法取证的相关线索或者材料，可以确保检察机关的举证和法庭审理活动更具有针对性，保障诉讼活动的顺利进行。

根据《新司法解释》的规定，申请人应当提供的线索或材料主要是指：“涉嫌非法取证的人员、时间、地点、方式、内容等相关线索或者材料。”

例如，如果被告人明确指出，某讯问人员于特定的时间在看守所以外的特定场所对其实施刑讯逼供，该情况就可以被视为司法解释中所称的“线索”。

又如，被告人提出，其在看守所外被讯问时遭到讯问人员刑讯逼供，导致身体有损伤，看守所的体检记录能够证实被告人入所时有身体损伤，该情况就可以被视为司法解释中所称的“材料”。

五、证据合法性的法庭调查程序

（一）法庭启动调查程序需要满足特定的条件

对于当事人及其辩护人、诉讼代理人在庭审期间提出的非法证据排除申请，法院并非一律启动调查程序。只有经审查后对证据收集的合法性存在疑问的，才有必要启动调查程序。《新司法解释》对此规定："法庭审理过程中，当事人及其辩护人、诉讼代理人申请排除非法证据的，法庭应当进行审查。经审查，对证据收集的合法性有疑问的，应当进行调查；没有疑问的，应当当庭说明情况和理由，继续法庭审理。当事人及其辩护人、诉讼代理人以相同理由再次申请排除非法证据的，法庭不再进行审查。"

一些被告人或者辩护人在庭前向法院提出非法证据申请后，仅仅提出一些初步的线索，这些线索没有指明涉嫌非法取证的人员、时间、地点、方式、内容，根本无法查实，无法促使审判人员对证据收集的合法性产生疑问，此种情况下，就没有必要启动专门的调查程序。

（二）"先行"当庭调查是基本原则

新刑事诉讼法规定可以对证据收集的合法性进行法庭调查，但并未规定具体的调查程序。根据《非法证据排除规定》的有关规定："被告人及其辩护人在开庭审理前或者庭审中，提出被告人审判前供述是非法取得的，法庭在公诉人宣读起诉书之后，应当先行当庭调查。"

在实行陪审团审判的英美法系国家，有关非法证据排除申请等证据资格问题的争议，需要在审前程序中专门解决。辩护方在审前动议中提出排除非法证据的申请，法官主持专门的排除证据的听证。只有当法官裁定该证据具有证据资格后，陪审团才能够接触该项证据。

我国不实行陪审团制度，审判人员同时负责事实问题和法律问题的裁判，无法像英美法系那样实行严格的审前证据资格审查程序。尽管如此，对于证据资格问题的争议，一般也要在法庭调查之前"先行"进行。只有在庭审中首先确定特定的证据材料是否具备证据资格，才能确定能否将之作为诉讼证据使用，进而对其进行法庭调查。如果经过审查认定特定的证据材料是非法证据，就应当依法予以排除，无须对该证据材料进行后续的法庭调查。

（三）特殊情况下可以在法庭调查结束前一并调查

庭审过程中对非法证据排除的申请进行"先行"调查，是一项基本的原则。但基于审判效率和法庭秩序等方面的考虑，必要时也要对该原则设定一些例外情形，换言之，对非法证据排除的申请并非一律"先行"调查。针对该问题，《新司法解释》规定："对证据收集合法性的调查，根据具体情况，可以在当事人及其辩护人、诉讼代理人提出排除非法证据的申请后进行，也可以在法庭调查结束前一并进行。"

为了准确把握司法解释对非法证据调查程序所作的规定，需要关注以下问题。

第一，对于被告人人数较多、案情复杂且多名被告人提出非法证据排除申请的案件，可以考虑在法庭调查结束前一并对排除非法证据的申请进行调查。此类案件，如果严格执行"先行"调查的原则，可能无法确保庭审的顺利进行，影响庭审的质量和效率。因此，有必要在法庭调查结束前一并对各被告人提出的申请进行审查、调查。这种折中处理的做法既能够确保庭审的集中审理，也能够兼顾被告人的诉讼权利保护，符合司法实践的要求。

第二，需要明确指出的是，庭审阶段对非法证据排除申请的调查，无论是先行调查还是集中调查，都必须首先解决证据的合法性问题，不能先对证据进行宣读、质证。例如，被告人提出自己的审前供述系刑讯逼供所得，进而申请排除非法口供，法庭启动非法口供的调查程序后，必须先调查口供的合法性，不能先对被告人的口供进行宣读、质证。

六、证据合法性的证明责任

（一）证据收集合法性的证明责任属于控诉方

对于非法证据排除程序而言，证据合法性的证明责任也是一个关键性的问题。我国此前虽然通过司法解释确立了非法言词证据排除规则，但这一规则在实践中未能得到有效的适用，一个重要原因就是没有规定取证合法性的证明责任，导致控辩双方在法庭上各持己见，法庭难以作出有效的裁断。新刑事诉讼法就此明确规定："在对证据收集的合法性进行法庭调查的过程中，由人民检察院对证据收集的合法性加以证明。"

对于证据收集的合法性问题，明确由人民检察院承担证明责任，具有重要的意义，既有助于实现程序公正，也能够避免实践中要求被告方承担证明责任的不当做法。在被告人及其辩护人提出排除非法证据申请的情况下，如果人民检察院不能证明证据收集的合法性，人民法院应当依法排除相关的证据。

（二）单纯的书面说明不能证明取证的合法性

对于人民检察院而言，为了证明取证的合法性，既可以提供客观性的证据材料，如提供讯问笔录、原始的讯问过程录音录像或者其他证据，也可以由公诉人向法庭提请法庭通知讯问时其他在场人员或者其他证人出庭作证，或者提请法庭通知讯问人员出庭作证，对该供述取得的合法性予以证明。

需要强调的是，实践中，人民检察院有时提交一份书面说明，表明侦查人员在讯问过程中没有刑讯逼供等非法取证行为，取证过程具有合法性。《新司法解释》对此规定："公诉人提交的取证过程合法性的说明材料，应当经有关侦查人员签名，并加盖公章。未经有关侦查人员签名的，不得作为证据使用。上述说明材料不能单独作为说明取证过程合法性的根据。"简言之，公诉机关不能仅凭一纸说明来证明证据的合法性。

（三）证据收集合法性的证明方式

《新司法解释》规定："法庭决定对证据收集的合法性进行调查的，可以由公诉人通过出示、宣读讯问笔录或者其他证据，有针对性地播放讯问过程的录音录像，提请法庭通知有关侦查人员或者其他人员出庭说明情况等方式，证明证据收集的合法性。"实践中，公诉人在庭审中可以通过上述多种方式证明取证的合法性。

需要指出的是，侦查人员经通知后不出庭作证将导致何种后果，新刑事诉讼法并未作出明确的规定。基于取证合法性证明责任的要求，如果因侦查人员不能按照法律规定出庭作证，最终不能排除非法取证的可能性，法院应当依法排除相关的证据。排除相关证据后，如果其他证据确实、充分的，依法可以认定被告人有罪和处以刑罚；如果其他证据不够确实、充分的，不能认定被告人有罪和处以刑罚。

七、证据合法性的证明标准

新刑事诉讼法规定："对于经过法庭审理，确认或者不能排除存在本法第五十四条规定的以非法方法收集证据情形的，对有关证据应当予以排除。"为了准确理解证据合法性的证明标准，需要结合司法实践的具体情况加以分析。

第一，关于"确认以非法方法收集证据情形"。如果当事人及其辩护人、诉讼代理人提出排除非法证据的申请后，提供了明确的证据材料，能够证明侦查人员对其实施了刑讯逼供行为，例如，被告人提供了遭受刑讯逼供后的血衣，并且体表存在明显的身体损伤，此时就能够"确认"侦查人员是以非法方法收集证据。

第二，关于"不能排除以非法方法收集证据情形"。如果当事人及其辩护人、诉讼代理人向人民法院提出排除非法证据的申请，法院经审查后启动了专门的调查程序，人民检察院无法提供确实、充分的证据证明取证的合法性，例如，对于法律明确要求对讯问工作进行全程同步录音录像的案件，如果侦查机关在讯问时没有遵守法律的规定，未进行全程同步录音录像，讯问又并未按照法律规定在看守所内进行，没有其他在场人员能够证明讯问的合法性和被告人供述的自愿性，此种情况就属于"不能排除以非法方法收集证据的情形"。

八、对法庭处理结果的法律救济

法庭对非法证据排除问题的处理，虽然是一种程序性裁判，但对案件的实体处理结果具有重要的影响。对控辩双方尤其是被告方而言，法庭是否认定特定的证据为非法证据，进而作出排除与否的决定，将直接关系到切身的诉讼权益。

在美国，如果控辩双方在审判前对法庭排除证据与否的决定不服，可以立即向上诉法院提出上诉，请求上诉法院审查，无须等到审判结束。否则如果下级法院决定错误，将来有可能会造成重新审判或者释放被告人的结果，反而会浪费司法资源。①

新刑事诉讼法并未确立这种独立的、即时性的救济机制。根据《新司法解释》的规定，对证据合法性的审查应当贯穿刑事诉讼的始终。在第一审法院针对非法证据排除问题作出处理，并对整个案件作出裁判后，如果当事人对一审处理结果不服，可以提出上诉、抗诉。实践中主要存在以下几种情况。

第一，在第一审期间，如果当事人及其辩护人、诉讼代理人申请人民法院排除非法证据，第一审法院没有审查，并以该证据作为定案根据的，第二审法院应当对该证据取得的合法性进行审查。第二审法院决定启动专门的调查程序后，如果检察人员不提供证据加以证明，或者已提供的证据不够确实、充分的，第二审法院应当依法排除相关证据，不能将之作为定案的根据。

---

① 王兆鹏．美国刑事诉讼法［M］．台湾：元照出版公司，2004：14.

第二，被告人及其辩护人并未在一审期间提出非法证据排除申请，但在二审期间提出该申请的，实践中需要区分情况作出处理。

如果当事人及其辩护人、诉讼代理人在第一审结束后才收集到新的线索或者材料，申请第二审法院排除非法证据的，第二审法院应当对排除非法证据的申请进行审查。第二审法院决定启动专门的调查程序后，如果检察人员不提供证据加以证明，或者已提供的证据不够确实、充分的，第二审法院应当依法排除相关证据，不能将之作为定案的根据。

如果被告人及其辩护人早已掌握相关线索或者材料，故意拖延到二审期间才提出排除非法证据的申请，第二审法院应当对是否启动专门的调查程序严格把握。因为法律和司法解释已经明确要求被告人及其辩护人应当在一审期间甚至一审庭审前提出申请，被告人在一审期间未提出申请，且当庭认罪，表明其对证据收集的合法性没有异议。如果任由被告人及其辩护人随意在二审阶段提出非法证据排除申请，势必影响裁判的稳定性和审判的效率。

第三，如果人民检察院或者被告人不服第一审法院作出的有关证据收集合法性的调查结论，提出抗诉、上诉的，第二审法院应当对证据收集的合法性进行审查，并作出相应的处理。需要指出的是，《新司法解释》的该项规定并不意味着，当事人对第一审法院有关证据收集合法性的调查结论不服，可以单独以之为由提出抗诉、上诉，而是指如果因该问题而导致对第一审的判决不服，可以在抗诉、上诉中提出该问题。

第四，如果第一审期间，人民检察院在被告人及其辩护人提出排除非法证据申请后，没有提供确实、充分的证据证明取证的合法性，在一审法院排除非法证据后提起抗诉，在二审期间又提供证明取证合法性的相关证据的，实践中需要区分情况作出处理。

如果人民检察院在第一审期间系“举证不能”，未能收集到证明取证合法性的相关证据，但是在二审期间又收集到相关的新证据的，第二审法院应当准许人民检察院提交相关证据，并依法对证据合法性问题作出裁决。

如果人民检察院在第一审期间已经收集到证明取证合法性的相关证据，但“备而不用”、“怠于举证”，在一审法院排除非法证据后提起抗诉，在二审期间才提供早已掌握的相关证据的，尽管我国刑事诉讼法未确立“一事不再理”原则，但人民检察院的这种做法不应予以鼓励和支持。

余论：美国非法证据排除规则的新动向及启示

非法证据排除规则在适用过程中，可能产生一定的司法成本，即排除相关的证据后，无法认定案件事实，进而可能导致放纵犯罪的后果，这可能导致一些人反对非法证据排除规则的适用。① 如何实现非法证据排除规则的正当化，同时不断优化非法证据排除规则本身，无疑是我们需要认真对待的问题。

非法证据排除规则发端于美国，因此考察非法证据排除规则在美国的产生历程和最新发展走向，对于把握非法证据排除规则的政策、理论和实践基础，具有十分关键

① William T. Pizzi, Trial Without Truth, New York University Press, 1999, chapter two.

的意义。

有学者指出，美国的非法证据排除规则是由法院创制的，并不是严格意义上的证据规则。① 在20世纪之初，美国联邦最高法院在1904年亚当诉纽约州案件（Adams v. New York）中指出，违法取得的证据材料在审判中无须排除，并不违反联邦宪法第四修正案。直至1914年，美国联邦最高法院在威克斯诉合众国案件（Weeks v. United States）中提出了证据排除规则，该案中联邦警察没有持搜查证便对被告人家中进行搜查并取得了证据，联邦最高法院认为警察取得证据的行为侵犯了联邦宪法所保障的被告人权利，该证据不得在联邦法院刑事审判中作为证据使用，否则等于司法认可了违反宪法的行为。到了1961年，联邦最高法院在马普诉俄亥俄州案件（Mapp v. Ohio）中将证据排除规则适用于各州，进而使证据排除规则成为普适性的规则。其间，联邦最高法院在希尔福索恩·伦巴公司诉合众国案件（Silverthorne Lumber v. United States）中确立了“毒树之果”规则，即不仅非法取得证据不能被采纳，由非法证据衍生的其他证据也不能被采纳。之后，联邦最高法院又通过判例创立了善意例外、因果关系减弱例外和必然发现例外等“毒树之果”规则的例外情形。

经过近半个世纪的努力，美国联邦最高法院通过判例的方式确立了非法证据排除规则，并最终将之适用于各州。尽管美国宪法并未直接规定证据排除规则，但当时的联邦最高法院认为，证据排除规则是宪法保障公民隐私权的重要组成部分，是宪法第四修正案和第十四修正案的实质内容。实践表明，没有救济的权利是毫无意义的。从立法政策上，联邦最高法院主张将证据排除规则作为宪法权利的救济手段，进而赋予宪法权利以实际意义，因为如果不要求排除证据，执法人员将缺乏遵守宪法规定的动力。

考察美国证据排除规则由产生至发展的历程，可以发现，由于排除规则缺乏宪法上的直接依据，所以美国联邦最高法院需要通过判例方式建立排除规则与宪法之间的关联。但这种做法一直面临着争议，围绕证据排除是否属于宪法要求这一问题，理论界和实务界始终存在分歧，就连联邦最高法院的大法官们也有不同意见。以证据排除规则并非宪法要求为由，美国国会曾多次提出议案，主张以经济赔偿诉讼的方式取代证据排除规则，但都没有获得批准通过。② 此外，联邦最高法院针对证据排除规则所设立的例外情形，也表明对证据排除规则的实践功能进行评估，如果排除证据不能实现预期的目的，就需要采用例外规则避免排除规则的适用。

值得注意的是，最近美国联邦最高法院对证据排除规则的立场发生了较大的变化。在2006年哈德森诉密歇根州案件（Hudson v. Michigan）中，联邦最高法院指出，“排除规则并非宪法的要求，而是一项法院制定的规则。排除证据向来是最后的手段，而不是首选。排除规则导致‘沉重的社会代价’，有时甚至可能放纵罪犯，使得危险人物逍遥法外。我们一直对‘扩大’这一规则‘持审慎态度’。”该案中，联邦最高法院的态度反映出，只有为了实现宪法所保护的利益才可以排除违反宪法取得的

---

① ［美］诺曼·嘉兰．执法人员刑事证据教程．但彦铮，等，译．北京：中国检察出版社，2007：262.

② 美国联邦宪法第四修正案：非法证据排除规则［M］．吴宏耀，等，译．北京：中国人民公安大学出版社，2010：84.

证据，同时，排除规则带来的遏制效应要大于“沉重的社会代价”，否则排除规则就没有适用的余地。

联邦最高法院在哈德森案件中的判决意见反映出，对于非法实物证据，已经由“强制排除”转向了“裁量排除”。对此有评论指出，裁量排除能够缓解民众因非法证据排除对司法制度的反感，同时缓解法官在强制排除制度下因害怕有罪者逍遥法外而不愿宣告取证违法的道德困境。①

在美国，非法证据排除规则由“宪法要求”到“法院规则”、由“刚性规则”到“规则与例外相结合”、由“强制排除”到“裁量排除”的演变过程反映出，法院需要维持“宪法权利保护”和“犯罪控制”之间的适当平衡。在宪法权利保护观念高涨的时代，证据排除规则作为保障宪法权利的重要制度，比较容易得到严格的推行。当社会尤其是执法机构已经认真对待公民的宪法权利时，就应当重新对排除规则的成本收益进行利益衡量，法院也需要适当放松对排除规则的适用。

在我国，非法证据排除规则尚属于新生事物，在公安机关倡导“由抓人破案到证据定案”的理念转变这一大背景下，强调非法证据排除规则与“尊重和保障人权”的宪法（和刑事诉讼法）原则之间的紧密关联，督促侦控机关严格依照法律规定的程序收集证据，严格依法排除非法证据，对于提高侦查取证的法治化水平、确保刑事案件质量具有重要意义。当然，伴随着侦查取证的法治化、规范化程度不断提高，刑讯逼供等非法取证行为得到有效遏制，犯罪嫌疑人、被告人的诉讼权利得到充分保障，非法证据排除规则的适用可能会越来越少，案件的实体公正和程序公正也将进一步实现和谐统一。

（初审编辑：张小玲）

On the Judicial Application of the Exclusionary Rule of Illegal Evidence

Liu Jingkun

① 王兆鹏．美国刑事诉讼法［M］．台湾：元照出版公司，2004：30－31.

案件管理：促进刑事诉讼人权保障的新机制

石献智*

摘　要：刑事诉讼制度与公民的人身权、财产权等基本权利密切相关，2012年刑事诉讼法修改将"尊重和保障人权"作为贯穿始终的一条基本原则。当前检察机关正在全国推行案件管理机制改革，必将对提高我国的人权保障水平、促进人权事业发展发挥重要作用。案件管理包括统一受案、动态监督、案后评查、统计分析、信息查询、综合考评等内容。案件管理将从七个方面促进人权保障。

关键词：检察机关　刑事诉讼　案件管理　人权保障

尊重和保障人权是我国宪法确立的一项重要原则。刑事诉讼制度与公民的人身权、财产权等基本权利密切相关，2012年刑事诉讼法修改坚持统筹处理好惩治犯罪与保障人权的关系，① 将"尊重和保障人权"作为贯穿于刑事诉讼法始终的一条基本原则，② 凸显惩治犯罪与保障人权相统一的价值理念，必将对我国的刑事司法实践产生重要影响。检察机关作为国家法律监督机关，在刑事诉讼中依法履行侦查、审查批准逮捕、公诉、诉讼监督等职权，参与刑事诉讼的整个程序。③ 检察机关不仅要确保自身在执法办案中依法保障人权，而且对其他办案机关不依法保障人权的行为，还承担着监督纠正的重要职责。因此，检察机关是否高质、高效地履行职责，很大程度上影响着刑事诉讼中的人权保障水平。为了更好地履行法律赋予的各项职责，加大人权保障力度，检察机关创设了多种工作机制、采取了多项工作措施，其中，加强案件管理是一项重要举措。当前，检察机关正在全国推行案件管理机制改革，必将对提高我国的人权保障水平、促进人权事业发展发挥重要作用。

一、检察机关案件管理的含义

2011年3月，最高人民检察院检察长曹建明向全国人民庄严承诺："推行案件集

---

* 石献智，法学博士，最高人民检察院案件管理办公室案件质量管理处处长。

① 参见全国人大常委会副委员长王兆国在2012年3月8日第十一届全国人民代表大会第五次会议上所作的《关于〈中华人民共和国刑事诉讼法修正案（草案）〉的说明》。

② 黄太云．刑事诉讼法修改释义［J］．人民检察，2012（8）．

③ 陈国庆．刑事诉讼法修改与检察制度的改革完善［A］．郎胜．中华人民共和国刑事诉讼法修改与适用［C］．北京：新华出版社，2012：27.

中管理，建立统一受案、全程管理、动态监督、综合考评的执法办案管理监督机制。加强案件评查工作，加大执法过错责任追究力度。”① 同年印发的《“十二五”时期检察工作发展规划纲要》对此作了进一步部署。2011 年 10 月，高检院成立案件管理办公室。截至 2013 年 3 月，全国 3600 多个检察院中共有 2667 个检察院成立了专门的案件管理机构，② 省级院中除军事检察院外全部成立案件管理机构。2012 年 11 月，最高人民检察院公布了修订后的《人民检察院刑事诉讼规则》（以下简称《检察刑诉规则》）并于 2013 年 1 月 1 日起正式实施，其中专门增加“案件管理”一章，赋予案件管理部门在刑事诉讼活动中明确承担一定的业务职责，既为检察机关开展案件管理工作提供了明确的基本依据，也标志着案件管理作为检察机关的一项重要业务得以确立和肯定。③

在讨论案件管理业务之前，首先需要明确检察机关的案件管理是什么，应当如何来理解。从最直接的字面含义来看，案件管理就是对案件的管理。对案件要管理什么，怎么管理，涉及对“案件”和“管理”两词的辨析。案件管理中的“案件”是指什么。根据高检院的部署要求，推行案件管理机制改革，就是要构建统一受案、全程管理、动态监督、案后评查、综合考评的执法办案管理新机制。④ 从这个表述来看，案件管理机制改革是指“执法办案管理机制”的改革，以此来推导，对案件的管理，实际上是对执法办案即案件的办理活动的管理。因此，案件管理中的“案件”，实际是指案件的办理活动，而不是字面意义上的“案件”本身。从这个意义上说，我们所说的检察机关的案件管理，就是指对检察机关各相关办案部门的执法办案活动所进行的管理，包括从案件的受理、办理到结案的全过程。

案件管理中的“管理”是什么，这也是一个核心问题。从管理学上来说，至今尚没有一个统一的关于管理的定义，《现代汉语词典》对“管理”的解释是：①负责某项工作使顺利进行，如管理财务；②保管和料理，如管理图书；③照管并约束（人或动物），如管理罪犯、管理牲口等。有关管理学的书籍对“管理”也有不同的定义，有的认为：管理就是确切知道你要别人干什么，并使他用最好的方法去干。⑤ 有的提出：所谓管理，是指同别人一起，或通过别人使活动完成得更有效的过程。⑥ 还有观点认为：管理就是由一个或者更多的人来协调他人的活动，以便收到个人单独活动所不能收到的效果而进行的各种活动。⑦ 也有的提出：管理由五项要素组成，即

---

① 最高人民检察院检察长曹建明在 2011 年 3 月 11 日第十一届全国人民代表大会第四次会议上的报告。

② 参见最高人民检察院检察长曹建明在 2013 年 3 月 10 日第十二届全国人民代表大会第一次会议上的报告。

③ 孙谦．《人民检察院刑事诉讼规则（试行）》理解与适用［M］．北京：中国检察出版社，2012：493.

④ 王彦钊，卢志坚，肖水金．深入推进检察机关案件管理机制改革［N］．检察日报，2012-05-25（1）．

⑤ ［美］弗雷德里克·泰勒．科学管理原理［M］．黄榛，译．北京：北京理工大学出版社，2012：117.

⑥ ［美］斯蒂芬·P. 罗宾斯．管理学［M］．黄卫伟，等，译，北京：中国人民大学出版社，1997：6.

⑦ ［美］詹姆斯·H. 唐纳利，等．管理学基础［M］．李注流，等，译．北京：中国人民大学出版社，1982：81.

计划、组织、指挥、协调和控制。[①] 上述哪一种定义更科学、更合理不是本文研究的内容，但是从这些存在分歧的定义中，仍然可以看出“管理”的基本功能，即管理能够使某项工作或者活动进展得更加顺利、更加有序、更有效率、更有效益。管理主要是计划、组织、协调、料理、约束、控制、指挥等活动，以便使某项工作、既定目标能够高效率、高质量地完成。同样的道理，检察机关履行法定职责进行执法办案，是一种有组织的活动，这一组织活动要想实现高质、高效、顺利、有序地运转，也必须加强计划、组织、协调、指挥、控制，以便使各项工作更有效率，使执法办案的质量更高。因此，检察机关的案件管理不是对执法办案的内容（执法办案的内容是对犯罪的追诉与处理）进行管理，不是指挥、控制应该定哪个罪名、采纳哪个证据，而是对执法办案活动的运行进行管理。检察机关案件管理的目的，与一般管理活动的目的一样，都是通过计划、组织、指挥、协调、控制等管理活动，使执法办案活动的运行更加顺畅、更加有效率，能够以更小的投入获取最大的效果；同时，也是为了加强对执法办案活动的监督，防止出现瑕疵、错误等，以规范执法办案活动，提高办案质量，促进司法公正。

对检察机关来说，从其成立之初履行法律职责之日起，案件管理就一直存在，是一项必不可少的工作，如受理案件、分配案件、开具法律文书、监督办案期限、部门负责人审批案件、对办结的案件进行事后评查、综合考评等。只是在过去很长一段时期，检察机关的案件管理主要是由各办案部门自行承担，案件管理与案件办理不分，所以很少有人提及“案件管理”这一概念。近些年来，一些地方检察机关根据形势发展，探索对案件管理机制进行改革，成立专门机构开展案件流程管理、集中管理，收到了良好的法律效果和社会效果。自此，“案件管理”一词才逐渐成为一个显性概念频繁出现，并且具有了特定化的含义，专指由专门的案件管理机构对执法办案活动所实施的管理，而不再是笼统地指所有主体对执法办案的管理，即一般不再包含办案部门、检察长、检委会对案件的管理。但这并不是说排除其他主体对案件的管理权，只是在一般的语境中，在说到案件管理时，就特指专门的案件管理部门对执法办案活动的专门管理。

根据高检院关于案件管理机制改革的部署要求和对案件管理部门的职责界定，检察机关的案件管理，是指为了促进规范执法，提高办案质量和效率，强化内部监督制约，在坚持和完善业务部门自我管理的基础上，依托信息化平台，由案件管理部门履行统一受案、全程管理、动态监督、案后评查、综合考评、统计分析、信息查询等职责，对办案期限、办案程序、办案质量等进行管理、监督、预警，实现对执法办案的统一、归口、全程、动态管理。

二、检察机关案件管理的主要内容

案件管理到底管什么，有哪些主要内容，这是开展案件管理工作必须首先明确的

---

① [法] 亨利·法约尔. 工业管理和一般管理 [M]. 周安华，等，译. 北京：中国社会科学出版社，1982：7.

基本问题。科学的职能定位，是确定案件管理工作主要内容的出发点和落脚点，也是理顺各种关系的关键。案件管理部门是专门负责案件管理工作的综合性内设业务机构，在案件管理中主要承担管理、监督、服务、参谋四项职能。管理职能，主要是通过对重要办案节点的掌握，监控办案流程，加强统筹协调，保障办案质量和效率。监督职能，主要是通过对办案程序和办案期限的跟踪、监控以及质量评查，预防和纠正违法办案情形的发生。服务职能，主要是通过承担一定的与管理有关的事务性工作，保障办案活动高效运行，保障诉讼参与人的诉讼权利。参谋职能，主要是通过对案件管理中的相关信息进行分析，提出改进工作的意见和建议，发挥决策辅助作用。管理、监督、服务、参谋四项职能之间相互联系、相辅相成，构成一个有机整体，共同发挥规范执法行为、提高办案质量和效率的功能。

根据上述职能定位，《最高人民检察院案件管理暂行办法》和修改后的《检察刑诉规则》对案件管理的内容作了规定，包括对案件实行统一受理、流程监控、案后评查、统计分析、信息查询、综合考评等，对办案期限、办案程序、办案质量等进行管理、监督、预警。①

（一）统一受案

所谓统一受案，是指对进入检察机关的案件，由案件管理部门统一接收案件材料并进行分流。受案是诉讼活动的开始，也是开展案件管理的基础和前提性工作，属于对执法办案的入口管理。在过去，检察机关办理的案件是由各办案部门直接受理，推行案件管理机制改革后，对于相关办案机关移送的案件或者文书，由案件管理部门统一接收和审查。

（二）全程管理

所谓全程管理，是指案件管理部门将所受理的案件置于本部门的监督管理范围，从案件进入检察机关到案件办结离开检察机关，全部办理活动都纳入统一的审查、管理，防止出现管理空当和盲区。全程管理体现了案件管理部门对案件进行系统性、整体性、全程性监管的特点，有利于检察长和上级院全面掌握案件办理情况，科学决策和部署有关工作。

（三）动态监督

所谓动态监督，是指通过开具和审查法律文书、监控办案期限、监管涉案财物以及使用业务管理软件等方式，对检察机关执法办案流程的各个环节进行实时、动态的监督、检查、协调与控制，提醒和督促办案部门在规定期限内结案、依法保护诉讼参与人的人身权利、财产权利、诉讼权利以及依法履行对刑事诉讼活动、刑罚执行活动的法律监督职责等，及时发现和纠正办案中的违规违法情形，实现对执法办案的事前、事中、事后的全程监督。动态监督是案件管理的重要内容和发挥案件管理作用的最直接体现。

① 参见《人民检察院刑事诉讼规则（试行）》第668条。

（四）案后评查

所谓案后评查，是指对办案部门已经办结的案件，重点是对一些容易发生问题或者群众反映强烈的案件，组织办案人员以外的其他人员通过查阅案卷、与原办案人员沟通、听取诉讼参与人意见等形式，对案件的事实认定、证据采纳、法律适用、办案程序、法律文书使用以及办案人员遵守纪律、法律情况和办案的法律效果与社会效果等方面进行全面审查，作出评价，以发现问题，总结经验，确认责任，规范执法，增强办案人员的质量意识、责任意识，进一步促进办案质量和效率的提高。

（五）业务考评

所谓业务考评，是指依照一定的标准、程序，通过事先确立的有关定性和定量的方法，对各办案部门执法办案的数量、质量、效率、效果等方面情况进行的综合分析、比较、测量、考核、评价等，不包括对业务之外的其他工作的考核评价。业务考评是对各个检察机关、办案部门、办案人员依法履行执法办案职责情况的检验、评估，是案件管理的重要内容和有力手段。其目的是通过业务考评，引导和激励办案部门和办案人员正确履行职责，规范执法行为，增强工作的责任心，进一步提高规范化建设水平。

（六）检察统计分析

所谓检察统计分析，是指按照相应标准收集有关检察业务数据并运用统计方法和有关知识，对数据进行整理归类、定量以及定性分析研究的活动，涉及检察业务数据的收集和分析。检察统计分析是检察机关一项重要的传统工作，既是服务检察业务决策的重要手段，也是对执法办案加强管理的重要途径。

（七）接待辩护人、诉讼代理人

为了及时、有效地保障刑事诉讼中辩护人、诉讼代理人的诉讼权利，修改后的《检察刑诉规则》在总结地方检察机关实践经验的基础上，确立了相对统一的辩护人、诉讼代理人接待制度，明确规定辩护人、诉讼代理人提出有关申请、要求和提交有关书面材料的，案件管理部门应当接收并及时移送相关办案部门或者与相关办案部门协调、联系，但案件管理部门除承担安排阅卷等工作以外，不直接办理辩护、代理的具体业务，许可会见、听取辩护律师意见等业务，由相关办案部门负责办理。

三、加强检察机关案件管理工作，切实促进人权保障

《刑事诉讼法》修改特别强化了对人权的保障，这是我国法治建设发展的必然结果，符合时代发展的趋势。案件管理机制改革，是检察机关适应新形势新要求的一项重要举措，目的是通过案件管理工作，加强内部监督制约，进一步规范执法行为，提高办案质量和效率，维护公民合法权益，维护社会公平正义。因此，案件管理机制改革符合刑事诉讼法的修改理念，契合法治的发展方向，对于促进司法机关严格执行刑事诉讼法、切实尊重和保障人权具有积极的作用。

从司法实践情况来看，重打击轻保护、重实体轻程序、重有罪证据而忽视客观公正义务的观念在一定程度上仍然存在，片面强调打击犯罪，忽视保障人权，超期羁押、刑讯逼供、违反程序等现象时有发生，甚至酿成冤假错案，影响了司法机关的公

信力和权威性。因此，转变执法观念，切实尊重和保障人权，是司法机关贯彻执行刑事诉讼法的重要任务。案件管理工作的重要任务之一，是深刻领会修改后刑事诉讼法和《检察刑诉规则》关于加强人权保障的重要精神，严格履行监督管理职责，推动和促进司法机关、司法人员摒弃旧的不合时宜的执法观念和思维方式，树立新的、与刑事诉讼法和刑事诉讼规则修改理念相一致的执法理念，牢固树立人权意识、程序意识、证据意识、时效意识、监督意识，始终坚持惩治犯罪与保障人权并重、程序公正与实体公正并重、全面客观收集审查证据与坚决依法排除非法证据并重、司法公正与司法效率并重、强化法律监督与强化自身监督并重、严格公正廉洁执法与理性平和文明规范执法并重。

根据案件管理部门的基本职能和《检察刑诉规则》第 4 章“辩护与代理”、第 7 章“案件受理”和第 15 章“案件管理”等相关章节的规定，案件管理部门承担着对检察机关办理的案件实行统一受理、流程监控、案后评查、统计分析、信息查询、综合考评等，对办案期限、办案程序、办案质量等进行管理、监督、预警的职责，依法应当对本院办案部门或者办案人员在涉案财物、法律文书、办案期限、保障诉讼参与人的诉讼权利、履行对诉讼活动的法律监督职责等方面存在的违法违规情形及时提出纠正意见，接收辩护人、诉讼代理人向人民检察院提出的有关申请、要求或者提交的有关书面材料，并及时移送相关办案部门或者与相关办案部门协调、联系。案件管理部门履行上述职责，既是加强对检察机关执法办案的管理、促进办案质量和办案效率提高的过程，也是积极保护犯罪嫌疑人、辩护人、诉讼代理人的诉讼权利和其他合法权益、提高人权保障水平的过程。

（一）加强法律文书使用管理，切实尊重和保障公民的人身权利、财产权利以及其他合法权益

法律文书是执法办案重要节点的反映和体现。在刑事执法办案活动中，几乎每一个办案环节都会涉及文书的开具或者制作，诉讼程序的推进或者终结一般都是以案件文书作为载体和体现。比如，有了立案决定书，案件才能进入侦查程序；有了起诉书，才能由审查起诉进入审判阶段；有了拘留决定书、逮捕决定书，才能将犯罪嫌疑人送看守羁押。因此，法律文书直接反映办案的重要进程，是执法办案重要节点的体现，事关当事人的切身利益。法律文书的重要作用和功能，一方面是对办案机关执法办案行为的授权，另一方面也是对执法办案行为进行规范，防止滥用强制措施、侦查措施等。从以往的司法实践来看，不规范使用甚至个别情况下滥用法律文书的现象时有发生，少数办案人员不规范使用法律文书或滥用法律文书对有关的证人、其他涉案人员进行威胁取证，产生了不好的影响。还有的未经过严格的审批手续即开具扣押、冻结、拘传、拘留等法律文书，严重侵害了公民的财产权利、人身权利。因此，有必要加强对法律文书的管理，防止法律文书不当使用而侵害人权。

对法律文书进行管理是案件管理部门的职能之一。《关于成立最高人民检察院案件管理办公室的通知》中明确指出，案件管理部门统一负责以高检院名义制发的案件文书的监管。修改后的《检察刑诉规则》第 670 条规定：人民检察院案件管理部

门对以本院名义制发的法律文书实施监督管理。从目前各地的实践来看，案件管理部门已经普遍承担起对本院法律文书的管理工作，但由于各地的实际情况不同，特别是信息化程度不一，各地案件管理部门在文书管理方面也存在不同的做法。但不论案件管理部门的管理范围是大是小，对于涉及人身权利、财产权利以及重要诉讼环节的法律文书，如搜查证、拘留决定书、逮捕决定书、扣押决定书、冻结犯罪嫌疑人存款、汇款通知书以及撤销案件决定书、起诉书、不起诉决定书等，一般都纳入统一管理的范围，充分体现了对人权的尊重和保护。

检察机关案件管理部门依据刑事诉讼规则的最新要求，通过对法律文书使用的严格监督和管理，有助于切实加强对检察机关适用强制措施、侦查措施、收集证据活动的监督，防止违法违规对公民采取拘传、拘留等限制人身自由的措施，防止违反法律规定的程序实施讯问、询问、搜查、扣押、勘验、检查以及技术侦查措施来收集、固定证据，防止违法违规查封、扣押、冻结相关人员的财产，切实保护公民和有关组织的人身权利、财产权利等各项合法权益。

（二）加强对涉案财物工作的监督管理，切实依法保障公民、组织的财产权利

财产权利是人权的重要方面。尊重和保障人权的重要内容，包括对财产权利的尊重和保障。在刑事诉讼中，对涉案的财物实施查封、扣押、冻结、保管、处理等措施，是执法办案的重要环节和重要内容，也是执法办案机关的重要权力，不仅关系到对证据的收集、固定，也关系到对公民财产权利的保护。同时，查封、扣押、冻结、保管、处理涉案财物工作也是执法办案机关违纪违法问题多发、易发的常见环节。在检察机关近年来受理的涉检信访案件中，因为扣押、冻结、处理涉案款物不规范、不及时而引发的信访占有一定比例。有的没有扣押、冻结法律文书即实施扣押、冻结，有的违法违规保管、处理涉案财物，有的在决定撤销案件、不起诉或者法院作出生效判决后不及时处理扣押、冻结的涉案财物，该上缴的不上缴，该返还的不返还。这些违法违规的做法不仅损害了执法机关的公信力，而且严重侵害了公民、组织的财产权利，必须进一步加强监督管理。

监督管理扣押、冻结、保管、处理涉案财物工作是案件管理部门的一项重要职责，如高检院《关于成立最高人民检察院案件管理办公室的通知》中明确要求，案件管理部门统一负责扣押、冻结款物的监管。根据这一职能定位，《检察刑诉规则》第672～675条对案件管理部门如何履行这一职责作了规定，明确规定案件管理部门对查封、扣押、冻结、处理涉案财物工作承担监督管理职责，对扣押的涉案物品承担保管职责。

在实际工作中，案件管理部门依据刑事诉讼规则的要求，通过加强对查封、扣押、冻结、保管、处理涉案财物工作的监督管理，结合履行对法律文书使用的监督管理职责，能够有效发现有关部门或者人员查封、扣押、冻结、保管、处理涉案款物不符合法律和其他有关规定的情形，并依照有关规定提出纠正意见或者及时移送纪检监察部门调查处理。上下级案件管理部门要加强联动，同时也要会同纪检监察等部门，通过专项检查等方式，加强对本院及下级院涉案财物工作的监管，共同做好对涉案财

物工作的监督管理，切实防止办案机关违法违规、利益驱动办案，促进对公民财产权利的依法保护。

（三）加强对羁押期限的监督管理，依法保障犯罪嫌疑人的人身自由权利

人身自由作为公民的基本权利，是各国宪法保护的首要人权。我国宪法第37条规定："中华人民共和国公民的人身自由不受侵犯。任何公民，非经人民检察院批准或者决定或者人民法院决定，并由公安机关执行，不受逮捕。禁止非法拘禁和以其他方法非法剥夺或者限制公民的人身自由，禁止非法搜查公民的身体。"因此，保护公民的人身自由权利是尊重和保障人权的最直接体现。根据宪法规定，限制或者剥夺公民的人身自由必须由有权的机关依据法律规定的程序作出符合法律规定的决定后才能实施，任何机关、组织或者个人都不得非法限制或者剥夺他人的人身自由。但不可否认的是，司法机关在执法办案中对犯罪嫌疑人、被告人超期羁押的现象屡禁不止。尽管近些年来有关方面一直努力改变这一状况，检察机关也一直将纠正和防止超期羁押作为一项重要工作，不断会同有关部门加大监督纠正的力度，超期羁押的问题已经大为改观，但超期羁押仍时有发生，严重侵害了被羁押人员的人权。

按照过去的职能分工，对羁押期限的监督由检察机关的监所检察部门负责。推行案件管理机制改革后，案件管理部门的一项重要职责，是对检察机关各办案部门遵守办案期限的情况实施监督管理。根据高检院《关于成立最高人民检察院案件管理办公室的通知》的规定，案件管理部门承担对办案流程的监控职责，对各业务部门所办理的案件从立案到结案的办案程序和办案期限进行跟踪、预警和监控，确保各项办案工作依法进行。修改后的《检察刑诉规则》第615条、第628条对案件管理部门履行对办案期限的监督管理职责作了明确规定，案件管理部门对本院相关办案部门所办理案件的羁押期限和办案期限实施监督。对检察机关办理的职务犯罪侦查、审查逮捕、审查起诉等案件，在侦查羁押期限、办案期限届满前，应当向侦查部门、侦查监督部门、公诉部门进行期限届满预警提示。发现办案部门办理案件超过规定期限的，应当依照有关程序提出纠正意见。

案件管理部门应当根据《检察刑诉规则》的要求，切实承担起对检察机关的办案部门遵守办案期限情况的监督职责。对于办案期限、羁押期限即将届满的案件，案件管理部门要按照有关规定提前一定时期向办案部门发出期限届满前的预警提示；对于已经超过法律和有关文件规定的办案期限、羁押期限而没有办结案件的，应当即时进行纠正，必要时向检察长报告，最大程度地防止和减少检察机关超期办案、超期羁押的现象，有效保护公民的人身自由权利。

（四）严格履行监督管理职责，保障当事人、辩护人、诉讼代理人等诉讼参与人的诉讼权利

保障当事人、辩护人、诉讼代理人以及其他诉讼参与人在诉讼活动中的诉讼权利，既是严格贯彻执行各项法律规定的基本要求，也是人权保障的重要内容。在司法实践中，少数办案部门或者办案人员重案件的实体办理、轻对办案程序的遵守，重办案结果、轻办案过程，在执法办案活动中，容易有意或者无意地忽视当事人、辩护人

及其他诉讼参与人的诉讼权利，对诉讼参与人的诉讼权利不依法给予保障，违反了法律或者有关规范性文件的要求，进而影响到对诉讼参与人其他合法权益的保障。如有的办案部门不及时依照法律规定告知当事人有关案件的办理情况、不依法按时送达法律文书、不及时告知享有的权利等。对于这种违反有关规定的情形，过去虽然也规定检察机关接到申诉、控告的，应当由有关部门审查处理，但却没有一个主动审查纠正的监督机制。一些地方在探索案件管理机制改革时，赋予案件管理部门对上述情形进行监督纠正的职责，取得了良好的社会效果和法律效果。

修改后的《检察刑诉规则》在总结地方检察机关实践经验的基础上，在第669条第4款明确规定，案件管理部门发现本院办案部门或者办案人员侵害当事人、辩护人、诉讼代理人的诉讼权利的，应当及时提出纠正意见。今后，案件管理部门应当按照刑事诉讼规则的新要求，加大对办案流程的监控力度，发现本院办案部门或者办案人员侵害当事人、辩护人、诉讼代理人的诉讼权利的，应当认真履行预警、提示和监督职责，及时提出纠正意见，切实保障诉讼参与人的各项诉讼权利。比如，案件管理部门如果发现有关办案人员应当回避而不回避、应当告知犯罪嫌疑人诉讼权利而未告知、应当听取当事人、辩护人意见而未听取的，可以提出意见，及时纠正不合法的行为，防止接下来的诉讼程序、诉讼活动在事后被确认为无效，影响诉讼的正常进行。

关于案件管理部门履行这一职责与检察机关其他部门履行监督职责的关系，如与控告检察部门履行对申诉、控告的受理、审查职责的关系，我们认为并不矛盾。案件管理部门主要是对内的、主动的，发现侵犯权利、执法瑕疵等违法违规行为的，及时提醒纠正，避免导致结果不公正或者后续程序的无效；控告检察部门主要是对外的、被动的，是在收到申诉、控告后，审查确认有关违法违规行为是否存在，以判断是否导致案件不公正的处理。对于办案部门侵害诉讼参与人诉讼权利的，如果犯罪嫌疑人或者辩护人、诉讼代理人申诉、控告的，由控告检察部门受理并依照规定处理；如果案件管理部门在工作中发现存在上述情形的，不管有无申诉、控告，均可以依职责向办案部门提出纠正意见，防止办案瑕疵持续存在影响后续其他执法活动的效力。

（五）认真履行接待辩护人、诉讼代理人职责，加强对辩护人、诉讼代理人诉讼权利的保障

修改后的《检察刑诉规则》明确赋予案件管理部门接待辩护人、诉讼代理人的职责。由案件管理部门统一接待辩护人、诉讼代理人，本身就是加强人权保障的一项重要举措。刑事诉讼法修改后，犯罪嫌疑人有权委托辩护人的时间从原来的审查起诉阶段提前至侦查阶段，辩护人尤其是辩护律师在检察环节的业务范围大大拓展，诉讼权利大大扩充，与检察机关接触、交往的频率也将比以前大量增多。在过去，一些律师反映，到办案机关办理业务很多时候不清楚办案部门位置或者找不到办案人员，影响了辩护职责的正常履行，不利于保障犯罪嫌疑人的合法权益。从地方检察机关的实践经验看，在过去几年中，上海、江苏、广东、山西等一些探索案件管理机制改革的地方，都将接待辩护人查阅案卷、查询案件信息等职责赋予案件管理部门，收到了良好的法律效果和社会效果。辩护律师办理业务比过去提高了效率，有效减少了等待、

拖延、扯皮等问题。因此，由案件管理部门负责统一接待辩护人、诉讼代理人，不仅有助于保障辩护人、诉讼代理人的诉讼权利，也更有助于保障犯罪嫌疑人的诉讼权利、实体权利和其他各项合法权益。

同时，案件管理部门在实际工作中还可以通过接待辩护人、诉讼代理人的有利条件，充分了解办案部门是否依法保障有关人员的诉讼权利。如办案部门是否及时安排听取辩护律师意见，是否按时答复辩护律师收集证据的申请，是否按时对辩护律师会见特别重大贿赂犯罪案件犯罪嫌疑人的申请作出决定并答复，是否按时答复辩护人、犯罪嫌疑人及其近亲属变更强制措施的申请和解除强制措施的要求等。对于没有按照刑事诉讼法或者《检察刑诉规则》以及其他有关规定保障当事人、辩护人、诉讼代理人诉讼权利的，案件管理部门可以及时进行调查核实，了解情况和原因，并根据情况提出纠正意见或者报告检察长，以实现对诉讼参与人诉讼权利的保障，切实保障人权。

（六）加强对检察机关办案部门依法履行法律监督职责的监督，提高司法机关整体的人权保障水平

检察机关作为法律监督机关，依法对侦查机关、审判机关、刑罚执行机关等单位的诉讼活动、刑罚执行活动承担法律监督职责。对于侦查机关、审判机关或者刑罚执行机关在执法办案活动中存在侵害公民人身权利、财产权利、诉讼权利以及其他合法权益的情形，如刑讯逼供，非法搜查，不依法退还取保候审保证金，超过法定办案期限，殴打、体罚、虐待在押人员，应当依法履行监督纠正职责。检察机关依法履行对侦查、审判、刑罚执行等机关的法律监督职责，是我国司法体制和司法制度的重要特色，是加强人权保障的重要机制。检察机关履行法律监督职责的好坏，在一定程度上决定了对公民合法权益的保障水平，关系到法律赋予的各项权利能否顺利实现。

根据检察机关的内部职能分工，对侦查机关、审判机关、刑罚执行机关的执法办案活动的监督，分别由侦查监督、公诉、监所检察、控告检察等不同的部门来负责。在司法实践中，检察机关各个业务部门既要承担对其他机关诉讼活动、刑罚执行活动的法律监督工作，同时还要承担大量的办案工作，而且办案是作为“硬任务”、作为重点工作来对待的。因此，在工作部署方面，各办案部门往往将对其他机关的监督作为“软任务”来对待，弱化了法律监督的职能，影响到对公民合法权益的保护，因此也需要对这方面履行职责的情况进行监督。而从原来人民检察院刑事诉讼规则的内容看，对侦查监督部门、公诉部门以及监所检察部门履行对其他机关的法律监督职责的情况，没有建立完善的监督管理机制，缺乏有效的监督管理措施，履行法律监督职责的好坏，主要取决于各部门的自觉性。

从职能定位上看，案件管理部门作为检察机关内部专司监督、管理职责的业务部门，承担着对检察机关内部各办案部门的执法办案活动进行监督管理的职责，当然也包括对各办案部门履行对诉讼活动、刑罚执行活动法律监督情况的监督管理。案件管理部门在全程管理、动态监督、质量评查、律师接待等各项工作中如果发现本院有关办案部门没有依法履行法律监督职责的，有责任予以提醒督促，以提高检察机关的法

律监督合力和执法公信力。基于此，《检察刑诉规则》第669条第1款明确规定，案件管理部门发现本院有关办案部门或者办案人员未依法对立案、侦查、审查逮捕、公诉、审判等诉讼活动以及执行活动中的违法行为履行法律监督职责的，应当及时提出意见。比如，案件管理部门在工作中发现有关侦查机关违法采取查封、扣押、冻结措施或者讯问犯罪嫌疑人依法应当录音、录像而没有录音、录像，而本院负有监督职责的侦查监督或者公诉部门未按照有关规定依法履行法律监督职责的，可以提出纠正意见，督促其履行对侦查活动的监督职责。又如，案件管理部门如果发现法院审理案件违反法定审理和送达期限或者二审法院违反法律规定裁定发回重审，而本院公诉部门未按照有关规定依法履行法律监督职责的，可以提出纠正意见，督促公诉部门履行对审判活动的监督职责。案件管理部门履行上述职能，加强对本院相关办案部门履行对诉讼活动、刑罚执行活动的法律监督职责，有助于增强检察机关的法律监督权力，客观上有利于加强对公民人身权利、财产权利的保护，是一种促进人权保障的重要机制。

（七）加强案件评查、业务考评、分析研判等工作，促进办案部门牢固树立人权保障的执法导向

案件评查、业务考评、分析研判等工作，虽然有各自不同的特点和任务，但概括来说，一般都是在案件办理终结之后对个案或者执法办案整体情况所作的审核、评价、分析等，目的是总结经验、发现问题、评优选劣、提出对策。如果说在案件办理过程中，案件管理部门对执法办案活动的监督一般仅限于程序性问题的话，那么对案件的事后评查、业务考评、分析研判等工作，就不再仅仅局限于程序性问题，而是程序与实体都是分析、核查、评价的对象。

从实际情况来看，对于案件评查、业务考评以及业务运行分析研判工作，有以下几方面的积极意义：一是激励作用。评查、考评、业务运行分析研判能够增强办案部门和办案人员的工作压力与动力，激发其办好案件的积极性，增强责任感，从而促使其努力做好各方面的工作。二是规范作用。评查、考评、业务运行分析研判能够使各项执法办案工作的标准更加明确，有助于办案部门和办案人员自觉遵守各项法律规定，从而有利于执法的规范化。三是引导作用。评查、考评、业务运行分析研判有助于办案部门和办案人员审慎选择自己的行为，努力杜绝违法违规办案，不做违反法律和司法解释的行为，从而发挥对执法办案工作的引导作用。案件管理部门通过组织开展案件评查、业务考评以及业务运行分析研判工作，对办案部门是否遵守法定办案程序和要求进行监督，对刑讯逼供、暴力取证、违法采取强制措施以及违法实施查封、扣押、冻结等侵犯人权的活动作出否定性评价、给予较低的考评等级或者撰写分析研判报告指出存在的普遍性、倾向性、深层问题，能够在很大程度上警示或者提醒办案部门和办案人员纠正错误做法，自觉依法突破案件、依法收集证据、依法出庭辩论、依法履行法律监督职责等，从而提高保障人权的整体水平。

因此，检察机关案件管理部门应当以案件评查、业务考评以及业务运行分析研判活动为重要抓手，紧紧围绕尊重和保障人权的执法宗旨，不断健全完善评查、考评、

分析研判工作机制和措施。在工作中，要突出工作重点，注重发现影响人权保障的深层次、实质性问题，提出切实可行的意见、建议和对策措施，并做好结果报告和通报工作。通过这些机制、措施，促使办案部门和办案人员高度重视评查、考评和分析研判工作，认真纠正自身执法办案中未依法保障人权的错误做法和倾向性、苗头性问题。

总之，检察机关案件管理机制改革顺应司法改革的发展趋势，适应《刑事诉讼法》关于尊重和保障人权的新要求，对于促进检察机关以及其他司法机关不断规范执法、不断增强依法尊重和保障人权的能力水平具有重要意义。

（初审编辑：陈志军）

Case Management：New Mechanism to Promote Human Rights Protection in Criminal Procedure

Shi Xianzhi

Abstract：The criminal procedure systems are closely related to citizen's personal right, property right and other basic rights, and to "respect and protect human rights" as the basic principle that have always been through the modification of the criminal procedure law of 2012. Nowadays, Chinese procuratorial organizations are carrying out the case management mechanism reform and this will certainly play an important role in improving the level of protection of human rights and promoting the development of the cause of human rights. Case management includes accepting case uniformity, dynamic supervision, evaluation and examination after the case, statistical analysis, information query, comprehensive evaluation and so on. Case management will promote human rights protection from seven aspects.

Key words：procuratorial organizations；criminal procedure；case management；human rights protection

论“当场击毙”的正当化要件

赵秉志* 张伟珂**

摘 要：在犯罪嫌疑人、在逃人员等实施不法行为危及他人生命的紧急事态下，警察将不法分子当场击毙具有必要性和正当性。但是，由于“当场击毙”在本质上属于未经司法机关依法审判而直接剥夺他人生命的行为，因此，应当在法律上对警察实施该行为进行严格的条件限制，既要规定“当场击毙”所应遵循的基本原则，也要从执法前提、执法的现场环境以及执法程度等方面加以约束，防止公权力肆意侵犯公民权益。也正是基于此，在性质上，“当场击毙”应当属于警察职务行为，而不是正当防卫或者紧急避险。

关键词：当场击毙 正当防卫 警察执法

一、前言

“当场击毙”不是规范术语，但在我国的刑事法实务领域却有特定的含义，即特指人民警察在执行职务过程中依法使用武器，将犯罪嫌疑人、在逃服刑人员等击毙的情形。在司法实践中，我们经常会遇到公安机关将“当场击毙”作为宣传口号来震慑犯罪分子，① 或者在紧急情况下警察为防止犯罪嫌疑人、在逃人员继续危害社会而将其当场击毙。虽然我们不能确定当场击毙作为宣传口号或者执法人员拥有的权力在威慑犯罪、维护社会秩序方面能够发挥多大的作用，但作为一种直接剥夺公民生命的行为，必须恪守法律的相关规定，否则极易导致警察权力的滥用，引发社会恐慌和公众质疑。比如在震惊全国的周克华系列持枪抢劫案中，犯罪嫌疑人周克华于2012年8月14日6时50分，在重庆沙坪坝区童家桥被重庆公安民警成功击毙。警方随之宣

---

* 赵秉志，法学博士，北京师范大学刑事法律科学研究院暨法学院院长，长江学者特聘教授、博士生导师，中国刑法学研究会会长，国际刑法学协会副主席暨中国分会主席。

** 张伟珂，北京师范大学刑事法律科学研究院2010级刑法专业博士研究生、学术秘书。

① 例如，海口市公安机关在道路两旁，沿路几百米挂上了几十条横幅，“抢劫拒捕当场击毙”、“抢劫可以判死刑”、“打击两抢犯罪构建和谐龙华”等标语在椰子树下异常醒目。参见《抢劫拒捕当场击毙》，载《东南日报》2007年9月9日。此外，河南荥阳、湖南长沙等其他地方的公安机关也使用过同样的标语。

告苏湘渝系列持枪抢劫杀人案成功告破。[①] 然而，在大多数人为周克华被成功击毙欢呼雀跃的时候，也有不同的声音出现在网络上，质疑当场击毙周克华是否为最佳的选择，[②] 甚至有人对被击毙者是否是周克华本人也提出疑问，公安机关的执法公信力在这一案件中面临严峻考验。当然，从媒体披露的案发现场情况来看，民警将周克华当场击毙是合理的，也是符合法律规定的。不过，在其他案件中我们该如何判断击毙行为的正当性？毕竟，作为一种不经过司法机关公开审判而直接剥夺犯罪嫌疑人、在逃人员生命的执法行为，当场毙命等于直接剥夺了相对人为自己辩护的权利；同时，当场击毙也意味着刑事案件最关键的证据——加害人的消失，部分案情会随其死亡而可能成为永远无法查清的谜团，不利于案件侦破，还原案件事实。因此，如何确保当场击毙的合理性和必要性，避免肆意执法，仍需要我们深入思考。

事实上，当场击毙的正当性是什么，如何保证其正当性，在法学界一直存在争议。解决这一问题，需要我们从规范“当场击毙”的法律原则入手，从增强执法文明与规范，实现警察权益、公民生命权以及社会稳定三者之间的平衡出发，以提高“当场击毙”司法操作的规范性为目标，通过对其适用条件和相关程序的全面阐释，确保当场击毙的正当性，并避免其沦为执法人员惩处暴力犯罪时“以暴制暴”的工具。

二、“当场击毙”应遵循的法律原则

“当场击毙”属于由警察实施的强制措施，其权力运行不符合司法权的基本属性。因此，警察决定将执法相对人予以当场击毙时，需要恪守行政法律规范对行政执法的基本要求，其中，最首要的就是要遵循为规范此类行为而制定的基本原则。[③]

（一）法律保留原则

法律保留原则是现代法治国家中行政权运行需坚持的基本原则之一。所谓法律保留原则，是指行政行为必须有法律依据，即行政机关只有在法律有明确规定的情况下才能做出积极的行政行为，否则就构成违法。[④] 依据该原则，未经法律明确规定或者授权的行政行为将失去正当性，不能产生法律效力。将法律保留原则作为行政执法机关行使权力需恪守的基本原则，源于立法权对行政权进行制约的天然性，也源于社会民众对行政权扩张本性的恐惧和担忧。在我国，行政权来自人民代表大会的授权，人民代表大会是立法机关，行政机关必须在人民代表大会授权的范围内活动。因此，行

---

① 邹伟，王晓磊．苏湘渝系列持枪抢劫杀人案告破，周克华在渝被警方击毙［EB/OL］．［2012－08－29］http：//news. xinhuanet. com/legal/2012－08/14/c_ 112714363. htm.

② 不该打死周克华［EB/OL］．［2012－08－29］新华网发展论坛 http：//forum. home. news. cn/thread/104079194/1. html.

③ 当场击毙所应遵循的法律原则既和一般的警察权之法律原则有密切关联，但又有一定的区别。如有学者认为，警察权存在的正当根据在于维护社会治安，其行使应遵从公共原则、责任原则、比例原则和程序原则。陈兴良．限权与分权：刑事法治视野中的警察权［J］．法律科学，2002（1）：52.

④ 黄学贤．行政法中的法律保留原则研究［J］．中国法学，2004（5）：45.

政活动只能严格依据人民代表大会所制定的法律和其他规范性文件来进行。① 未依照法律规定的条件和程序实施的行政行为，不管是具有侵害性质的行政行为，如限制公民人身权利，还是具有福利性质的行政行为，如社会保障，都难以产生应有的规范效果；在造成危害后果的情况下，还要追究行政机关及其行为人的法律责任。

当然，坚持法律保留原则，并不意味着所有行政活动都要直接依据国家立法机关制定的法律。基于社会管理的需要，行政管理的立法权被分割给不同的立法主体，允许他们根据实际需要在法定权限内制定相应的规范性文件，为行政行为提供依据。不过，从该原则的发展历程来看，虽然法律保留的范围迄今已经发生了很大变化，但侵害行政行为始终被作为法律保留的重大事项而必须被规定在法律之中，其他任何主体不得制定以该类行政行为为内容的规范性文件。比如，限制公民人身自由的措施，如拘留、逮捕等，需要国家立法机关以法律的形式明文规定。以我国《立法法》为例，其第 8 条明确指出，国家主权的事项；各级人民代表大会、人民政府、人民法院和人民检察院的产生、组织和职权；民族区域自治制度、特别行政区制度、基层群众自治制度；犯罪和刑罚；对公民政治权利的剥夺、限制人身自由的强制措施和处罚；对非国有财产的征收；民事基本制度；基本经济制度以及财产、税收、海关、金融和外贸的基本制度；诉讼和仲裁制度；必须由全国人民代表大会及其常务委员会制定法律的其他事项，只能制定法律。第 9 条进一步规定，《立法法》第 8 条规定的事项尚未制定法律的，全国人民代表大会及其常务委员会有权作出决定，授权国务院可以根据实际需要，对其中的部分事项先制定行政法规，但是有关犯罪和刑罚、对公民政治权利的剥夺和限制人身自由的强制措施和处罚、司法制度等事项除外。据此，对公民限制人身自由的强制措施和处罚只能以法律的形式规定。

法律保留原则是规范、维护公民基本权利的一项重要制度，而此制度的起因，是为了人民的基本权利能够受到更大的保障。② 虽然当场击毙并不具有刑罚的性质，也不同于一般剥夺、限制公民人身自由的处罚措施，但是作为直接剥夺他人生命的强制行为，其对公民基本权利的影响更大，因此执法行为必须有法律的明确规定，否则，“当场击毙”就会因缺少法律依据而失去合法性。

（二）最小动武原则

根据全国人大常委会第十二次会议 1995 年 2 月 28 日通过的《人民警察法》第 10 条的规定，警察在紧急情况下，可以依法使用枪支等武器。因此，“当场击毙”所面对的问题不是警察能不能使用致命性武器，而是警察应当在什么情况下使用致命性武器。这就涉及警察执法过程中动用武力的一个基本原则，即最小动武原则。最小动武原则，也被称为最小武力原则，是指执法活动在明确保障以公共利益为目的的前提下，警察所使用的手段应当与其所期望达到的目的保持恰当的比例，使用武力手段必须是可供选择手段中最温和、侵害性最小的，以使对相对人的损害控制在最小的限度

① 蒋剑云．论法律保留原则［J］．行政法学研究，2005（1）：61.

② 黎军．保障公民基本权利之法律保留原则［J］．深圳大学学报（人文社会科学版），2004（1）：32.

之内。[①] 当然,“武力”并非仅限于使用枪支,动用催泪瓦斯、警棍等也可被等同视之。可以说,警察执法过程中使用的任何强制性手段或者措施都应受到这一原则的限制。

为警察执法活动设立最小动武原则,与警察权的性质、警察权所指向的对象等因素具有密切关系。警察是维持国内治安稳定和社会秩序的武装力量,从警察制度设立的那一刻起,警察权就成为统治阶级维持社会安宁、实现阶级利益的工具。相对于普通公众而言,警察始终处于极为强势的地位。在制止暴力犯罪或者平息社会冲突之时,如果不对警察权予以限制和规范,将不可避免地置相对人于极其不利的地位。也正是为此,有“现代警察之父”之称的英国人罗伯特·比尔在创设现代警察制度时,在“建警十二原则”的基础上提出了警察权应遵守的“警务九原则”,其中第一项原则指出,警察的基本使命是预防犯罪和无序,而不是用军事力量和严厉的法律惩罚来镇压犯罪和骚乱;第六项原则要求,警察只有在说服、建议和警告都不足以实现警察的目标的情况下,才能使用满足需要的武力以确保法律得到遵守和秩序得到恢复。并且,警察应该在任何情况下都应仅仅使用最低限度的武力以实现警察目的。[②] 从这两个原则可以看出,警察权与军事权等有着明显区别,其权力运行的轨道和边界即在于满足预防犯罪和保障秩序之需,而不在于镇压和打击,同时,上述原则也为警察动用武力设定了基本条件——最低限度。

其实,建立现代警察制度的初衷在于弥补军事力量在维护国内安全与稳定,平息暴乱时所出现的缺陷与不足;与军事力量动用武力达到目的不同,警察权的最终目标在于高效、迅捷地平息冲突,实现社会稳定,因此,警察执法包括使用武力的目的始终以满足社会稳定的需求为根本。动用武力及其程度只能根据社会局势或者矛盾冲突的变化适时调整,不能超越实际需要的最低限度。随着人权保障观念和权力限制理论的深入发展,最小动武原则被国际社会广为接受。联合国大会在 1979 年 12 月 17 日第 34/169 号决议通过的《执法人员行为守则》第 3 条明确规定,执法人员只有在绝对必要时才能使用武力,而且不得超出执行职务所必需的范围。这也为国际警务界确立了最小动武原则。在我国,依据国务院 1996 年 1 月 16 日发布的《人民警察使用警械和武器条例》(以下简称《武器条例》)第 4 条规定,人民警察使用警械和武器,应当以制止违法犯罪行为,尽量减少人员伤亡、财产损失为原则,从而也在我国明确了警察执法的最小动武原则。

(三)比例原则

比例原则,被誉为是现代行政法学的“帝王条款”,它深刻地制约着警察权的设置与运行。从历史发展来看,比例原则起源于德国 19 世纪前后的“警察国家”观念和与之相适应的“警察法学”。[③] 作为一项推动行政行为规范化和合理化的基本原则,

① 于晓琪. 最小武力原则下警察执法权的维度[J]. 理论学刊,2011(11):78.
② [英]罗伯特·雷纳. 警察与政治[M]. 易继苍,朱俊瑞,译. 北京:知识产权出版社,2008.21.
③ 李军,蒋兰香. 宪政视阈下比例原则的演进[J]. 湖南科技大学学报(社会科学版),2009(6):43.

比例原则要求以警察执法为代表的所有行政活动在运行过程中要实现手段与目的的协调和平衡。由此衍生出比例原则的三项子原则：一是妥当性原则；二是必要性原则；三是法益相称原则。[①] 以警察执法为例，妥当性原则要求警察在执法过程中所采取的执法手段和方式要与执法目的相一致，对于达到执法目的是有益的，从结果来看是有效的；必要性原则要求警察执法只能采取实现目的必需的手段或方式，“要求行政措施或者行政决定对于相关行政目标的实现应当是必要的，且没有任何其他能造成更小侵害而又能达成目的的措施取而代之”[②]。据此，警察在不采取强制措施就可以达到执法目的时，不管使用任何强制性措施都是不必要的，也是不妥当的。法益平衡原则则体现了对执法限度的要求，即警察在执法过程中尤其是决定采取强制性措施的时候，其意图保护的利益和所要侵害的利益之间在应受保护程度或者价值大小上需要执法者作出评估和考虑。通常不允许警察为了保护较小利益而去损害较大利益。可以说，比例原则从执法活动指向的法益性质、法益受威胁的程度以及法益价值等多个角度为警察权运行设置了三维路径，以此保证警察执法的规范和公正。

从比例原则的要求也可以看出，其与最小动武原则密切相关。最小动武原则要求警察只能在迫不得已的情况下采取最低限度的“武力”，既体现了执法手段与执法目的的妥当性，即维系在实现行政目的的要求之内，同时也表现出执法手段的必要性；所谓“最小”意即达到实现执法目的所必要的程度即可。而依据比例原则，“当场击毙”的正当性基础就是要同时满足执法的妥当性、必要性和法益均衡三个要求，即为了维护社会稳定、保证公共安全，当场击毙是妥当的，同时也是唯一的选择；所保护的法益即生命权也必须遭受极大威胁。

三、当场击毙的前提条件

当场击毙作为一个司法范畴，并没有被明确规定在法律规范性文件中，由此造成司法适用依据不明。这不但极易引起公众质疑，而且也为公安机关宣传和使用的随意性打开了缺口。但是，当场击毙是警察权行使的极端表现形式，只能适用于极其个别的情形，不能成为公安机关威慑犯罪分子、维持社会秩序的常备手段或者宣传性工具。因此，不管是基于当场击毙的严重后果，还是对公众安全所造成的强大冲击，抑或是维护执法权威和公信力，都需对“当场击毙”的适用条件进行研究，完善其限制性因素，为立法规范化提供借鉴。

当场击毙的前提条件包括两个方面的内容，一个是法律对于当场击毙做了明确规定，另一个是法律对行为人持有枪支有明确许可。

（一）法律的明确规定

这是法律保留原则的必然要求，即法律应当明确规定在特定情况下，警察可以依法持有武器并且被允许击毙犯罪嫌疑人或者在逃人员等威胁他人生命的人。武器的范

① 王书成．比例原则之规范难题及其应对［J］．当代法学，2007（6）：108.

② 沈开举，程雪阳．比例原则视角下的社会管理创新［J］．现代法学，2012（2）：44－45.

围较为宽泛，包括刀具、枪支、火炮等任何可以被用于暴力的工具。但是，在当场击毙场合的工具，通常指的是枪支（包括弹药）。从我国相关法律法规的规定来看，目前立法仅仅规定了使用武器即枪支的情形和条件，并没有对当场击毙的适用条件、程序等作出规定。警察使用枪支的相关规定主要集中在《人民警察法》和《武器条例》中。根据《人民警察法》第10条，遇有拒捕、暴乱、越狱、抢夺枪支或者其他暴力行为的紧急情况，公安机关的人民警察依照国家有关规定可以使用武器。《武器条例》规定了警察可以使用武力、不得使用武力和立即停止武力的具体情形。其中，第9条对警察可以使用武力的紧急情况作了列举，即，（1）放火、决水、爆炸等严重危害公共安全的；（2）劫持航空器、船舰、火车、机动车或者驾驶车、船等机动交通工具，故意危害公共安全的；（3）抢夺、抢劫枪支弹药、爆炸、剧毒等危险物品，严重危害公共安全的；（4）使用枪支、爆炸、剧毒等危险物品实施犯罪或者以使用枪支、爆炸、剧毒等危险物品相威胁实施犯罪的；（5）破坏军事、通信、交通、能源、防险等重要设施，足以对公共安全造成严重、紧迫危险的；（6）实施凶杀、劫持人质等暴力行为，危及公民生命安全的；（7）国家规定的警卫、守卫、警戒的对象和目标受到暴力袭击、破坏或者有受到暴力袭击、破坏的紧迫危险的；（8）结伙抢劫或者持械抢劫公私财物的；（9）聚众械斗、暴乱等严重破坏社会治安秩序，用其他方法不能制止的；（10）以暴力方法抗拒或者阻碍人民警察依法履行职责或者暴力袭击人民警察，危及人民警察生命安全的；（11）在押人犯、罪犯聚众骚乱、暴乱、行凶或者脱逃的；（12）劫夺在押人犯、罪犯的；（13）实施放火、决水、爆炸、凶杀、抢劫或者其他严重暴力犯罪行为后拒捕、逃跑的；（14）犯罪分子携带枪支、爆炸、剧毒等危险物品拒捕、逃跑的；（15）法律、行政法规规定可以使用武器的其他情形。第10条则规定人民警察发现实施犯罪的人为怀孕妇女、儿童的（使用枪支、爆炸、剧毒等危险物品实施暴力犯罪的除外），或者犯罪分子处于群众聚集的场所或者存放大量易燃、易爆、剧毒、放射性等危险物品的场所的（不使用武器予以制止，将发生更为严重危害后果的除外），不得使用武器。第11条规定，当犯罪分子停止实施犯罪，服从人民警察命令的，或者犯罪分子失去继续实施犯罪能力的，人民警察应当立即停止使用武器。这些条文构成了人民警察使用武器的法律框架，对于规范人民警察依法合理使用枪支和防止警察滥用枪支具有重要价值。不过这些规定没有明确警察在何时可以将不法分子当场击毙。这等于将当场击毙之判断作为一项自由裁量权交给了警察，从而使该执法行为缺少了正当程序的限制，因而有违法律保留原则之嫌。

（二）警察依法持有枪支

根据第八届全国人大常委会第二十次会议于1996年10月1日通过的《枪支管理法》，在枪支配备方面，统一配发给所在单位并称之为“公务用枪”，取消了配发给民警个人的专用枪支。在枪支使用资格方面，实行持枪证与枪支分离的管理模式，即凡有权依法可以使用枪支的公安民警只有在依法考取持枪证、取得枪支使用资格后才能到所在单位领取枪支和枪证，这时持有和使用枪支方才合法，如果没有持枪证而使用枪支就是非法的。① 因此，警察在使用武器之前，或者在当场击毙特定人员之前，不但要有合法的持枪资格，还要在法律规定的情形下使用枪支，否则就失去了警察持枪执法的正当性。

与公民在生命安全面临暴力侵害的时候可以自主决定实行特殊防卫不同，警察以当场击毙不法侵害人的形式保障他人生命安全时，必须严格依照法律的规定进行。首先，对于警察而言，执法的目的在于制止不法侵害或者恢复紧张的社会秩序，执法行为要兼顾执法成本、执法效益和执法影响等多个因素。这与公民制止不法侵害时只需要具有保全本人或者他人生命的防卫意图是不同的。由此也决定了警察在执法过程中必须依据法律规定作出理性选择。其次，警察是受过专业训练的执法人员，在面对紧张状态时的心理情绪以及处置紧张事态的技能远远大于普通的社会公众，因此不能要求其像普通公众那样面对严重暴力犯罪时自由地选择使用武力的方式和程度。作为执法人员，其行为以确保公共利益最大化为根本目标（当然也包括维护执法相对人的合法权益），不能肆意使用武力，侵害对方的生命。所以现行立法虽然明确规定了警察使用武器的具体情形和程序性要求，但是没有规定“当场击毙”的程序和实体性条件是不妥当的。就目前的立法而言，在以下两个方面仍需进一步完善：一是规定警察持有、使用武器的规范性文件的位阶较低，即只有国务院作出的行政法规，而非通常意义上的法律。虽然持有武器并不必然造成公民人身权利的损害，但是在大多数情况下，使用枪支等武器对公民人身安全和自由所造成的影响是非常明显的，因此，有必要根据立法法的规定以法律的形式规定警察在何种情形可以实施致命性执法。二是应当根据法律授权，由行政机关依照法律规定，对当场击毙的具体程序性事项、实践操作模式进行细化，使法律更具可操作性。只有这样，当场击毙作为警察执法活动才符合法律保留原则的要求。

四、当场击毙的现实条件

所谓现实条件，主要是指警察在准备将执法相对人击毙时的现场条件。

（一）起因条件

起因条件，主要是指客观存在可以动用枪支的紧急状况。由于枪支作为致命性武器对于公共安全和公众利益极易造成威胁，现行法律对于警察可以使用枪支的情况作了列举式规定。这不但有助于保障公众生命安全，而且有利于维护警察的合法权益。当然，警察当场击毙相对人以其合法使用武器为前提，因此，在探讨当场击毙的现实条件时，我们可以借助立法对警察使用枪支的条件进行分析。总体来看，“当场击毙”的客观条件包括两个方面，即积极条件和消极条件。

首先，积极条件是指警察在何种情况下可以使用武器击毙相对人。根据《人民警察法》和《武器条例》的规定，可以将其划分为三种主要类型：（1）国家安全、公共安全面临严重的威胁，不使用武器击毙犯罪嫌疑人将无法阻止更多的人员伤亡，

① 王龙天．公安民警武器使用情况调查与分析［J］．河南警察学院学报，2011（2）：50.

如不法侵害人破坏军事、通信、交通、能源、防险等重要设施，放火、决水、爆炸等，使公众生命安全面临极大威胁的。（2）公众个体生命安全面临严重威胁，不使用武器击毙犯罪嫌疑人将无法阻止其继续实施侵害行为并造成人员死亡，如挟持人质并意图伤害人质性命的。（3）警察在执法过程中，个人生命安全面临严重威胁，不使用武器击毙相对人将侵害自身生命。从这三种类型可以看出，只有在社会公众的生命安全受到严重威胁或者侵害且无法阻止不法侵害人继续实施不法行为的情况下，才能将相对人当场击毙。而对于那些并不会威胁公众生命安全的相对人，如普通抢劫、抢夺犯罪嫌疑人，聚众扰乱公共秩序的行为人，逃脱司法监管的一般在逃人员等，在阻止其实施不法行为时，特定情况下可以使用武器，但是不能将其当场击毙。因此，生命安全受到威胁是警察可以使用致命性武器将相对人当场击毙的必备因素，除此之外对法益构成的任何威胁或者侵害都不足以使警察行使此项权力。这一点也为国际公约所认可。如根据 1990 年 9 月 7 日在古巴哈瓦那召开的第八届联合国预防犯罪和罪犯待遇大会上通过的《关于执法人员使用武力和火器的基本原则》（以下简称《使用武力基本原则》）第 9 条的规定，警察“只有在为了保护生命而确实不可避免的情况下才可有意使用致命火器”。

其次，消极条件是指警察在何种情况下不能使用武器击毙相对人。从司法实践来看，影响当场击毙的消极条件有很多，任何影响警察执法正当性的因素都可以被视为消极因素。比如不存在威胁生命的不法侵害，相对人服从警察执法等。但是这里的消极条件主要是指在出现使用武器的事由以后，又有新的情形使警察不能也没有必要当场击毙相对人。这主要包括两种类型：（1）可以使用武器但不能当场击毙，主要是指行为人使用的犯罪工具或者对法益造成的威胁不具有致命性。（2）应当立即停止使用武器的情形，如发现实施犯罪的人为怀孕妇女、儿童的（没有使用枪支、爆炸、剧毒等危险物品实施暴力犯罪），犯罪分子冲进群众聚集的场所或者存放大量易燃、易爆、剧毒、放射性等危险物品的场所的（不使用武器也不会发生更为严重危害后果），犯罪分子放弃犯罪的，或者犯罪分子服从警察执法的，等等。

（二）对象条件

对象条件，即只能针对不法侵害者本人。是否正确认定执法行为的相对人，是评价执法正当性的重要依据。不管是做出一般的行政行为，还是使用武器的执法行为，警察都必须以相对人为直接对象。首先，警察使用武器的目的在于通过武器给不法侵害人造成不利后果以阻止其实施不法行为，从而维护公共安全和社会秩序。如果警察使用武器也无法阻止其实施不法侵害，那么该行为就不具有妥当性。这是比例原则的必然要求。亦如在需要击毙犯罪嫌疑人的场合，其正当性就在于只有击毙犯罪嫌疑人才能阻止其实施任何致命性的威胁；如果警察击毙的不是犯罪嫌疑人，等于直接将犯罪嫌疑人制造的威胁人为地转移到了其他人身上，这明显违背了执法行为的根本目的。其次，从行为性质来看，作为一种执法行为，其执法相对人是明确的，执法主体和执法相对人处在相对稳定的法律关系之中，执法主体将执法行为指向法律关系之外的其他主体，就会使执法行为丧失合法性。因此，在执法活动中，当场击毙的适用对象只能是不法侵害者本人。这一点，与警察在执法过程中通过使用武器破坏一定的设施或者财产来阻止不法侵害是不同的。对于后者，不管是从财产的价值，还是从所保护的利益来看，执法者都是为了保护更大利益而损害了较小的财产利益，行为具有正当性。而如果使用武器来侵害第三人，由于人与人之间的生命权益是平等的，不能置换的，因此，任何情况下都不允许警察为了制止不法侵害去损害他人的生命权益，包括与不法侵害者共同实施侵害但没有对他人生命安全构成威胁的共同犯罪人。

（三）事态条件

即当场击毙必须是在紧迫事态下的不得已而为的行为。所谓紧迫状况，是指本人或者他人的生命安全面临着紧迫的威胁，生命安全正在遭受或者即将遭受严重的侵害；不得已而为之，就是指将犯罪人当场击毙是在没有其他选择情况下而被迫做出的最后手段。如果在处置犯罪行为的过程中，情势相对较为平缓，法益受威胁的程度尚在可控的范围之内，还有其他方式可以阻止犯罪人继续实施犯罪，那么就不能将其当场击毙。之所以从紧迫性和不得已性两个方面对当场击毙进行严格限制，在于行为指向的是一个人的生命——人类个体最重要、最根本的利益。而依据无罪推定原则，即使行为人是在实施犯罪时被抓获的，在没有经过依法进行的司法审判并被判处有罪之前，在法律上他仍是一个无罪的人，其合法权利包括生命权在内都应当受到法律的充分保障和尊重。因此，明确当场击毙的规制条件，将其限制在不得已的场合，一方面体现了法律对个体生命的尊重和法治原则的坚守。不管是犯罪嫌疑人、在逃人员，还是社会公众，都平等地受到法律的保护和对待。即使在行为人涉嫌犯罪的情况下，法律也会尽可能地保障其应有的权益，而不会肆意行使国家权力。这是现代法治的基本要求，也是行政执法文明化、人道化的必然选择。另一方面，这也是最小动武原则的具体化。在紧迫的、迫不得已情况下采取致命性执法行为，是在没有其他方法能够实现执法目的的情况下的无奈选择；如果不采取这一措施，必将给其他社会公众造成更为严重的侵害。因此，将犯罪嫌疑人、在逃人员等予以当场击毙，既是保全其他社会公众之生命权益的现实需求，也是可以采取的最低限度的强制手段。

其实，要求警察在实施致命性执法行为时必须处于不得已的状态，不仅是一种心理上的为难或无奈，更是在很多急迫情状下通过对利益大小的权衡而作出的理性选择，彰显了该行为的社会属性与法律对人性的尊重和宽容，很好地体现了行为的消极性、被动性和收缩性,① 也符合执法行为谦抑性的要求。正是在这种条件限制之下，警察迫不得已实施的致命性执法才易获得公众认同。今天，这一限制性条件也被作为一项基本准则而被规定在国际公约中。如《使用武力基本原则》第4条规定，执法人员在执勤时应尽可能采用非暴力手段，最后不得已方求诸使用武力或火器。他们只能在其他手段起不到作用或没有希望达到预期的结果时方可使用武力和火器。当然，虽然这里提出的是对使用武力或者火器的要求，但是也应该同样适用于致命性执法活动。

司法实践中，有时警察认为存在威胁公众生命安全的不法侵害，并将“侵害人”

① 潘庸鲁. 关于紧急避险核心要件“不得已”研究［J］. 犯罪研究，2010（5）：61.

当场击毙，然而事后发现所谓的威胁是不存在的。[①] 这里就关涉到在“当场击毙”的场合，判断紧急状况的标准是什么，要求其必须是客观的真实存在还是基于警察个人的主观判断。在美国，只要警察有表面合理怀疑即可开枪。英国也采用相同的标准。[②] 这一点和英美国家在判断执法防卫中不法侵害是否存在的主观标准是一致的。即只要行为人当时在主观上认为自己或他人的人身面临不法侵害，即使在客观上并不存在不法侵害，也应认为具备了人身防卫的前提要件。[③] 我国也有学者认为，只要在案发当时，警察真诚地相信犯罪行为属于法定的 15 种开枪紧急情形之一即可。[④] 不过，我们认为，我国的司法实践不宜采用主观标准，毕竟其判断过程显得随意；在执法公信力有待进一步提升，执法规范化尚需进一步提高的情况下，该标准易于受到公众质疑。相比之下，主客观相统一的标准则更符合我国司法实践的需要。即考虑案发当时的客观情况，基于一般人的认识或者经验水平，能否将其视为紧急状态，同时兼顾警察在具体情境下的主观认知能力，以此来认定警察判断的合理性。

五、“当场击毙”的有关程序

当场击毙的有关程序主要是指保证执法行为正当性的事前警告和事后审查程序。

（一）事先警告程序

事先警告程序，是指警察在执法过程中，在准备对相对人实施强制性措施之前，应当先行向相对人提出警告，进而决定采取适当的法定措施。当然，事先警告程序并非所有警察执法活动的必备要件，但对于使用武力的执法行为而言，事先警告程序具有特殊的意义和价值。按照行政法学原理，行政强制措施有直接强制和即时强制两种类型，且以前者为主要方式。依照直接强制理论，开枪前的警告应视为对行为人的义务设定，只有当行为人不履行该义务，即“警告无效”时，警察才能开枪射击。[⑤] 如果在采取强制措施如当场击毙不法侵害者之前，没有提出相应的警告，那么就等于是在其毫不防备，即将实施的行为性质不明的情况下采取了强制措施，从而导致执法者不能形成准确的预判，极易导致强制措施超出最低限度，违背最小动武等行为准则。其实，直接强制下的警告程序，等于先行设定了具有明确义务内容的行政行为，要求义务人执行，只有在义务人无正当理由拒不执行时，才实施后置的强制措施，从而将

---

① 据媒体报道，2004 年 9 月 26 日上午 7 时许，一名蒋姓陕西籍男子怀揣“炸药包”来到兰州市东岗东路甘肃省文联家属院一单元五楼讨债，经过近 9 个小时的谈判、周旋，下午 4 时 15 分左右蒋走出家属楼，警方两次鸣枪警告无效后将其击毙。事后发现蒋某胸前的所谓“炸药包”不过是一个热水袋。参见《陕西男子“炸药包讨债”续：警方未喊话劝解》，载《新京报》2004 年 9 月 30 日。在美国也发生过相类似的案件。2005 年 12 月 7 日，一架由哥伦比亚飞往美国的客机在迈阿密停留时，一名疑似精神异常的乘客突然声称随身行李内藏有炸弹，随后向登机通道跑去。空警在警告无效情况下开枪将其击毙。事后，相关部门也未在客机上发现任何爆炸物。田野，等．一疑似精神病人声称携带炸弹——美国空警首次击毙乘客［N］．京华时报，2005－12－09（A27）．

② 李富成．警察开枪之实践检讨［J］．公安研究，2010（4）：45.

③ 赵秉志，陈志军．英美法系刑法中正当防卫构成条件之比较研究［J］．法商研究，2003（5）：112.

④ 李富成．警察开枪之实践检讨［J］．公安研究，2010（4）：49.

⑤ 汪洋．试论警务实战用枪中的警告程序以及用枪时机的把握［J］．武汉公安干部学院学报，2007（3）：70.

执法成本降至最低，也为维护个人权益增加了一层保障，这些都是即时强制所没有的。① 因此，对于当场击毙这类直接剥夺他人生命的极端强制措施而言，做出事先警告是非常必要的。具体而言，事先警告程序具有三个方面的意义：（1）警示相对人，提示对方放下武器，或者依照警方要求做出行为。在大多数境况下，及时、充分、清晰的警告，可以有效消除相对人的思想顾虑，给其一个调整情绪、降低对抗性的机会，有助于减少执法成本，降低执法活动对社会造成的冲击。（2）劝离无辜人员。对于案发现场周围的无辜者来说，警方的警告程序也是在提醒他们所处环境之危险，因此可以督促他们及时离开现场，保证警方执法活动的顺利展开。（3）预判采取致命性措施的妥当性，即检验警察采取致命性攻击的必要性及其可以采取措施的程度。警方可以根据事先警告对相对人的影响及其行为变化的判断，预估是否应该采取致命性措施以及具体的时间和方式，对于保证执法的有效性、合理性具有重要作用。

正是基于警告程序在人权保障、执法效果方面所具有的重要价值，世界上大多数国家都在法律中明确规定了警察开枪前的警告程序。如《联合国原则》第 10 条规定，在使用火器前，执法人员应当表明其身份并发出要使用火器的明确警告，并且要留有足够时间让对方注意到这个警告，除非这样做会使执法人员面临危险或者毫无意义。在美国，警察开枪前一般要经过警告程序，警告采取口头形式（一般禁止鸣枪警告，如酒精、烟草和火器管制局和美国联邦调查局均规定禁止鸣枪警告）。② 在德国，警察在开枪前必须表明身份，在对方没有武器，已缴械投降，或者歹徒手里有人质等情况下，警察不得开枪。③ 我国台湾地区 2002 年修订实施的“警械使用条例”（以下简称“台湾警械条例”）第 5 条规定，警察人员依法令执行取缔、盘查等勤务时，如有必要得命其停止举动或高举双手，并检查是否持有凶器。如遭抗拒，而有受到突击之虞时，得依本条例规定使用警械。对于该警告程序，我国大陆地区也作出了类似的规定。《武器条例》第 9 条指出，人民警察判明有法律规定的暴力犯罪行为的紧急情形时，经警告无效的，可以使用武器。这也成为我国警察使用枪支之前应先行警告的最为直接、明确的依据。当然，除了美国等国家明确要求在不同情形下采取特定的警告方式以外，包括我国在内一些国家和地区并没有对此作出规定。因此，在司法实践中，除口头警告以外，也可以采取鸣枪示警等其他方式。但是，不管形式如何，都应当满足警告之清楚、及时、准确以及具有可执行性等要求。因为既然将警告程序视为一种义务设定，那么警告的内容就必须清晰、明确，能完全传递给行为人，这样对行为人才算公平。否则，如果因为警告的含混不清而让行为人无所适从，并由此认定行为人不服从命令而开枪射击，就难逃滥用警察暴力之虞。④

---

① 余凌云．警察使用枪支与警械的两个基本理论问题［J］．武警学院学报，2002（2）：79.

② 徐丹彤．美国警察枪支使用法律制度及对我国的启示［J］．武警学院学报，2011（3）：39.

③ 王国琦．透视国外警察开枪时机［J］．人民公安，2007（10）：50.

④ 汪洋．试论警务实战用枪中的警告程序以及用枪时机的把握［J］．武汉公安干部学院学报，2007（3）：70.

（二）事后审查程序

与事先警告程序相照应，在开枪击毙相对人以后，应当由专门人员对警察的口头警告情况、开枪理由、目标距离等一系列事实进行分析、认定，并形成书面报告，[①]就击毙行为的正当性接受有关部门的调查。此之谓事后审查程序。在行政程序上，对于行政行为的合法性审查，通常有事前审查和事后审查两种模式。而对于“当场击毙”这样的临时性、突发性执法行为而言，事先审查程序难以满足执法活动的需要，而事后审查程序（包括公开审查过程）在确保执法效果和实现执法公信力方面则更符合司法实践的需要。比如，在香港，一旦出现警察开枪事件，应由专门人员进行调查，在对口头警告情况、开枪理由、目标距离乃至现场能见度等一系列情形加以认定与分析后，得出科学结论，形成书面报告，据此对有关人员进行处理。[②] 这一系列全面、客观、公开的调查可以证实警察执法的公正性和规范性，有助于打消公众疑惑。由此看来，事后审查程序在当场击毙等造成严重后果的执法活动中，具有重要价值。(1) 督促警察依法执法、公正执法，有助于避免紧急事态下的非理性执法行为，保障社会公众的生命安全受到理性对待和充分保障。(2) 维护执法人员的正当权益。由于当场击毙的后果不但是一个生命的消失，还意味着与案件相关的部分证据随之灭失，因此，当场击毙的价值和必要性以及执法人员的执法行为极易受到公众质疑，而审查程序则可以通过还原客观情况、公开调查过程证实执法的妥当性，消除公众误解。(3) 提高执法公信力。法律的效果和权威取决于执法公信力的强弱，而执法公正对于提高执法公信力，树立法律权威具有重要意义。当场击毙相对人以后，有关机关对执法活动进行事后审查，对执法的公正性作出评价，满足公众对执法公开化的要求，有助于确立公众对执法活动的认同感，提高执法公信力。(4) 满足平等对待的需要。公众在面对严重危及生命的暴力侵害时，可以实施特殊防卫以制止不法侵害。但事后也需要司法机关对防卫行为的正当性进行审查，以此来认定和鼓励正当行为，威慑不法犯罪。那么，对于执法人员在紧急事态下实施的剥夺相对人生命的行为，同样有必要对其进行事后审查，不能因为其从事执法活动而免除其应当承担的责任。

事后审查程序对于“当场击毙”这类案件的影响在最近发生的重庆周克华事件中得到了很好的体现。如前文所述，由于周克华被击毙以后，重庆警方并没有及时公布事后审查的内容和结果，导致警方的公信力受到极大挑战，也给当事民警造成巨大的心理压力。其实，我国立法中对警察使用武器的行为也规定了事后审查程序，只不过这个规定还不够全面。如《武器条例》第 12 条规定，人民警察使用武器造成犯罪分子或者无辜人员伤亡的，应当及时抢救受伤人员，保护现场，并立即向当地公安机关或者该人民警察所属机关报告。当地公安机关或者该人民警察所属机关接到报告后，应当及时进行勘验、调查，并及时通知当地人民检察院。当地公安机关或者该人

① 李富成．警察开枪之实践检讨［J］．公安研究，2010（4）：45.

② 王道春，张河．论“当场击毙”的弊端——对某市公安局“飞车抢劫拒捕者，当场击毙”举措的评析［J］．湖南公安高等专科学校学报，2007（1）：91.

民警察所属机关应当将犯罪分子或者无辜人员的伤亡情况，及时通知其家属或者所在单位。第13条规定，人民警察使用武器的，应当将使用武器的情况如实向所属机关书面报告。可以说，这些条款较为明确地规定了在使用武器之后，警方尤其是当事民警所应该履行的义务和职责。但是，从中也可以发现，该条例并没有对“当场击毙”案件中的审查机制作出针对性的规定，也没有要求将审查结果向社会公开接受公众监督。这些立法上的疏漏必然会给司法实践带来影响，尤其是在执法活动被媒体关注、报道之后，使执法机关陷入极为被动的局面，损害执法权威。因此，我们建议，应该借鉴其他国家和地区关于警察使用致命性武器后审查程序的相关规定，在规范执法的同时，也可以保障公众知情权。

六、结语

当然，不管是从立法上，还是在司法实践中，我国关于当场击毙的法律规定和操作规范都有待于进一步完善，但仍应客观地看待“当场击毙”在维护社会秩序、保障公共安全中的积极作用。有观点认为，“当场击毙”是我国司法领域长期以来未能摆脱“以暴制暴”传统理念的反映。法律需要国家强制力作后盾，但法律不能崇尚暴力，更不能依赖暴力。否则，“震慑”犯罪的强制力，会变成让社会“恐怖”的国家暴力；“当场击毙”是警察行使地方执法权的暴力冲动，是和谐社会不和谐的音符。① 在笔者看来，这种主张难免过于片面。在不法分子的暴力行为严重威胁公众生命安全的时刻，当暴徒执迷不悟威胁人质生命的时候，在万不得已之时将其当场击毙以保障公民的合法、正当权益，是十分必要的。因此，赋予警察在必要时刻当场击毙的权力具有现实合理性。当然，警察权力与公民权利在一定条件下成反比例关系，警察权的扩大意味着公民权的缩小，警察权的滥用往往使公民权化为乌有。② 因此，必须对警察权力设定严格的限制，划定明确的界限，否则程序上的任何缺失，实体上的任何瑕疵都会带来严重的危害后果。亦如在使用武器的场合，忽略了任何一个条件，都可能造成人员伤亡等难以挽回的损失。就此而言，当场击毙的正当性来源于法律的明文规定，依托于严谨的正当程序，在性质上应属于警察的职务行为。但是，也有观点主张，“当场击毙”根源于法理中的防卫思想，是刑法中的“正当防卫”的法理延伸。③ 还有学者认为，我国的“当场击毙”行为可以归入正当防卫和紧急避险等。④ 对此，我们认为，当场击毙是典型的依照法令实施的公务行为，而不是刑法中规定的正当防卫或紧急避险。理由如下：（1）从当场击毙这一权力的来源来看，不但持有武器需要经过法律许可，其执法的时机和程度也需要法律明确，可谓无授权即无行为，没有合法许可，警察在执法过程中不能击毙任何人。这一点区别于正当防卫中的公民权性质，即防卫权是与生俱来的，法律的作用在于确认，而非授权。（2）从赔

① 金泽刚. 让执法的暴力冲动远离和谐社会——法治视野中的“当场击毙”[J]. 法学，2007（7）：14.
② 陈兴良. 限权与分权：刑事法治视野中的警察权［J］. 法律科学，2002（1）：52.
③ 金泽刚. 让执法的暴力冲动远离和谐社会——法治视野中的“当场击毙”[J]. 法学，2007（7）：14.
④ 余为青. 论我国“当场击毙”的法律规制［J］. 河北法学，2009（8）：87.

偿主体来看，如果行为人在使用致命性武器的场合造成了无辜的人员伤亡，对于防卫人而言，应当由个人承担侵权赔偿责任；而对于警察来说，根据我国《国家赔偿法》第3条的规定，行政机关及其工作人员在行使行政职权时造成公民身体伤害或者死亡的其他违法行为，受害人可以向国家机关请求赔偿。因此，如果将当场击毙的行为视为正当防卫或紧急避险，那么在不应当击毙或者出现其他误伤的场合，应该由警察个人承担责任，这明显与法律规定相违背。（3）刑事责任的内容不同。将其视为正当防卫的情况下，如果防卫过当或者假象防卫，那么可能成立故意（或者过失）伤害犯罪；而将其视为职务行为，如果行为人没有依照法律的规定严格执法，不应该击毙而击毙，或者击毙的对象发生错误，那么在警察主观具有过错的情况下，则需承担渎职犯罪的刑事责任。显然，后者更符合此类案件中行为人执法的客观情况。事实上，从有关文件也可以看出，在司法实务中公安机关通常将民警紧急情况下使用武器的行为视为执法行为而非正当防卫。① 相应地，当场击毙也具有职务行为的性质而不是正当防卫。

（初审编辑：陈志军）

On the Justification Conditions of "Shooting Dead on the Spot"

Zhao Bingzhi　Zhang Weike

Abstract: When the suspects, fugitives´ implementation of wrongdoing crisis others´ lives, it is of necessity and legitimacy for the police shot on the spot to lawbreakers. However, "shot on the spot" in essence belongs to the direct deprivation of life without the judicial organs in accordance to the trial, therefore, it should be restricted the behavior of the police in the law conditions, "shot on the spot " not only should follow the basic principles, also should be restrained from the enforcement premise, enforcement field environment as well as law enforcement degree to prevent public power from flagrantly violating of the rights and interests of citizens. It is also based on this, " shot on the spot " should belong to the police office behavior, rather than self – defense or emergency to avoid.

Key words: shoot dead on the spot; self – defense; police duty – related act

① 公安部.《中华人民共和国人民警察使用警械和武器条例》宣传提纲［J］. 公安法制建设，1996（6）.

刑讯逼供的原因及对策的多维思考

左坚卫* 王 帅**

摘 要：对刑讯逼供问题的探析应当将警察角色的认识作为中心。警察刑讯逼供的原因包括五个方面：个体原因；所处的微观系统的原因；所处的中观系统的原因；所处的外观系统的原因；所处的宏观系统的原因。应当针对这五个方面的原因，采取相应的措施，以遏制刑讯逼供的发生。

关键词：刑讯逼供 警察角色 原因分析 对策研究

《法制日报》2004年10月18日曾经刊登了这样一篇报道——《“河北神探”涉嫌刑讯逼供成阶下囚》,① 故事的主人公是石家庄市行唐县公安局南桥中队刑警中队长杨建文。他在河北省是一个知名度很高的警察，被誉为“破案大王”，曾被评为“石家庄市十大杰出卫士”、“河北省优秀警察”。然而，这位头上罩着众多光环的刑警队长却因“涉嫌刑讯逼供罪”被逮捕并起诉，受到刑事追究。

为什么一个同事眼中的好警察、好同事，在审讯时却抛开法律，对犯罪嫌疑人大肆逼供？我们认为，对刑讯逼供的研究，应当透过静态的制度及文化环境，考察这些因素是如何影响他的人性，进而影响他对行为的选择。基于这种思路，我们将以多维的分析框架为指导，以警察个体为中心，借助社会学的分析方法，逐步展开论述。具体而言，我们将借鉴社会学和系统学方法，把影响警察的不同因素划分为微观系统（microsystems）、中观系统（mesosystem）、外观系统（exosystem）和宏观系统（macrosystem）。其中微观系统是指任何参与者在其中进行面对面接触或者直接接触的系统；中观系统是我们生活于其中的个人关系网络；外观系统是指影响个人系统的更大的社会制度，比如政府机构之类的社会设置；宏观系统是指前三种系统所处的更大的文化环境和亚文化环境。② 参照这种分析框架，我们的分析由作为个体的警察逐渐扩展开来，从侦查阶段所处的特殊环境下的警察、警察所处的组织、警察所处的司法制度和警察所处的司法文化环境，对警察刑讯逼供的成因进行研究，进而提出对策。

---

* 左坚卫，湖南双峰人，法学博士，北京师范大学法学院教授、博士生导师。

** 王 帅，河南邓州人，北京师范大学刑事法律科学研究院刑法学专业硕士研究生。

① 赵永厚．“河北神探”涉嫌刑讯逼供成阶下囚［N］．法制日报，2004－10－18.

② ［美］乔斯·B. 阿什福德，等．人类行为与社会环境［M］．王宏亮，等，译．北京：中国人民大学出版社，2005：129.

一、刑讯逼供的个体原因及对策

（一）刑讯逼供的警察个体原因：基于心理学和生理学的考察

在针对警察个体进行研究时，我们首先应当避免一种误区，即刑讯逼供是由于警察的思想素质、文化素质和法律素质低下所导致的。应当认识到，刑讯逼供与警察的个人素质固然是有关系的，但是如果仅仅着眼于警察的个人素质，甚至将其个人素质看作刑讯逼供的必然原因，而忽视了其他因素的话，就会陷入一种误区，即通过改变警察的素质就可以改变刑讯逼供的现状。这样的一种误区导致几乎每一次刑讯逼供案件发生后，媒体关注的焦点都会集中到办案人员的素质上，而处罚也仅止于对警察的处理。这种错误思维导致对刑讯逼供的引发机制无法进行深入的分析，也就无法建立起有效的遏制机制。我国有论者通过某地公安机关纪委搜集到的近10年发生的警察刑讯逼供致人死亡的案件材料进行汇总分析后指出，从发案部门来看，刑讯逼供的发生与警种相关性不强；从涉案民警年龄来看，以年轻民警居多；从涉案民警的文化程度来看，大专以上文化程度的居多；从民警所办案件的性质来看，以盗窃案件居多；从犯罪嫌疑人的死因来看，以皮肤、皮下组织大面积挫伤，导致休克或诱发其他病变致死居多；从实施刑讯逼供的时间来看，以节假日和夜间居多。由此可以得出结论，刑讯逼供与警种和警察文化素质没有特别密切的关联，相反，参与刑讯逼供的民警很多是平时工作表现较好的人，其中不少还是业务骨干、中共党员。① 显然，刑讯逼供虽然与警察素质具有一定的关系，但绝不是决定性的因素。如果仅仅着眼于警察素质进行论述，并不利于将研究引向深入。在对警察个体进行研究时，不能仅仅将批判停留在素质高不高的问题上，而应当以一种更加全面的视角和科学的态度进行分析。让我们首先从生理学和心理学的角度进行分析。

1. 基于生理学角度的思考

一个人的行为方式首先与其生理状况密切相关，因此，在试图理解人们的行为时，不能忽视生理层面的因素。就警察参与刑讯逼供的特殊情形而言，我们可以借助于人们神经系统的生化过程的探讨，从生理学的角度对警察参与刑讯逼供进行解读。

就生物的生理过程来说，特别是在中枢和表皮神经系统中的生物生理过程，会影响到人类行为的很多方面。当交感神经系统被激活以应付紧急情况时，丘脑下部通过化学反应刺激垂体朝血液中释放肾上腺荷尔蒙。而肾上腺荷尔蒙能刺激其他荷尔蒙的分泌以应付压力。荷尔蒙会加速心跳和呼吸以及增加肝对肌肉的血糖输出。如果荷尔蒙分泌过多，就会出现焦虑不安、颤抖、持续性饥饿感和多动等临床症状，而且，其他类型的荷尔蒙分泌也会对人们产生攻击性行为起着重要的激发作用。② 如果人们长期处于压力状况下，交感神经系统就会处于激发状态，同时会造成人们的内分泌失

---

① 金泽刚，魏利军．对刑讯逼供原因的再认识——兼论办案人员素质不高导致刑讯逼供的命题［J］．法治论丛，2010（4）：54.

② ［美］乔斯·B. 阿什福德等．人类行为与社会环境［M］．王宏亮，等，译．北京：中国人民大学出版社，2005：79.

调，并可能会造成暴力型的攻击行为。这种生物学理论可以对警察参与刑讯逼供进行解释。

就我国警察所处的工作环境而言，很容易使其长期处于压力状况下。首先，警察的工作性质决定了其长期处于同犯罪分子的对抗状态。其次，当前的治安形势对警察提出了更高的要求。陕西省公安厅研究室课题组在对2011年治安形势进行总结后指出，今后一个时期，国家安全风险、社会冲突风险、治安管控风险、安全监管风险和舆情引导风险都将进一步加剧。[①] 这种治安形势无疑对警察提出更高的要求，也使得警察在日常办案中面对更大的压力。最后，基层警察超时间超负荷工作容易加剧自身面对的压力。据公安部统计显示，2006年至2010年，中国共有2182名警察因公牺牲。民警因公牺牲的首要原因是劳累过度，因劳累过度而在工作中猝死的人数达到1029人，达牺牲警员总数的47%。“过劳死”的警察平均年龄仅为45岁。从警种分布看，派出所民警、交警等基层一线民警猝死人数较多。[②] 由于警务工作的突发性和紧迫性的特点，加上目前我国警力不足的原因，警察长期保持加班加点状态已经不足为奇，遇到大案要案更是通宵备战。这种长期超负荷的工作状态，非常容易让警察染上众多疾病，从而对生理健康造成较大影响。警察所面对的压力必然会影响到警察的生理结构，从而可能影响到其生理健康，进而造成警察面对压力时的行为方式的失调。因此，研究警察刑讯逼供的原因，生理因素是我们必须要面对的现实问题。

2. 基于心理学角度的思考

针对人为什么会对他人做出暴力性伤害的问题，心理学家已经做过很多研究和分析。其中有著名的社会学理论，“挫折—攻击”假设和“挑衅—攻击”假设以及态度与情感理论。我国有论者从心理学的角度对刑讯逼供的原因进行了初步的梳理，[③] 也有论者以“挫折—攻击”行为理论为分析工具对刑讯逼供进行解释，[④] 都提出了有价值的见解。

社会学习理论认为，人类许多复杂的行为都是可以通过观察性学习而获得的，如果人们确信自己的行为能够造成一定的结果，就能产生高度的“自我效能感”，并实施这一行为。新加入的警察可能不加区分地学习办案经验，甚至包括刑讯逼供，并且偏信被抓获的人中有95%是有罪的，通过刑讯逼供可以更加简捷地获得证据。在这种情况下，警察的“自我效能感”得到加强，很容易发生刑讯逼供。同时，警察每天接触到的都是犯罪，而这些社会和人性的阴暗面也可能使其学习到各种反社会的规

---

① 陕西省公安厅研究室课题组．后金融危机时期社会治安形势分析与预测［J］．公安研究，2011（5）：34－35.

② 新华网．英媒：“过劳死”成中国警察牺牲主因［EB/OL］．（2011－04－05）［2012－12－14］．http：//news. xinhuanet. com/world/2011－04/05/c_ 121268615. htm.

③ 唐俊杰．警察为什么刑讯逼供——来自生理学、心理学和社会学的初步解释［A］．高鸿钧，张建伟．清华法治论衡（第10辑）［C］．北京：清华大学出版社，2008.

④ 吴继奎．刑讯逼供的社会心理学阐释——以挫折攻击行为理论为分析工具［A］．陈兴良．刑事法评论（第25卷）［C］．北京：北京大学出版社，2009.

则和行为，加剧暴力倾向。[①]

挫折攻击理论认为，挫折会提高一个人做出攻击行为的可能性。当人们的欲望得不到满足时，就会体验到挫折感，挫折感诱发人们的愤怒和焦虑，因而导致攻击行为。根据挫折攻击理论，一种挫折是否会引起攻击行为，主要受到以下因素的影响：挫折源本身的特性、挫折的承受人特性、自然环境以及社会环境等。有学者认为，我国当前司法实践中的刑事追诉标准脱离了实际，证据供需的严重失衡使得案件侦破工作遭受重创。这种失衡的状态是诱发刑讯逼供的挫折源。同时，办案民警自身所担负的社会角色、审讯环境的封闭性以及一系列社会因素，在某种程度上又对刑讯逼供产生了一定的催化作用。[②]

态度与情感理论主要探讨各种动机性的难题。态度指的是“一种习得的评价性反应，指向特定的对象，影响和激发针对该对象的行为，它具有相对持久的特征”。[③]一般来说，我们对于一种事物或者一个人的正面或者负面的评价会影响到我们的行为。就警察与罪犯所处的身份地位而言，警察往往将自己视为正义的代表，对于罪犯和犯罪持否定、厌恶或者痛恨态度。在这种态度影响下，警察很容易产生负面情绪，并对犯罪嫌疑人进行刑讯逼供。

心理学为我们解读刑讯逼供现象提供了新的思路。我们必须注重警察所处的角色和地位对其心理状态的影响。2006 年，华夏心理网对北京某公安分局民警做了一次详细的心理调查，调查显示，该区警察中，存在心理障碍的比例为 51%，其中轻度心理障碍的占 32% 左右，中度心理障碍的占 16% 左右，严重心理障碍的占 2% 多。[④]2007 年 8 月 3 日，河南省宜阳县公安局长白山因工作压力过大患抑郁症而自杀。[⑤] 统计资料显示，“在全国 180 万民警中，有 80% 的民警心理压力过大”。[⑥] 可见，我国警察的心理问题相当严峻，从心理学维度上对刑讯逼供现象进行研究和干预是非常必要的。

（二）针对个体原因的对策

既然警察刑讯逼供的原因之一是警察个体的生理和心理问题，那么研究刑讯逼供的对策，首先就要从警察个体的生理健康和心理健康角度入手，建立起警察健康维护机制。

---

① 唐俊杰. 警察为什么刑讯逼供——来自生理学、心理学和社会学的初步解释［A］. 清华法治论衡. 高鸿钧，张建伟. 清华法治论衡（第 10 辑）［C］. 北京：清华大学出版社，2008.

② 吴继奎. 刑讯逼供的社会心理学阐释——以挫折攻击行为理论为分析工具［J］. 刑事法评论［A］. 陈兴良. 刑事法评论（第 25 卷）［C］. 北京：北京大学出版社，2009.

③ ［美］乔斯·B. 阿什福德等. 人类行为与社会环境［M］. 王宏亮，等，译. 北京：中国人民大学出版社，2005：113.

④ 朱雨晨. 警察心理健康问题待化解，百万警察面临同样压力［EB/OL］.（2007－08－19）［2012－12－14］. http：//news. qq. com/a/20070819/001391. htm.

⑤ 枕戈. 河南宜阳公安局局长白山自杀前精神抑郁［EB/OL］.（2007－08－06）［2012－12－14］. http：//news. qq. com/a/20070806/001578. htm.

⑥ 朱雨晨. 白山自杀事件敲警钟，警察心理压力亟待化解［EB/OL］.（2007－08－19）［2012－12－14］. http：//news. qq. com/a/20070819/001391. htm.

1. 保障警察的生理健康

从生理健康角度而言，首先需要保障警察的休息、休假的权利，其次要大力开展对警察的定期体检工作。

警察的休息和休假的权利是警察依法享有的权利。《人民警察法》、《公安机关组织管理条例》、《职工带薪年休假条例》、《公安机关人民警察内务条令》和《机关事业单位工作人员带薪年休假实施办法》等都对警察休息和休假进行了规定。为了落实警察的休息和休假权利，公安部颁布了以保护警察休息权为主要内容的《从优待警暂行规定》和《关于在全国公安机关普遍建立民警年休假制度的通知》。各地公安机关也开始重视警察的休息休假权利。如福州市公安局于2006年推出规定，把强制民警按规定休假列入年度工作目标和所在单位及领导年度工作考评，未达标者将受到扣分处罚。警察的休息和休假的权利已经逐渐引起重视。为了进一步保障警察的休息和休假的权利，我们认为，首先要对警察超时工作的条件进行限制，禁止以工作繁忙、人手不够等理由要求警察加班。对于因为特殊原因必须加班的，也应当给予较高的补贴和补休。其次要继续推行警察强制休假制度。

在对警察的休息和休假的权利进行保障的同时，要大力开展定期体检的工作，对警察的健康进行跟踪服务。公安部政治部早在2006年就发出通知，要求各级公安机关要落实民警定期体检制度，每年至少组织一次，特别是对发现有突发疾病可能的民警，要及时落实休假、疗养、住院、轮岗等多种措施。为了落实相关通知的要求，我国各级公安机关大力构建相关机制，其中不少有益的经验是值得我们借鉴的。据报道，2009年4月，山东省公安厅会同省卫生厅、财政厅联合下发了《关于加强公安民警职业健康保护工作的意见》，鼓励有条件的地区探索建立公安民警健康医生制度，并在莱州市公安局、诸城市公安局进行先期试点。在这种模式下，医生根据民警医疗诊治要求，提供健康评估、健康咨询、初级诊疗服务等，构建起民警全时健康“保护链”。目前，山东全省各级公安机关普遍建立了公安民警健康网站，并为每个县级公安机关和主要业务警种配备1名具有国家心理咨询师资格的工作人员。①

2. 促进警察的心理健康

从以上的论述中，我们已经认识到，警察的工作性质决定了他们一方面要经常接触一些社会阴暗面，另一方面要随时面临人身危险。在这种情况下，警察长期处于心理压力较常人过大的状况。因此，需要构建起心理教育机制，来保证警察能够妥善应对心理压力。目前我国公安部和不少地方公安机关已经建立起处理警察心理问题的专家组织。据媒体报道，公安部一直着力于采取措施将心理健康工作有机融入思想政治工作和教育训练工作，逐步形成了“心理咨询—心理训练—危机干预”三位一体的心理健康工作体系，并取得了一定的成效。早在2004年公安部就已经在各部委中率先开通心理健康网站，截至2008年5月5日，已有民警2983余万人次访问该网站。

① 王志波，黄攀峰，张国俊．山东公安全方位多渠道开展优抚工作［EB/OL］．(2011-08-23)［2012-12-14］．http：//www.cpd.com.cn/n3549/n3673/n8392/c2463466/content_2.html.

2006 年，公安部确定在大连、上海等 9 个地方公安机关和公安大学建立全国公安民警心理训练实验中心。到 2008 年，各实验中心对 1.1 万余名民警开展了心理训练，教授心理健康知识、锤炼民警心理品质、预防心理危机。2007 年，公安部成立重大突发事件心理危机干预专家组，该专家组在 2008 年 4 月 28 日的胶济铁路特大事故中首次实战出击，并取得很好的成果。① 从 2006 年开始，广东省公安厅就开始在公安思想政治工作中引入现代心理科学理论，依托华南师范大学心理应用研究中心的专业力量，成立了广东省公安民警心理健康服务中心，并开展了一系列民警心理健康服务工作。②

在多方努力下，我国针对警察的心理健康工作机制正在逐步构建。我们认为，在接下来的工作中，应当进一步加强对警察心理压力处理工作的重视，从“心理咨询—心理训练—危机干预”的框架入手，完善警察心理健康维护体系。具体来说，首先，要在录用警员的时候严把进人关，进行严格科学的心理测试，避免录用心理素质较差的人员。其次，要从心理咨询和心理训练工作入手，构建其日常的心理健康维护机制。一方面要在各级警察机构中配备专职或者兼职的心理咨询人员，建立咨询档案，进行跟踪治疗。另一方面要构建心理训练体系。加强心理学基础知识的学习，锻炼警察的耐挫能力、心理应激承受能力和心理控制能力。最后，要针对危机事件，大力开展重大事件后的专业化的心理调治。通过心理咨询、心理训练和危机干预的结合运用，进一步健全警察的心理干预机制，培养警察良好的心理素质，帮助他们调整心态，正确控制自己的行为，从容应对外界压力。

二、刑讯逼供的微观系统原因及对策

（一）微观系统：警察所处的审讯环境对刑讯逼供的影响

微观系统的层面是指任何参与者在其中进行面对面接触或者直接接触的系统。就刑讯逼供的特殊情形而言，发生面对面接触和直接接触的是作为同事的警察和作为对立的犯罪嫌疑人。从微观系统的维度对刑讯逼供现象进行解读，离不开对警察和犯罪嫌疑人的分析。

1. 警察之间的相互影响

在某些刑讯逼供案件中，参与刑讯逼供的警察人数众多。例如，在社会影响恶劣的李明久被刑讯逼供案中，包括当时的唐山市公安局南堡开发区分局局长、副局长在内，有 7 名警察参与刑讯逼供。由此产生两个疑问：参与逼供的 7 名警察难道就没有一人保持冷静的头脑，对刑讯逼供提出否定意见？作为公安局局长和副局长的领导无论是政治素质还是业务素质应当说都是比较优秀的，但为什么没有加以制止，甚至担负起组织和指挥刑讯逼供的作用？分析警察在审讯环境下的相互影响，“从众”的研

① 于呐洋．公安部心理危机干预专家组首次实战［EB/OL］．（2008－05－09）［2012－12－14］．http：//news. sina. com. cn/o/2008－05－09/082013852545s. shtml.

② 中华心理教育网．警察心理危机干预悄然启动［EB/OL］．（2007－08－08）［2012－12－14］．http：//www. xinli110. com/jiaozheng/jgxl/jcxl/200708/47597. html.

究为我们提供了一个比较好的思路。从众行为是指个人在社会群体的压力下，放弃自己的意见，在知觉、判断、信仰以及行为上采取与大多数人一致的现象。美国社会心理学家S. E. 阿施在20世纪50年代曾经进行过关于知觉方面的从众实验。结果表明，仅有1/4到1/3的被试者保持了独立性，没有发生从众行为。当群体内聚力较高，各成员目标一致，活动协调，群体对个体有较大吸引力时，个人容易出现从众行为；个体在群体中的地位高低对于个体是否从众有直接影响；个性心理特征中的智力、自尊心、情绪、需要以及社会赞许动机等都和个体从众行为的发生有密切的关系。①

就警察在审讯中的情境而言，首先，由于警察所担任的角色而长期面对较大的生理和心理上的压力，容易形成暴力倾向，这本身就是一种不稳定的因素；其次，在长期的工作过程中，作为同事的警察之间由于经常一起面对危机，其群体内部便产生了一种情感维系，使得群体内聚力较高；再次，在特定的审讯环境下，警察目标特定且一致，都是为了查明事实真相，尽快破案；最后，有经验的老警察或者级别较高的警察可能会对刑讯逼供采取默许甚至纵容的态度，无形中也会对刑讯逼供产生催化作用。在特定的审讯情境下，如果作为同事的警察无法控制自身实施刑讯逼供，往往可能会使其他警察受到感染，一同实施暴力逼供。

2. 角色冲突下的犯罪嫌疑人对警察的影响

在审讯的特定情境中分析警察与犯罪嫌疑人的互动与刑讯逼供之间的关系，必须对警察与犯罪嫌疑人的角色定位有正确的认识。警察杜培武被刑讯逼供案曾经轰动一时。② 河南省平舆县法院院长刘德山遭受刑讯逼供案社会反响也很强烈。③ 相对于针对普通民众的刑讯逼供案件，此类案件暴露出这样一个疑问：对于曾经是警察和法官等法律秩序维护者的嫌疑人，警察为何也能够下此重手？对此问题，角色理论可以为我们的探讨提供一种思路。

角色理论把“角色”定义为“在任何特定场合作为文化构成部分提供给行为者的一组规范”。④ 他们认为，角色是人们行为的依据，是社会交往的基础，特定文化下的人们对于既定角色总是有某种期望，如果某人的行为有别于其所扮演的角色，社会就会视之为异类。那么，在当代社会，警察扮演的角色是什么？与犯罪嫌疑人所扮演的角色的关系又是什么？

实际情况是，作为侦查人员的警察集多种角色于一身，并且角色与角色之间还可能存在冲突。这种冲突表现在四个方面：刑事追诉者与辩护者的冲突；国家秩序维护者、被害人权益维护者与犯罪嫌疑人权利保障者的冲突；犯罪嫌疑人权益的限制者与

---

① 梁宁建．从众［EB/OL］．（2007－12－25）［2012－12－14］．http：//www. educast. com. cn/show/er. htm？ID＝2007－1225113909－720.

② 新华网．刑讯逼供杜培武被判刑［EB/OL］．（2001－08－03）［2012－12－14］．http：//www. yn. xinhuanet. com/news/ztbd/dupw2. htm.

③ 网易．法官讲述被带走调查遭刑讯逼供细节［EB/OL］．（2012－05－11）［2012－12－14］．http：//news. 163. com/12/0511/12/817M92DR0001124J. html.

④ 中国大百科全书（社会学卷）［M］．北京：中国大百科全书出版社，1991：311－312.

犯罪嫌疑人权益的保障者的冲突；举证责任者与犯罪信息弱势者之间的冲突。如果多种角色之间处于一种不协调的状态，就会使得角色设计的目的不能落实。①

就警察本身所处的角色而言，其与犯罪嫌疑人天然处于一种对抗的状态。这种对抗明显地表现在他们追求的目标截然相反上。就其角色的社会期望而言，警察无疑希望打击犯罪，维护秩序；犯罪嫌疑人则无疑希望负隅顽抗，逃避罪责。如果警察先入为主地认为犯罪嫌疑人就是罪犯，那么作为警察这一社会角色极有可能会赋予其打击犯罪的动力和欲望，此时若是遇到反抗，便有可能走向极端，实施刑讯逼供。如此便不难解释在杜培武、李久明案件中，他们为什么会遭受没有私人恩怨的同行的刑讯逼供。因此，就警察本身而言，无论其平时的角色如何，在审讯这一特定的情境下，其所处的角色本身就使得他与犯罪嫌疑人是一种冲突和对抗的状态。从实际情况来看，警察职务本身要求其打击犯罪，面对破案压力，警察自身对打击犯罪的角色定位的认可要远远强于其对人权保障的角色定位的认可。在这样的情况下，赋予警察人权保障者的角色并期待警察个人的自律来对刑讯逼供的现状加以改变是不切实际的。

基于角色理论，讯问者和被讯问者之间，可能因为审讯情境而快速转移为敌对的双方。个人的素质可能会被角色身份的特性所替代。在大多数人看来，警察作为正义维护者，其任务就是打击和惩罚犯罪者。因此，警察在面对犯罪嫌疑人时，已经不自觉地将对方定位为对抗者和异类。对待犯罪嫌疑人，警察往往希望其坦白交代自己的罪行，如果遇到抗拒或者辩驳等有异于警察角色期望的表现，警察往往就认为其是态度不好。在这种状态下，自认为是正义化身的警察可能会感受到其角色受到了挑衅，出于一种发泄的欲望，极有可能对犯罪嫌疑人进行刑讯逼供。

（二）针对微观系统原因的对策

在一个封闭的审讯环境下，处于角色冲突地位的警察和犯罪嫌疑人之间必然会呈现出一种对抗甚至斗争的姿态。此时如果一方占据过多的优势，另一方的权利维护便可能成为空谈。我们认为，从微观系统角度对刑讯逼供进行遏制，需要着眼于两个问题：一是需要对封闭的审讯环境进行适当的改造；二是需要对犯罪嫌疑人的权利进行维护，避免双方地位的过分失衡。为了解决这两个问题，我们提出四项措施：首先，针对犯罪嫌疑人建立自愿供述的制度；其次，落实律师会见权和在场权；再次，构建独立的羁押场所；最后，落实全程录音录像制度。

三、刑讯逼供的中观系统原因及对策

（一）中观系统：警察所处的组织对刑讯逼供的影响

从中观系统的维度对警察刑讯逼供的原因进行探索，就是要观察警察所处的个人关系网络，为了使探讨更具有针对性，我们选择对警察行为影响相对较深的警察所隶属的组织进行探讨。2001 年，甘肃省曾经发生了一起临洮县公安局副局长张文卓和

---

① 马忠红．刑讯逼供的社会学分析［J］．政法学刊，2008（6）：54 - 55.

缉毒队长边伟宏为立功炮制贩毒假案，致使被告人荆爱国一审被判处死刑的重大事件。① 本案之所以发生，当事人为个人荣誉不惜牺牲他人生命的恶劣表现固然是主要原因，但是，有关部门给当地公安机关下达缉毒硬性指标的做法也难辞其咎。有报道指出，该案的深层原因，正是因为该县缉毒警察每年的任务是“缉查1300克毒品”。② 这也更加凸显出一个问题：在警察办案过程中权力的不当干预非常严重。具体而言，权力的不当干预首先表现在不顾客观规律，随意下达命令；其次表现在不顾执法效果，乱定考核标准；最后表现在组织内部领导对刑讯逼供的放任。

首先，违法犯罪现象有其自身的发生和发展规律，对违法犯罪现象的查处侦破工作也有其必须遵循的规律。案件侦破工作受到一定的主客观条件的影响。在公安机关主观努力和业务素质不变的情况下，当犯罪分子是初犯，智商不高，作案经验不足时，在犯罪现场和犯罪以后留下的蛛丝马迹比较多，公安机关就比较容易侦破案件；当犯罪分子是累犯，十分狡猾，作案经验丰富时，留下的犯罪证据就会很少，甚至没有，公安机关要破案就比较困难。可是，有些地方领导和公安机关出于政治因素的考虑或者脸面上的问题，不顾实际情况，也不管案件侦破的难易程度，动则对下级公安机关或者警察下“限期破案”或者是“命案必破”的死命令，给办案机关和工作人员造成巨大的心理压力。一些公安机关和警察在这种压力之下，非常容易采取刑讯逼供、暴力取证、超期羁押等违法手段办案。以刑讯逼供为例，司法实践中，刑讯逼供现象产生的原因应当说是多方面的，刑讯逼供的动机可以有多种，其中不乏办案警察素质低下、道德败坏、本性残忍、以打人为乐的情形，也不乏基于泄私愤、图报复的动机而大打出手的情形，但是，在大多数情况下，导致刑讯逼供的动机应当说还是为了破案，也就是说，多数情况下，刑讯逼供并非出自恶意。而在基于这种动机而对犯罪嫌疑人进行刑讯逼供的案件中，又有相当一部分是在公安机关和办案警察受到领导指示限期破案等外部压力的情况下实施的。

其次，警察作为维护社会秩序的主要力量，肩负着维护社会稳定和保障公民权利的沉重任务。因此，党和政府就对其提出了严格的要求，这种严格要求在一系列公安机关内部考评标准中得到反映。由于考评标准是公安机关领导部门作出的，极大地关系到警察的奖惩与职务升降，因此，警察就不能不重视，也不得不按照考核标准行事。但是，目前相当一部分考评标准确定得并不合理，尤其体现在对破案率的重视上。但是，一个地区的破案率并非仅仅受到公安机关和警察的主观努力一方面因素的影响，还受到诸如当地社会发展状况、自然环境条件以及个人生存条件等多方面因素的制约。盲目地强调破案率极易造成警察在高破案率带来的收益的引导下采用非法手段提高破案率。为了使破案率达到考评要求，一些地方的公安机关在通过正当破案途径无法实现这一目标的情况下，便不惜采用刑讯逼供的方式来达到目的。

---

① 新浪网：缉毒英雄为立功炮制假案［EB/OL］.（2004－09－09）［2012－12－14］. http：//news. sina. com. cn/c/2004－09－09/08023625475s. shtml.

② 陈利华. 严打先锋背后的尴尬：中国警察素质和待遇堪忧［EB/OL］.（2005－07－20）［2012－12－14］. http：//news. sina. com. cn/c/2005－07－20/15337276645. shtml.

最后，某些领导放纵甚至命令警察刑讯逼供。相当一部分警察在执法过程中侵害公民合法权益的事件，受害者都会向有关部门控告或者申诉，之所以得不到解决，原因就在于有关部门保护公民合法权利的意识不强，对公民的控告或者申诉根本不放在心上，甚至由于收受了违法乱纪者的好处，而暗地或者公然对这些害群之马加以袒护。更为极端的是，某些领导甚至直接参与到刑讯逼供中去。例如上文提到的河北唐山七民警刑讯逼供案，作为主犯的就是当地公安分局局长和副局长。又如河南省太康县公安局副局长，甚至因为刑诉逼供而致人死亡。[①] 这一系列触目惊心的事实再次向我们敲响警钟，刑讯逼供之所以屡禁不止，某些领导的失职和放任难辞其咎。

（二）针对中观系统原因的对策

就警察所在的组织而言，要排除权力对警察执法活动的不正当干预，禁止领导干部随意给警察下达违背客观规律的任务。

长期以来，警察执法活动都处于一种随时可能受到权力的不正当干预的境地。一些领导干部本身法治观念淡薄，官本位思想严重，为了追求自己的工作业绩，动辄对各部门具体工作指手画脚，胡乱干预。具体到公安工作中，就是不顾公安工作本身固有的规律，随意下达诸如限期破案、将破案率提高多少、将发案率下降多少之类的命令，致使公安机关为了完成有关指标而疲于奔命，具体工作陷入被动局面。还有的领导甚至公然主张只要是为了揭露犯罪、抓住犯罪嫌疑人，在执法过程中采取一些非法手段（比如刑讯逼供和超期羁押）是可以理解和原谅的，进而纵容甚至指使公安机关办案人员在执法过程中采取非法手段。领导干部随意下达破案任务，是导致警察在侦查过程中进行刑讯逼供、暴力取证以及超期羁押的重要原因。众所周知，公安机关的执法工作是在党和政府的指导下进行的，领导的指示不能不重视，因此，警察的执法活动一旦受到权力的不正当干预，即便警察自己有想要依法办事的愿望，也很难实现。因为警察首先也是人，他也必须考虑自己的工作、生活等生存问题。一旦权力介入警察的办案活动，当事警察便面临这样的两难选择：或者是坚持秉公执法，从而面临受到打击报复的后果；或者是违法办案，从而保住自己的工作职位并且生活顺利。此时，执法警察往往处于孤立无援的状态，要期待他顶住强大的权力干预是不切实际的，也是不公正的。因此，要推动警察在执法过程中注重保障人权，就必须杜绝领导干部在头脑发热的时候想当然地给公安机关下达违背客观规律的任务的做法，坚决排除权力对警察执法活动的不正当干预，使执法警察能够心无旁骛地秉公执法，依法办事。

四、刑讯逼供的外观系统原因及对策

相对于微观系统和中观系统而言，外观系统对于警察的影响也许并不那么直观，但是却是一个更深层次的诱因。研究警察刑讯逼供的制度诱因，应当首先明确这样一

---

① 子兴，陈松．河南太康县公安局副局长刑讯逼供致人死亡被捕［EB/OL］．（2005－08－31）［2012－12－14］．http：//news. sina. com. cn/c/2005－08－31/11157642479. shtml.

个问题：刑讯逼供的目的在于取得证据。那么，我国现行的证据制度是否存有问题？我国对于警察行使侦查权力的监督与追责制度是否完善？

（一）外观系统：现行刑事诉讼制度对刑讯逼供的影响

1. 我国刑事证据制度透视

从目前的研究来看，大部分论者所采取的都是从刑讯逼供的外部因素入手，比如侦查人员本身的素质较低、侦查体制存有缺陷、法律对侦查讯问的控制不足以及不正当的外部压力。同时，也有论者另辟蹊径，将研究视角从刑讯逼供的促进因素转移到刑讯逼供的诱发因素，以口供本身作为基点，提出了自己的见解。我们认为，研究刑讯逼供的成因以及对策，口供的地位本身是一个不容忽视的因素，现行的证据制度对于警察办案的影响也是需要深入研究的。

研究口供的学者认为，口供的独特功能使得警方会努力获取犯罪嫌疑人的口供，而在我国，口供以外的其他证据的低供给更造成了对口供的过度依赖。同时，刑法的主观主义倾向和刑事诉讼的高证明标准进一步造成了对口供的畸形依赖，而口供的供给却无法满足实践对口供的高需求。因此，口供供需的严重失衡才是造成刑讯逼供的根本原因。① 我们赞同这一观点。

就口供本身而言，它具有一些特殊功能。具体而言，口供在某些案件中可能作为唯一的证据使用，口供的重组功能可以提高警方的办案效率，口供也可以对警察的判断进行佐证，同时还可以帮助警察深挖犯罪并且可能满足警察破案以外的额外需要。正是由于口供本身所具备的特殊功能，才使得其成为全世界警察侦破案件共同需求的对象。

然而，在我国，由于种种原因，其他证据供给严重不足，造成了对口供相对于发达国家的过度依赖。具体而言，由于证据客观生成机制的软弱以及现场勘查技术的落后，警察获取实物证据的能力受到了极大的限制。而且，当前我国的普通证人数量下降，而污点证人制度尚未得到有效的建立。同时，我国的秘密侦查制度由于缺乏法律依据和相关的配套制度，使其功能未能得到有效的发挥。

从实体法定罪量刑的要求来看，我国刑法的主观主义倾向以及高证明责任加重了对于口供的依赖。我国刑法理论一直坚持主客观相统一的原则，但是却向主观主义倾斜，相对而言更加重视主观要素的证明。但是，我国的立法和司法实践却没有为犯罪主观要素的证明提供有力的保障。这就使得警察对于犯罪的证明更加依赖于口供。从程序法的证明责任角度而言，英美法系和大陆法系的国家的证明标准都是一种主观的、盖然的标准，但是，根据修改后的《刑事诉讼法》第168条的规定，定罪的标准依然是"犯罪事实清楚，证据确实充分"，这就使得我国在证明标准问题上过分强调客观以及结论的唯一性。虽然从表面上看，这样的规定更有利于保障人权，但是这样却造成了证据间相互印证的证明模式，在这样的证明模式下，警察更加重视口供这一直接证据。同时，在司法实践中，检察院人为提高逮捕的证明标准也加剧了警察对

---

① 吴纪奎．口供供需失衡与刑讯逼供［J］．政法论坛，2010（4）．

口供的依赖。

总之，口供本身的价值、其他证据的供给不足以及定罪量刑对于口供的过高需求共同造就了警察对于口供的依赖。而在目前的司法状况下，由于警察的审讯技术较为落后，制度化的诱供措施也较为缺乏，同时刑罚的重刑主义倾向也导致犯罪分子的消极对抗，口供的供给无法得到有效的保障。在这样的现状下，为了寻求秩序的维护，警察不惜采取刑讯逼供的方式搜集口供，便不难理解了。

2. 权力的监督与追责制度考察

从刑讯逼供的原因来看，对于侦查权力的有效监督与制约的缺位是一个重要的因素。这种缺位首先表现在律师在侦查过程中的参与极其有限，其次表现为检察权对侦查权的制约不足，再次表现为审判权对于非法证据的排除力度极小，最后表现为公安机关内部的自我监督不够。

在刑事诉讼中，律师的参与对犯罪嫌疑人的权利维护有着重要的意义。修改后的《刑事诉讼法》第 33 条规定："犯罪嫌疑人自被侦查机关第一次讯问或者采取强制措施之日起，有权委托辩护人；在侦查期间，只能委托律师作为辩护人。被告人有权随时委托辩护人。""侦查机关在第一次讯问犯罪嫌疑人或者对犯罪嫌疑人采取强制措施的时候，应当告知犯罪嫌疑人有权委托辩护人。人民检察院自收到移送审查起诉的案件材料之日起三日以内，应当告知犯罪嫌疑人有权委托辩护人。人民法院自受理案件之日起三日以内，应当告知被告人有权委托辩护人。犯罪嫌疑人、被告人在押期间要求委托辩护人的，人民法院、人民检察院和公安机关应当及时转达其要求。"从而将律师会见权大大提前。同时，第 43 条规定："在审判过程中，被告人可以拒绝辩护人继续为他辩护，也可以另行委托辩护人辩护。"第 121 条还规定："侦查人员在讯问犯罪嫌疑人的时候，可以对讯问过程进行录音或者录像；对于可能判处无期徒刑、死刑的案件或者其他重大犯罪案件，应当对讯问过程进行录音或者录像。""录音或者录像应当全程进行，保持完整性。"可见，律师会见难、阅卷难和调查取证难已经引起了立法部门的重视。然而，就从现状来看，封闭的讯问环境对律师的处境依然不利，《刑法》第 306 条关于律师伪证罪的规定和强大的公安检察机关的压力也使得辩护律师如履薄冰，刑事辩护率较低。在律师权保障机制得到切实健全以前，律师对于刑讯逼供的监督效果是否能够落实，依然是个未知数。

在律师权参与不足的同时，我国针对侦查权的检察监督也不理想。我国有论者通过对某地区的刑事错案进行实证调查后指出，在 50 起刑事错案中，可能存在刑讯逼供的案件为 47 起，被告人提出有刑讯逼供的案件为 28 起，但是进入司法程序的案件只有 4 起，而且其中有 1 起是检察院作出了不起诉的决定。[①] 由于刑讯逼供案件中的犯罪嫌疑人的特殊身份，检察机关的渎职侵权部门在查处相关案件时往往受到相关部门和领导很大的阻力，这就使得一部分检察机关对于刑讯逼供视而不见。同时，在大部分地区，公安检察部门有着打击犯罪的共同目标，在共同的目标和利益下，两者往

---

① 何家弘，何然．刑事错案中的证据问题——实证研究与经济分析［J］．政法论坛，2008（2）．

往配合多于制约。而且，侦查环境的封闭性使得检察机关的介入面临较大的困难，而公安机关的侦查人员也具备一定的反侦查能力，往往在成为刑讯逼供案件的嫌疑人时形成攻守同盟，非常不利于案件的侦破。

再次，人民法院在面对刑讯逼供所取得的证据时表现消极。在实践中，遇到被告人或辩护人提出口供源于刑讯逼供的抗辩时，法院或是置之不理，或是休庭由检察机关进行调查，而检察机关提交一份由公安机关出具的“讯问程序合法、无刑讯逼供”的证明就可以。法院的不作为源自司法的不独立。正如我国有论者指出的，由于法院需要有足够的权力对公安机关非法取证进行否定，但是人大的个案监督、人民检察院的法律监督、政法委员会的直接领导、地方行政机关对法院人、财、物等方面的制约，难免使法院在非法证据的排除过程中顾虑重重。①

最后，公安机关内部监督不够。虽然近年来我国已经建立起来纪检、监察、法制、督查和信访等内部监督机制，并且发挥了一定的作用，但是从总体上来看依然存有不足。我国有论者对公安机关的内部监督机制的局限性进行了总结，指出，公安机关内部监督机制至少存有以下四个方面的缺陷：首先，内部监督的中立性和客观性令人质疑。其次，内部监督表现消极，往往是在外部压力下才得以启动。再次，内部监督力量分散，缺乏监督合力。最后，内部监督机制不顺，监督难以得到有效的开展。②

（二）针对外观系统原因的对策

从外观系统而言，要从证据制度本身和监督制度两方面下手进行完善。就证据制度的完善而言，首先，针对刑讯逼供得来的口供要落实非法证据排除规则；其次，要进一步提高口供获取的能力；再次，要扩大其他证据的来源与供给；最后，要在实体法的立法和理论角度给予同步的支持。就监督制度而言，要打破公检法“流水作业”的行政治罪结构，真正实现司法中立、控审分离、控辩平衡。同时也要进一步建立和完善公民自我救助的机制。

1. 完善我国的刑事证据制度

首先，要落实非法证据排除规则，对刑讯逼供得到的证据要坚决予以排除。

其次，要提高口供获取能力。有论者对当前口供难以获取有力保障的原因进行探讨，认为原因有下：第一，我国当前尚未形成一套完整的、动态的、可操作的审讯技术体系，从审判技术上来看无法为口供提供供给。第二，在公检法三机关各自主导某一诉讼阶段的诉讼构造下，检察官并没有取供的动力和手段，在这种构造模式下，警察承担了过多的取供任务却没有有效的逼取口供的手段。第三，刑法的重刑主义倾向加剧犯罪嫌疑人的抵抗，意图拒绝供述以逃避法律的制裁。③ 根据该论者的分析，提高口供获取能力并不是公安机关一家努力就能生效的。这项工作想要取得突破，需要

---

① 付强，刘昂．从外部遏制力量缺陷看警察刑讯逼供的生成［J］．当代法学，2008（6）．

② 刘昂．公安机关内部监督机制的根本改造——从遏制刑讯逼供的角度［J］．北京人民警察学院学报，2010（6）．

③ 吴继奎．口供供需失衡与刑讯逼供［J］．政法论坛，2010（7）．

多个部门协同攻关。具体而言，侦查机关首先要从自我工作下手，着力提高自身讯问技术。同时，检察机关也要加强与公安机关的协作，针对在侦查阶段主动坦白的犯罪嫌疑人应当行使自身量刑建议的权利，建议法院从轻处罚，从而对坦白进行鼓励。并且，法院也应当针对认罪态度较好的犯罪嫌疑人贯穿轻刑主义的观念，鼓励犯罪嫌疑人自愿供述。如此，一方面可以通过心理强制的手段获取口供，从容避免公安机关采取刑讯逼供等人身强制的手段获取口供；另一方面也可以通过制度上的鼓励使得犯罪分子主动坦白，提高犯罪分子供述的积极性。

再次，要扩大其他证据的来源与供给。具体而言，第一，要进一步完善客观证据的生成机制，扩大客观证据的来源，提高警方获取实物证据的能力，从而快速锁定犯罪分子。第二，要提高对现场勘验的经济投入和科技投入，实现勘查队伍的设备先进化和人员专业化。第三，要加强证人的保护，完善证人的补偿机制，从而扩大证人的来源。第四，要适应社会的发展和犯罪形态的演化，从立法高度上对特殊侦查手段，如污点证人制度和秘密侦查制度予以回应，承认其证据的合法性。如此通过增强外部证据的供给，从而降低对口供的依赖，进而避免办案民警在破案压力下的刑讯逼供行为。

最后，要在实体法的立法和理论角度予以关怀。我国刑法理论一直强调主客观相统一的原则，坚持“无犯意则无犯罪人”。但是，不可否认的是，在当前的技术条件下，我们无法对犯罪分子犯罪时的心态进行探知，因此，对于主观要素的证明确实会增加办案民警的负担。解决这一问题的主要办法是通过外部行为实现对犯罪嫌疑人主观心态的推定，但是这样的推定首先需要客观因素是可以查明的，其次需要主观要素同客观要素联系密切，以至于可以从客观要素中可靠地推断出主观要素。这就向刑事立法提出要求，当规定犯罪的主观要素时应当考虑到在司法中的主观要素的可证明性问题。在这个问题的解决上，可以借鉴国外的经验。我国有论者提出，在国外，为了使得主观要素具有可证明性，一方面对于难以区分的罪过形式（相当于我国刑法中的间接故意与轻信过失）进行了模糊化处理，即确立了复合罪过形式；另一方面，则对难以证明的主观要素以及行为的性质确立了推定制度。① 就我国而言，一方面应当提高证据的搜集能力，从而提高查明犯罪客观因素的能力；另一方面也要注重司法实践中主观要素的可证明性的问题，加强推定制度的研究，从而推动立法上对主观要素的证明力问题有所回应。

2. 完善对警察侦查活动的外部监督机制

在针对证据制度本身进行改造和完善的同时，也需要在外部加强对警察侦查活动的监督，从而提高刑讯逼供的风险。具体而言，要对当前的公检法流水作业的治罪结构进行改造，真正实现检察权和审判权对侦查权的有效监督。

现代刑事诉讼制度往往将打击犯罪和保障人权作为目的，甚至更强调人权的保障。在这种目的的指引下，形式构造呈现的应当是控辩审“三角结构”。贯彻控审分

① 吴继奎．口供供需失衡与刑讯逼供［J］．政法论坛，2010（7）．

离，控辩平等对抗和审判中立原则。①

在当前的诉讼结构下，从横向上看，控辩双方由于实力差距而无法展开有效对抗；从纵向上看，侦查、起诉和审判三机关配合有余而制约不足。法院应当具有的中心地位被转移到了侦查机关。侦查的结果可以顺畅地进入起诉阶段，并在审判阶段得到认可。一般而言，只要进入了立案程序，最终都会是有罪判决。侦查机关的侦查结果往往决定着案件的最终定论。这固然与当前刑事诉讼中侦查权力膨胀有关系，但是同时，对于破案率、批捕率、起诉率和有罪判决率的盲目重视和不当确立也迫使公检法三机关的办案人员结成利益共同体，而置犯罪嫌疑人与被告人于对立，更不用谈对犯罪嫌疑人和被告人合法权益的维护了。在这样的情况下，检察机关自然对刑讯逼供的监督呈现消极态度，而法院也自然不愿轻易进行非法证据的排除，以此避免影响到自身的工作考核。因此，必须要在强调尊重和保障人权的基础上，对我国当前侦查为中心的诉讼结构进行改造，还原法院的中心地位，同时要排除外部权力的不当干涉，禁止以有罪判决率作为判断法官工作的标准，建立更为科学的考核标准，从而避免法官在压力下的不当判决。

五、刑讯逼供的司法文化环境原因及对策

（一）宏观系统：警察所处的司法文化环境对刑讯逼供的影响

从宏观系统角度而言，警察往往处于一定的司法文化的影响之下。刑讯逼供也是一定的文化背景下的产物。正如有学者已经指出的，“应当注意到，不参考其文化教育背景，就是个人的行为也几乎是不可理解的。一个人的内心最深处的欲望和信仰，主要是由他受到的教诲和无意间从同伴处吸取来的东西所塑造的。”② 从文化角度来分析，首先，封建文化下刑讯逼供合法化在历史维度上产生了影响。虽然在现代，刑讯逼供已经被犯罪化，但是历史文化的影响不会在短时间内完全消除。历史文化传统对今天的审讯方式依然存有影响。其次，在面对犯罪嫌疑人时，社会对警察权力过分信任和强调以及对犯罪嫌疑人的不当歧视，造成了对刑讯逼供的容忍度较高。

（二）针对宏观系统原因的对策

在文化方面，首先要通过政府力量推进，进一步培养尊重和信仰法律的观念，从而构建法治社会。其次要在警察系统内树立起以人为本的观念。

人类社会历史发展进程已经证明，法治优于一人之治。法治之路是各国最终都必须也必然选择的发展道路。要想将一个国家引入法治社会，就必须在整个社会创造一种尊重、信仰法律的风气。警察作为社会的主要执法者之一，当然必须率先垂范，牢固树立尊重、信仰法律的观念。

当前，公安机关和警察在执法工作中便面临转变观念的严峻挑战：一方面，公安

---

① 陈瑞华．刑事诉讼的前沿问题［M］．北京：中国人民大学出版社，2005：89－91.

② ［美］菲利普·巴格比．文化：历史的投影——比较文明研究［M］．夏克，李天纲，陈江岚，译．上海：上海人民出版社，1987：154.

机关和人民警察必须认识到自己担负着及时查处和打击违法犯罪活动，维护国家长治久安的任务；另一方面，公安机关和人民警察又不能再把自己的任务仅仅局限在查处和打击违法犯罪活动方面，也不能将这方面任务当作执法的最终目的，而必须进一步认识到这种查处和打击只是维护国家长治久安，保障人民的合法权利的手段，保护人民、服务人民才是警察执法的根本任务，认识到原有的一些对侦破案件比较有效但侵犯人权的手段和制度不能再使用。概而言之，人民警察必须树立起以人为本的观念，抛弃自己是专政人员的观念，真正树立起服务社会和公民个人的意识。

（初审编辑：张小玲）

Multidimensional Thinking about the Reasons and Countermeasures of Using Torture to Extract Confession

Zuo Jianwei　Wang Shuai

Abstract: When we analyze using torture to extract confession, we should focus on how to think about police's role in it. There are five factors to use torture to extract confession: the individual reason, the influence of micro system, the influence of mesosystem, the influence of exosystem, the influence of macro systems. We should take corresponding measures against the above reasons to suppress the occurrence of using torture to extract confession.

Key words: using torture to extract confession; police's role; analysis about cause; research on countermeasure

论环境法治视野下的警察执法
——兼谈建立我国环境警察制度

邢 捷*

摘 要：在环境法治视野之中，我国公安机关基于法律的明确规定担负着一定环保执法的职责。警察权在环境与资源保护中的介入具有其正当性。尽管实践中存在着一些问题，但我国公安机关涉及环境执法已有经验可循。世界许多国家为应对经济发展中严重的环境污染与破坏，纷纷建立了本国的环境警察制度。一个国家环境警察制度的建立是该国全社会环境保护意识发展到一定水平的必然结果。在我国尽快建立起环境警察制度对于有效控制环境风险、保障民生、解决环境执法软弱等均有重要意义，同时它也是警察执法规范化与警务创新的体现。我国环境警察制度的建立具有可行性，同时也须克服一定的障碍。

关键词：环境法治 警察执法 正当性 制度创新

引言

“我国正处于工业化中后期和城镇化加速发展的阶段，发达国家一两百年间逐步出现的环境问题在我国集中显现，呈现明显的结构型、压缩型、复合型特点，环境总体恶化的趋势尚未根本改变，压力还在加大。当前，一些地区污染排放严重超过环境容量，突发环境事件高发。”①当前环境问题已成为威胁人体健康、公共安全和社会稳定的重要因素之一。早在1979年9月13日，第五届全国人大第十一次会议就通过了《中华人民共和国环境保护法（试行）》。这是我国的第一部环境法律，同时也标志着我国环境保护进入了法治阶段。回眸中国环境法治30多年的发展历程，其所呈现出来的现实却令人尴尬：一方面环境法律、法规大量制定，环保投入持续增长，环保机构级别在不断升格；另一方面环境问题依然突出，环境违法与犯罪依然猖獗，环保压力继续加大。这其中的原因是多方面的，需要认真探究。而在环境管制的各种手段中，通过强制性非市场化手段，即通过强有力的执法达到对环境污染与破坏者的抑制与制裁，合理配置环境资源，也是不可或缺的。笔者认为尽快建立我国环境警察制度

---

* 邢捷，中国人民公安大学法学院教授，副院长。

① 李克强在第七次全国环保大会上讲话［EB/OL］. http://finance.huanqiu.com/data/2012－01/2325887.html.

是完善我国环境法治，实现环境保护与经济社会协调发展的重要举措之一。

一、我国环境法治下的警察执法现状

在环境法治视野之中，我国公安机关基于法律的明确规定担负着一定环保执法的职责，但在执法实践中还存在不少问题。而一些地方试建环境警察队伍投入环保执法，不啻为我国环境警察制度的有益探索。

（一）我国公安机关环境执法的依据

1. 行政执法依据。这一类体现了公安机关的日常环保职责。主要有：《中华人民共和国环境保护法》（1989 年）、《环境噪声污染防治法》（1996 年）、《中华人民共和国森林法》（1998 年修正）、《大气污染防治法》（2000 年修订）、《放射性污染防治法》（2003 年）、《野生动物保护法》（2004 年修正）、《中华人民共和国治安管理处罚法》（2005 年）、《中华人民共和国道路交通安全法》（2003 年）、《汽车排气污染监督管理办法》、《放射性同位素与射线装置放射防护条例》，等等。

这其中涉及的具体职责包括对环境噪声[①]、汽车尾气、森林资源[②]、放射性物质[③]、野生动物等环境和自然资源保护实施监督管理。例如，《汽车排气污染监督管理办法》中规定，在新车注册登记领取牌照时，将符合国家或地方机动车尾气排放标准作为发放牌照的条件之一，初次检测未达到排放标准的新车，不予核发车辆牌照；交警对使用中的机动车辆年检和路检时，把是否符合国家或地方机动车排气标准作为检测内容之一；交警可以对在道路上行驶时超标排放废气的机动车辆的驾驶员进行处罚。

公安机关在行政执法领域履行的涉及环境保护的日常监督管理职责，不仅有利于保护整个生态环境，同时也是对公民环境权的有利维护。

2. 刑事执法依据。根据我国环境保护法的规定，造成重大环境污染事故，导致公私财产重大损失或者人身伤亡的严重后果的，对直接责任人员依法追究刑事责任。对此我国现行刑法第六章有关妨碍社会管理秩序罪中专设第六节规定了“破坏环境资源保护罪”，主要包括重大环境污染事故罪；非法处置进口固体废物罪；擅自进口固体废物罪；非法捕捞水产品罪；非法猎捕、杀害珍贵、濒危野生动物罪；非法收购、运输、出售珍贵、濒危野生动物、珍贵、濒危野生动物制品罪；非法占用耕地罪；非法采矿罪；破坏性采矿罪；非法采伐、毁坏珍贵树木罪；盗伐林木罪；滥伐林木罪；非法收购盗伐、滥伐的林木罪等。对上述犯罪的处罚一般是在十年以下有期徒刑，个别犯罪情节严重的也可在十年以上，并处罚金。

公安机关依据上述有关刑法规定及刑事诉讼法规定，开展环境保护的刑事执法，

---

① 公安机关涉及环境噪声的监管职责主要是依据《中华人民共和国治安管理处罚法》第 58 条的规定，对制造噪声，干扰他人正常生活的行为予以制止或处罚。

② 此方面的职责主要体现在森林公安机关对违反森林法的规定，非法采伐、毁坏珍贵树木的，盗伐、滥伐森林或者其他林木的违法行为予以处罚。

③ 公安机关在此方面的职责主要体现在依据《中华人民共和国放射性污染防治法》的规定，对生产、销售、使用、贮存放射源的单位的安全保卫工作进行监管，接到放射源丢失、被盗和放射性污染事故报告后，应立即组织采取有效措施，防止放射性污染蔓延，减少事故损失，并做好事故的调查、处理工作。

侦查破坏环境的犯罪行为，从而体现对公民环境权的有利保护。

（二）警察环境执法中现实状况与问题

随着可持续发展战略的深入人心，环境保护与经济、社会协调发展原则的贯彻，我国公安机关在为经济建设保驾护航中为环境保护也作出了贡献。通过在职责范围内的环境执法，纠正环境违法行为，积极侦查、惩治破坏环境的犯罪行为。与此同时，我们也注意到公安机关在环境维权执法中仍然存在相当大的问题。充分认识并解决存在的问题对于公安机关在今后环境保护执法中发挥更大的作用具有重要意义。具体来讲：

1. 公安机关对于自身在环境资源保护中的角色定位认识不清。由于公安机关并非政府专司环境保护的行政主管部门，使得人们甚至是公安机关自身产生一种错觉，即环境保护的执法与公安机关无关。在实践中以致出现在环保执法上的不作为。把本该由公安机关履行的职责误认为非警务活动。事实上，在我国目前环境与资源保护监管体制下，公安机关属于法律规定行使环境污染防治或者自然资源保护监督管理权的15个部门之一，承担着有关法律规定的环境保护执法的职责。公安机关必须明确自身的角色定位。

2. 公安民警环境保护法律意识淡薄，环境监管执法水平较低。长期以来，公安民警对于环境与资源保护方面的法律意识是比较欠缺的。究其原因，在客观上，环境问题是近年来伴随着我国经济建设的快速发展而产生的，许多人对于这一问题所带来的危害和严重性认识尚不够深刻，而环境保护方面理念的确立及大规模立法也只是近些年才得以实现。环境与资源保护法学作为一门新兴的学科还比较年轻，人们对其理论的把握尚在逐渐理解与普及的阶段。作为公安民警需要掌握的环境保护方面的知识及立法很多，有一个学习掌握的过程。在主观上，还有不少民警认为，自己的职责是维护社会治安、打击刑事犯罪，将环境监管当作“副业”，甚至武断地将环境执法与打击环境违法犯罪排除在自己的职责以外，孰不知环境问题及由此导致的社会矛盾同样关系到社会的秩序和稳定（事实也证明近年来一些地方发生的群体性事件，环境问题是重要诱因之一①）。在此认识之下，轻视环境执法、执法随意性的问题十分突出，出现想管则管，或在有余力的情况下才管，否则就根本不管。目前，从我国公安队伍整体环保素质来讲，有相当一部分民警环境保护意识淡薄，根本不了解不掌握与执法相关的必要的环境科学与法律知识。面对环境执法中日益出现的新情况、新问题表现得力不从心，无所适从，或者干脆熟视无睹，置之不理。笔者以《治安管理处罚法》第58条②的执行为例，从实践中的调查发现，现实中公安机关在这一条规定的执行上不尽如人意，依此规定进行个案处理的凤毛麟角。基层派出所民警对此规定心中无底，不敢依此规定对违法者进行理直气壮的处理，而通常是调解处理，甚至不

---

① 据《中国环境报》2008年9月19日报载：2008年8月4日中午，云南省丽江市华坪县兴泉镇兴泉村8组至13组村民因环境、水源污染等问题与高源建材公司双方约300人发生冲突，造成6名村民受伤和13辆汽车受损。

② 《中华人民共和国治安管理处罚法》第58条规定：违反关于社会生活噪声污染防治的法律规定，制造噪声干扰他人正常生活的，处警告；警告后不改正的，处二百元以上五百元以下罚款。

了了之。使得权利受损者意见很大，而违法者却得不到应有的处理。不少一线公安民警对于什么是噪声，什么是社会生活噪声污染，社会生活噪声的标准是什么，均模糊不清，因此，在实际操作上往往该予以处罚的不敢处罚，生怕带来麻烦和纠纷。笔者还注意到，无论是公安系统进行学历教育与职业教育的高等学府还是公安实践部门的经常性教育培训对于环境保护法律与知识的学习都是十分欠缺的。针对上述问题，公安机关必须采取有力措施加以扭转。

3. 公安机关与环境保护行政部门缺乏沟通机制。我国各级政府之下的环境保护行政部门是我国环境与资源保护的行政主管部门，它们具有丰富和最新的环境保护科学理念及相关管理知识。而公安机关则是区别于其他行政机关具备多种强制手段和较强处罚力度的行政力量。两者的沟通与联动必将使环境执法体现较强的可操作性，达到优势互补的良好效果。然而，目前的现实却是公安机关与环境保护行政部门缺乏应有的沟通，公安机关的环境执法因缺乏技术上的支持，往往流于形式，而环境保护行政部门的执法则往往由于缺乏应有的强制手段，最终宣告流产，由此使得环境执法的效果大打折扣。

4. 公安机关在环境维权执法中的物质保障匮乏。在我国，公安机关执法经费保障不足是一个由来已久的问题，这也导致了公安机关在环境保护执法中必需的监控工具和设施严重匮乏。不少公安机关几乎没有环保执法必备的设备，如检测噪声的分贝仪等。

（三）部分地方环境警察队伍的试建及环境警察机制的作用

尽管至今我国尚未建立起环境警察制度，但地方公安机关涉及环境执法的实践已有经验可循。2006 年 3 月河北省安平县成立了全国首家“环保公安”—— 安平县环境保护派出所。环保派出所设在县环保局，公安民警由县公安局派出，在环保执法时公安民警同时出动，对妨碍公务执行的人员当场采取措施；2008 年 3 月，河北省永年县成立环保公安派出所；2008 年 11 月，全国首个公安环保分局——云南省昆明市公安局环保分局正式揭牌（2010 年 9 月与水务治安分局合并更名为水上治安分局）；2008 年 12 月，玉溪市公安局环保分局也宣告成立；2010 年，山东莒县也在环保局设立公安办事处，配备一名公安民警参与环境执法；2011 年，湖北大冶市环保警察大队，接受市公安局和市环保局双重领导，与大冶市环境监察直属大队合署办公，将环保执法窗口前移，由过去的事后执法转变为过程执法，充分利用公安机关的强制手段来强化环保执法。上述地方公安机关与环境保护部门的做法，不啻为破解环保执法难、执法软这个全国性难题的一次次试水。实践中取得了可喜的成绩，振奋了人心，同时也发现了有待解决的问题。

1. 法律支撑不够。由于缺乏相关的法律依据，环境警察在处理一些污染事件时，只能根据其他部门管理的规定，借助其他部门管理的渠道，以配合其他管理部门执法的方式达到环境警察执法的目的。① 此外，我国目前的环境法律法规中，对污染的界定往往较为模糊，缺乏应有的可操作性，使得某些排污企业有法律空子可钻。而我国

---

① 例如，对于环境污染企业，以是否有工商营业执照等情况进行处理。如私自无照非法冶炼金属矿，造成环境污染，环境警察则是采取配合工商部门根据《无照经营取缔办法》相关条款的规定，对这种无照非法冶炼金属矿场所予以取缔关闭。

《刑法》中规定的重大环境污染事故罪是以结果即造成损失的大小、人员伤亡情况来进行处罚的，对企业的约束力不强。目前，我国在环保方面颁布的法律大都是20世纪八九十年代制定的，如《中华人民共和国环境保护法》（1989年)、《中华人民共和国大气污染防治法》[①]、《中华人民共和国水污染防治法》[②] 等，后虽有的法律经过修改，但面对严重的环境污染，执法人员在具体案件办理时仍明显感觉可操作性不强。正如一位西方学者在谈及世界许多国家环境立法状况一样，认为“作为对环境问题和人权违反情况的回应，法律得到了很大程度的扩充，但语言总是模糊，而且缺少处罚和实施机制”[③]。2010年施行的《刑法修正案（八)》，虽然拓宽了污染物的范围，降低了入罪门槛，但“其他有害物质”的司法解释还未出台，且《治安管理处罚法》也未作相应调整，办理治安案件的标准并未降低，仍然要求污染物是危险物质才能处罚，造成公安机关办理的治安拘留处罚和追究刑事责任的案件少。

2. 取证难，取证成本高。环境违法犯罪案件与其他类别案件相比，在取证上有着明显的不同。如在环境污染事故中，有的危害后果能立即显现，而有些则要经过一定时间甚至相当长时间后才能显现。此外，污染发生后，废水、废气和噪声等其状态都处于随时变化之中，等执法人员赶赴现场取证时，有的环境污染现象已“时过境迁”。因此，在办理环境违法犯罪案件上，整体体现为证据质量要求高，环境鉴定评估专业技术性强，涉及领域广，定性难，定量认定更难。采集到污染物后，污染成分在鉴定上缺少技术支撑和时效性，对于复杂物的检测，必须由专业的检测鉴定机构来进行，检测成本很高。检测产生的费用由谁来承担，也是一个需要解决的问题。笔者在实践调研中发现，到目前来看，由公安机关负责侦查并最终进行处理的在社会上有重大影响的环境违法犯罪的案件中，在取证上有的成本高达上百万元，这对于单一执法部门来讲通常是难以承受的。

3. 现有办案程序规定与环境案件办理需要不适应。例如在办理环境案件时限的规定上，由于在取证上的特殊性[④]，导致突破办案时限，造成执法被动。有的检测报告难以很快得出，有的超过30日甚至更长时间才能得出报告，而环境警察对嫌疑人采取强制措施都有明确严格的时间规定，时限一过，对造成环境污染与破坏的责任人再进行制裁就会造成程序违法。

4. 对环境违法犯罪打击及时性不强，执法力量相对薄弱。由于环保执法专业技术性强，公安机关发现案件线索后，难以立即认定污染性质，污染危害后果往往还具有长期性、隐蔽性等特征。执法人员通常难凭直观确定污染程度，而必须借助专业设备和技术人员。由于专业技术人员缺失，技术装备匮乏落后，导致造成污染问题难以及时发现、及时查处。

针对上述现状，必须探讨在我国警察介入环境执法的正当性基础，以及环境警察制度建立的必要性与可能性。

---

① 1987年制定，后经1995年和2000年两次修改。

② 1984年制定，1996年进行修改。

③ ［英］简·汉考克．环境人权：权力、伦理与法律［M］．李隼，译．重庆：重庆出版社，2007：110.

④ 如涉及抽取水体样品，对特定污染物进行检验，往往耗用较长时间。

二、我国环境法治之下警察执法的正当性

在环境保护领域警察权的介入是具有一定争议的。有观点认为倘若环保能以防止阻碍执法、抗拒执法、“束手无策的尴尬局面”为由设置公安机构，那么税务、工商等是不是也可以设置公安机构呢？笔者以为，持此种认识的人士恰是对环境保护在国家发展中的战略性、基础性地位，以及对警察权的功能与特点缺乏认识所致。警察权在环境保护中的介入和一定限度的实施是具有法律基本依据①和正当性的。

（一）环境保护的重要性要求作为公权力的警察权的介入

保护环境并不囿于环境问题这一话题本身，它还与国家安全联系在一起。美国在冷战结束后，其国家安全政策的目标从单纯的军事安全逐渐演变为包括环境安全、经济安全和军事安全在内的几重目标。② 现代西方国家关于国家环境安全的概念最早见于美国环境专家莱斯特·R. 布朗所著的《建设一个持续发展的社会》一书，作者提出“国家安全的关键是可持续发展性”、“生态环境成为世界各国关注的国家安全的首要问题”等重要观点。1987 年世界环境与发展委员会发表的《我们共同的未来》报告正式使用了“环境安全”这一用语，阐明环境问题已成为具有战略意义的问题之一，成为国家利益的组成部分。

在我国，环境保护的理论与实践发展同样使人们认识到环境生态问题会对国家的经济建设与社会发展产生影响。而那些严重危害广大人民群众生命财产即生存利益、破坏社会稳定、动摇经济和社会发展基础、对国家政治统治造成威胁的环境生态问题则属于国家环境（生态）安全问题。③ 环境（生态）安全和经济安全均是国家安全的基础，属立国之本。而从一定意义上看，环境（生态）安全又是经济安全的基础。因为环境（生态）安全在不同程度上透过经济安全对其他国家安全因素产生影响。人民警察法规定的人民警察的首要任务就是维护国家安全。因此，凭借警察权在一定范围和限度内体现对国家环境（生态）安全的保障是必然的。

（二）维护环境秩序也是维护社会治安秩序的重要组成部分

一部分环境（生态）秩序是社会治安秩序的重要组成部分。所谓秩序，意指在自然进程和社会进程中都存在着某种程度的一致性、连续性和确定性。环境（生态）秩序是围绕环境而建立的某种一致性、连续性和确定性。人与人之间对环境利用的秩序，是一种社会秩序。它既是社会生存秩序，也是社会发展的秩序。无论是生存还是发展，都离不开资源。而资源的有限性决定一些个体对资源的攫取必定会直接影响另一些个体对资源的享有，一些个体获取的资源越多，另一些个体得到的资源就越少。这势必造成个体之间的资源之争，而资源之争，则使正常秩序遭受破坏。因此，在人们对环境进行利用时，为了预防发生混乱，或者在秩序遭到破坏时恢复秩序，以保持

---

① 《中华人民共和国人民警察法》第 2 条规定：“人民警察的任务是维护国家安全，维护社会治安秩序，保护公民的人身安全、人身自由和合法财产，保护公共财产，预防、制止和惩治违法犯罪活动。”在国家安全、社会治安秩序、公民人身及财产权利以及预防和惩治违法犯罪方面，都与环境保护有着密切的关联。

② 周珂．环境法学研究［M］．北京：中国人民大学出版社，2008：65.

③ 周珂．环境法学研究［M］．北京：中国人民大学出版社，2008：66.

社会的运转行之有序，即使是对单个的、少数不合作的和爱寻衅的人的扰乱行为，也要设立警察这样的专门组织，并赋予其强制性权力，以维持社会良序，维护良好的人与人之间利用环境的秩序。塞缪尔·亨廷顿指出："首要的问题不是自由，而是创建一个合法的公共秩序。很显然，人类可以无自由而有秩序，但不能无秩序而有自由。"① 警察的职能在于维护社会秩序。"维持秩序之所以是最重要的警察职能，是因为从根本上说，警察的工作就是社会控制。"② 我国《人民警察法》在第2条中也明确了警察维护社会治安这一基本职责。

（三）警察权介入环保领域是对体现环境正义的人权保障

休谟指出："正义起源于人的自私和有限的慷慨，以及自然为人类需要所提供的资源之不足。"③ 罗尔斯也指出："在资源普遍缺乏的情况下，如果彼此漠然的人们就资源分配问题提出相互冲突的要求，正义的条件即已具备。"④ 尽管休谟、罗尔斯在这里讨论的是正义起源问题，但同时也揭示出人类资源总是有限的这个基本的事实。环境正义是指人类不分世代、种族、文化、性别或经济、社会地位均同等享有安全、健康以及永续性质环境权利，而且任何人无权破坏或妨碍这种环境之权利。环境是每个人生存必不可少的物质条件，而环境污染和破坏则正威胁着这种物质条件，才产生了当代人和后代人对环境权的要求。环境污染和破坏的后果将影响当代人和后代人的生存质量，任何人在当今社会都不可能脱离环境条件独善其身，也不可能以任何方式独占环境利益。环境权所包含的利益是多重的，其实现的目的在于当代人和后代人的持续生存和发展，同时也是为了每个人更好地生存，因而环境权所体现的是整体利益、长远利益和个人利益、眼前利益的结合，环境权的这种属性，要求现代社会中的人作为人必须与自然建立和谐、尊重的关系，必须克服利己主义倾向，改变功利主义的环境观。进一步明确环境人权是人的基本生存权利。肯·萨罗－维瓦⑤曾说："环境是人的首要权利。" 警察权力能够控制、制约和处理保护环境资源中的越轨行为，伸张环境正义，甚至铲除邪恶。更为关键的是，由于人的生命、身体健康是人类社会生存和发展的起点和基础，如不能得到最基本的保障，社会则无以存续。而警察权则能通过各种制度规则的设计保障个人最基本的生命、财产安全和身体健康权利，从而为人类的发展需要提供必要的条件和基础。正是基于正义的普适性特征和人类对于正义秩序的追求，警察权被赋予了保障环境人权的正当性。

---

① [美] 塞缪尔·亨廷顿. 变革社会中的政治秩序 [M]. 李盛平，等，译. 北京：华夏出版社，1988：8.

② [美] 罗伯特·兰沃西，劳伦斯·特拉维斯. 什么是警察—— 美国的经验 [M]. 尤小文，译. 北京：群众出版社，2004：13.

③ [德] 亨利希·库诺. 马克思的历史、社会和国家学说——马克思的社会学的基本要点 [M]. 袁志英，译，上海：上海译文出版社，2006：88.

④ [美] 约翰·罗尔斯. 正义论 [M]. 何怀宏，何包钢，廖申白，译. 北京：中国社会科学出版社，1988：13.

⑤ 肯. 萨罗－维瓦（Ken. Saro－Wiwa，1941－1995）是尼日利亚著名作家和环保斗士。1990 年，维瓦与其同胞发起成立"奥格尼人生存运动"，想通过和平方式争取国内外的支持，实现奥格尼人在政治、经济和环境保护上的自主权。维瓦积极维护环境的行动受到国际社会的赞扬。他先后获得"正当生活奖"和"金人环保奖"。但是，军政府却对他极为忌恨，于1993 年6 月将他投入监狱，1995 年对其施以绞刑。

三、国外环境警察执法的状况与启示

20 世纪 90 年代以后，随着全球环境保护理念的形成，以及环境立法法典化及环境立法趋同化，世界许多国家为应对在经济发展中严重的环境污染与破坏，纷纷建立了本国的环境警察制度。在环境警察制度建设上，各国呈现出了一些自己的特点，从以下几个方面来看：

（一）在环境警察建立及执法的依据上

一些国家对环境警察制度的建立提供了充分的法律依据。如在德国，20 世纪 90 年代初，环境保护被写进了《基本法》。而德国警察部门建立的依据是《基本法》。从 1972 年通过的第一部环保法至今，德国已是世界上拥有最完备、最详细环境保护法律的国家。① 这也让其环境警察在建立和执法上获得了全面的法律依据。

（二）在环境警察体制及人员配备上

从世界各国来看，通常环境警察或隶属于国家最高警察部门或隶属于国家的环境行政主管部门，再或者由地方政府与警察部门联合组建环境警察队伍。如，德国环境警察隶属联邦内政部，每名环保警察都要经过一年半的专业训练；而在法国，其环境警察机构全称为“打击环境违法行为中心局”，编制五十人，由宪兵、生物学家、医生等组成，同样隶属于法国内政部。它的上一级是法国各相关部，其性质实为部际警察局。这样的结构可以与有关部门充分联合，促进部门间的协调；秘鲁旅游和生态警察部队成立于 2001 年，也隶属于内政部。秘鲁政府长期以来一直重视生态保护，通过每年警校毕业的学生不断充实生态警察力量，至 2010 年生态警察数量已达近千人。进入生态警察队伍的警员，从旅游安全、环境保护、国家历史文化遗产、自然文化到旅游文化及生态等方面的知识都要进行不断培训，以备执法之需；在英国，环境警察隶属于成立于 2008 年的英国环境局国家环境犯罪组；② 在俄罗斯，1996 年由莫斯科市政府与俄罗斯内务部商定，采用市政府出钱、内务部出人的办法，建立一支能直接介入环境保护的警察队伍，正式的名称为“莫斯科预防环境违法警察管理局”，简称环境警察。根据协议，莫斯科市政府每年给俄罗斯内务部拨款 4000 万卢布，内务部则抽调出 1100 名警员组成环境警察队伍。这就是俄罗斯的第一批环境警察。③

（三）在环境警察的职责上

各国在环境警察任务与职责上大都相当宽泛。除都重点规定了打击破坏环境与资源的违法与犯罪外，诸如环境违法与犯罪的预防、自然保护区的监管、环境保护行政部门执法人员正常活动的保证与安全保障等都不同程度作出了规定。如，在英国，环境警察在国内被认为是“管事宽”的警察，不但追踪垃圾桶里的垃圾去向，还向污染本土环境、向发展中国家走私垃圾的有组织犯罪团伙宣战，可见其职责之宽；在德国，环保警察的任务还包括：发现环境污染时，立即采取补救行动。从化学毒素外泄

---

① 德国联邦和各州的环境法律、法规共约 8000 部，除此之外，还实施欧盟约 400 个相关法规。

② 英国警察向“环境犯罪”宣战［EB/OL］. http：//news. xinhuanet. com/world/2010 - 07/02/c _ 13380541. htm.

③ 王国琦 . 俄罗斯环境警察［J］. 人民公安 . 2007（19）：46.

到不卫生食品的销售，都在他们的管辖范围之内。凡是已经立法的环保事项，警察在其辖区内一概严格执法，比如鱼类死亡、垃圾箱冒烟、废油渗漏或废气聚集成雾等，都属于禁令之列；在俄罗斯，通常环境警察有三项任务，即预防环境犯罪和行政违法，为环境保护机关及工作人员的正常活动和安全提供保障，对城市和其他自然保护区实行监管。针对以上内容，莫斯科市政府还制定了相应实施细则、处罚措施和罚款额度，使得环境警察权限很宽。检测汽车尾气排放，监督垃圾的处理，保护水资源不被污染，防止冬天的融雪剂浸入土壤，打击滥伐林木，查处偷渔偷猎，检查工厂的环保措施和设备，核查有害化工品的存放，拆除私搭乱建的房屋、小商亭、小车库，处罚在居民区制造生活噪声扰民的行为，一直到禁止在河边刷洗汽车，检查各商店和集市的食品卫生质量等，都是环境警察的工作；在秘鲁，生态警察（环境警察）主要负责在全国范围内预防环境犯罪和保证对环境的监护和管理，尤其是在林业资源丰富的地区和管理薄弱的地区从事执法工作，主要任务是从事计划、领导、监察、执行和控制与保护游客和国家生态有关的警务活动。①

（四）在环境警察执法方式与手段上

除了警察机关通常运用的执法手段与方式外，环境警察的执法基于环境保护领域的特点更加体现科技性。在德国，环境警察通过巡逻和使用遥测工具检查环境的污染情况，一旦发现环境污染的现象，立即采取有效的手段，把污染控制在最小范围内，任何一条小溪泛起泡沫，环境警察都会前往取样；在英国，环境局先前对环境犯罪反应被动，得到环境遭破坏消息后才采取行动调查肇事者，为及时有效打击环境犯罪，环境局投入大量人力物力，构建起包括情报网络、法医鉴定、金融调查、脱氧核糖核酸（DNA）检测、国际警务合作在内的完备调查体系；在俄罗斯，环境警察是配有武器的，在市区巡逻的环境警察一般均佩带手枪，郊外巡逻的有时还带上冲锋枪，全副武装的环境警察对于破坏环境的违法者来说有着很强的震慑作用。

四、我国环境法治下警察执法的创新——中国环境警察制度的建立

为更好地维护环境（生态）秩序，实现环境正义，建立环境警察制度乃是明智的选择。环境警察制度是指环境警察机关及其环境警察在法定职责范围内，运用警察权对在环境与资源保护领域违法行为实施制裁、对犯罪行为进行侦查的一系列法律制度的总称。对于这一制度的理解包含以下方面：

1. 环境警察制度是环境警察权行使的制度。它是围绕着环境警察权的行使所确立的一系列法律制度。环境警察权是指由国家法律赋予的，警察机关执行有关环境保护法律规范，制止、惩罚环境违法行为，侦查、打击破坏环境资源保护的犯罪行为的权力。环境警察制度包括环境警察权行使主体的制度、环境警察权运行的制度 。

2. 环境警察制度是一种综合的法律制度。环境警察制度中既包含了环境警察行政执法的法律制度，也包含了环境警察打击破坏环境资源保护犯罪的刑事法律制度。此外，环境警察在维护公民环境权益中还涉及有关民事权益的法律规定。

① 秘鲁加强环保警力保护自然生态资源［EB/OL］. http：//news. xinhuanet. com/world/2009 - 10/12/content_ 12215985. htm.

3. 环境警察制度还包含较强的环境科学技术的内容。环境警察执法过程中不仅涉及法律问题，同时由于执法标的有关环境保护，必然还要包含有关环境的标准、污染的指标等科学技术规范与内容。

（一）我国建立环境警察制度的意义

笔者认为，一个国家环境警察制度的建立是该国全社会环境保护意识发展到一定水平的必然结果。环境保护理念是一定的制度得以产生的观念先导，坚持可持续发展的思想，切实维护公民的环境权益是环境警察制度赖以产生和存在的价值观念。在我国尽快建立起环境警察制度对于有效控制环境风险、保障民生、解决环境执法软弱等均有重要意义，同时它也是警察执法规范化与警务创新的体现。具体来说：

1. 建立环境警察制度是应对我国严峻的环境现实，有效控制和化解环境风险①的需要。在现实中，由于一些企业和个人的环境违法与犯罪行为，极可能造成一定范围内的环境严重污染、生态资源受到严重破坏，环境风险加剧。如近年来我国已多次出现企业违法排污或重大责任事故所导致的一些水域水体严重污染的事实，② 一再告诫我们必须加强对环境风险的防控。而防控环境风险的重要措施之一就是建立我国的环境警察制度。环境警察是为保护环境公共利益而行使权力，这对于养成企业、社会公众环境道德心与自警心也具有重要意义。③ 通过环境警察强有力的执法，可以在较大程度上做到预防、控制和化解环境风险。

2. 建立环境警察制度是保障民生，切实维护公民环境权益的重要体现。公民的环境权益是关系到民生的基本问题。“环保惠民，促进和谐”是我国环境保护“十二五”规划中确定的基本原则之一。坚持以人为本，将喝上干净水、呼吸清洁空气、吃上放心食物等摆到更加突出的战略位置，切实解决关系民生的突出环境问题。④ 通过建立环境警察制度，对环境违法与犯罪行为实施有效打击，也是政府提供公共产品与服务的体现，有利于维护人民群众环境权益，促进社会和谐稳定。

3. 建立环境警察制度是环境执法现状的迫切需求。环境执法难是近年来开展环保工作、查处环境污染事件中反映出的普遍难题，主要表现在环保部门的执法力量相

---

① 环境风险（environmental risk），通常是指人为污染对人体健康和生态系统可能产生的危害。

② 2012 年 1 月 15 日广西河池宜州市境内的龙江河发生镉浓度超标事件，后污染进入下游柳江。1 月 29 日，污染源已被截断，但柳州市区饮水水源保护地仍面临威胁。1 月 31 日，广西龙江镉污染事件发生后的第 16 天，“凶手”才被明确指认。当日，广西官方宣布，涉案企业是广西金河矿业股份有限公司和金城江鸿泉立德粉厂，涉嫌违法排污的 7 名相关责任人被依法刑事拘留。

③ 日本学者松井茂在其《警察学纲要》（吴石译，中国政法大学出版社 2005 年版）中论及警察的意义时认为，“警察为保持公共利益而行使权力”，“……国家为保持全体人民之福利计，行使权力，实警察作用之所由来也”，“警察之一般通说肤浅之论调，仅以为维持社会之安宁秩序”。笔者认为，民众的环境利益也是公共利益的组成部分，而环境警察的出现则是为维护社会公众环境利益去行使警察权。

④ 李克强同志在全国第七次环境大会上指出，基本的环境质量是一种公共产品，是政府必须确保的公共服务。

对较弱，环境执法缺乏应有的权威性。[①] 建立环境警察制度，在执法上通过环境警察的介入可以在很大程度上解决这一问题。此外，一些地方环境保护行政主管部门与公安机关联合办案的协作机制虽然取得一定成效，但实际中也存在一些问题。[②] 上述情况一方面影响了我国环境保护法律法规的权威性，同时也对社会公众环境权益构成侵害。我国刑法规定了破坏环境资源保护罪，但长期以来对这类案件的查处并不理想，关键在于公安机关没有环保行政管理部门的通力配合难以单独查处这类案件。设立环境警察是查处这类案件最好的方式。

4. 建立环境警察制度是警察执法规范化和警务专门化的具体表现。建立环境警察制度也是顺应警察执法规范化的要求，一方面将现有法律中有关警察涉及环境保护执法的内容归拢起来由专门的执法主体来实施，保证执法质量；另一方面体现警务资源的优化组合，涉及环境与资源保护的执法由专门的警务人员来负责，并配合综合性的执法，这是警务专业化的表现。环境警察专门化，建立了警察执法与环境监察沟通协作的机制，有利于提高环保领域的执法效能。这一做法符合社会管理创新和警察执法创新的基本思路。

（二）我国环境警察制度建立的可行性

确立并实施某个制度就是一定价值的理念的实体化和具体化，是结构化、程序化了的价值观。建立环境警察制度就是充分保障公民环境权，对环境污染与破坏行为体现刚性执法这一基本价值理念的体现。笔者认为，在我国建立环境警察制度具有可行性：

1. 有国际上一些国家设立环境警察的成功范例可以借鉴。通过前面介绍可知，不仅仅是发达国家，甚至发展中国家，很多都建立了环境警察队伍，专司打击污染环境、破坏生态资源保护的违法犯罪行为。尽管存在着体制与机制作用上的差异，但无一例外地行使着警察权，且在维护人与生态环境和谐有序上发挥着无以替代的作用。我国在环境警察制度的设计上可以结合本国国情，吸取国外环境警察制度建立及发挥作用上的经验，创建符合我国环境保护特点和需要的环境警察制度。

2. 国内地方试建环境警察队伍的有益尝试，为设立环境警察制度提供了宝贵经验。前面所提及的2008年以云南昆明、玉溪等城市为代表建立的环境警察体制在打击环境违法犯罪行为上发挥了主力军作用。尽管在实践中还存在体制和操作上的问题，还需要不断探索和积累经验，但这一尝试是具有重要价值的，为各地组建环境警察队伍提供了参考范本。

3. 具有建立环境警察制度的人员储备的条件。环境警察除了具备一般公安民警的政治素质、法律素质外，更要有独特的业务水平。既要懂得一定的环境保护的科学知识，又要精通警察行政与刑事执法的业务。这种既懂环保又懂公安执法的复合型人

① 具体表现为：阻碍、抗拒执法与对违法行为执法不严、以罚代刑的情况并存。各级环境保护部门没有强制执行权，导致一些环境违法行为虽然最终被查处，但污染行为并没有在第一时间得到制止。同时，由于受体制的制约，在对严重污染环境的事件中如何启动司法程序存在着一些不适应的问题。

② 如联合执法法律依据的缺乏，实际中的流于形式、缺少工作主动性，弱化平时环境执法，不利于当事人行使救济权利等。

才，可以从现有公安执法人员中通过环保知识的培训来获得，也可以对环境监察人员通过对公安执法的业务培训来获得。

（三）建立环境警察制度可能存在的问题及障碍

尽管笔者认为在我国建立环境警察制度是大势所趋，然而在具体实施中尚存在一定的问题和障碍需要加以探讨解决。具体来说：

1. 从观念上，社会环保意识尚需进一步提高。这既包括了社会公众对于自己环境权益的认识与重视，更包括了政府官员自身环保意识的增强。只有在此氛围下，才有社会和决策层面对破坏环境资源保护的违法与犯罪行为体现执法刚性的一致需求和呼声。而“目前在市民社会中的权力结构更偏爱经济价值而非生态保护”①，这是我们从意识层面上需要加以面对的。

2. 从立法上，目前若从组建全国正规的环境警察队伍来说还需要有法律上的依据。现有法律不足以支持建立环境警察制度。从《中华人民共和国环境保护法》到《中华人民共和国人民警察法》都难以找到建立环境警察制度的基本法律依据。

3. 从现有环境监管体制上看，我国现行环境监管体制是统管与部门分管相结合的体制。环境警察制度的确立，环境警察队伍的组建，如何与现有体制协调？同时还要考虑部门利益关系。利益均衡也是设立环境警察被考虑的因素。有的时候“部门利益”甚至可能成为设立环境警察的阻碍。②

（四）我国环境警察制度的基本设想

我国环境警察制度的建立应当从机构人员设置、职责权限、执法程序等诸多方面结合我国的实际情况进行制度设计。

1. 环境警察制度确立的依据

笔者认为，应对两部重要的法律进行修改。一是通过修改《中华人民共和国人民警察法》明确人民警察在环境保护上的基本职责。从国外的情况看，有的国家在其警察法中对于环境警察的设立与职责作了规定。如在德国联邦及各州的警察法都有明确而详细的规定。有的国家在其警察法警察职责中规定了对部分环境与资源保护的规定，如新加坡、乌克兰等③；有的国家则在酝酿修改警察法的规定，如俄罗斯④。二是借助《中华人民共和国环境保护法》的修改，将设立环境警察制度加以明确。从大环保的概念出发，将原来分散于各部门⑤在环保领域的管理权通过设立环境警察制度集中起来，赋予其强力执法权，直接进入司法程序。

---

① ［英］简·汉考克．环境人权：权力、伦理与法律［M］．李隼，译．重庆：重庆出版社，2007：111.

② 建立环境警察制度，必然会涉及环境保护、卫生监督、土地规划、基本建设等多个部门，甚至其他警种所管辖的范围，必然会触及一些既得利益部门，其所面临的阻力可想而知。

③ 《新加坡共和国警察法》（2004 年实施）第二部分第 4 条警察机构的职责（2）（g）“协助贯彻执行……资源保护法……”；《乌克兰民警法》（1990 年）第二章民警机关的职责和权力 第十条 12. “……预防交通工具和农业机械污染大气和水体；对公路、街道、广场保持应有的技术状况和清洁度进行监督”等。

④ 2000 年，俄罗斯杜马决定对联邦《民警法》的有关条文作出修改和补充，增添民警介入环保的章节。只是时至今日，该法草案在俄联邦尚未取得一致意见。

⑤ 在我国，按照现有监管体制，除国家环境保护主管部门外，尚有 15 个部门在各自领域行使一定环境监管的权力。

2. 机构设置与人员组成

从世界各国情况来看，有的环境警察机构设置于警察系统之中，如德国、法国；有的则隶属于国家环境保护部门，如英国；也有的采取政府部门出钱，警察机关出人的做法，组建环境警察队伍，如俄罗斯。目前，警务专业化在我国有几种不同的形式。[①] 笔者认为，根据我国现行行政体制及有关实际情况，将我国环境警察机关设置于国家环境保护部门，同时纳入公安序列，在执法和有关警务方面的活动接受公安部的业务指导是较为恰当的。

3. 职责权限

在环境警察制度的设计上，职责权限则体现了这一制度存在的基本价值。针对我国环境资源保护的现状，借鉴国外环境警察制度规定，结合未来的发展，笔者认为，我国环境警察的职责应包括以下方面：

（1）预防破坏环境与资源保护的违法与犯罪。预防为主是我国环境保护所确立的基本原则之一。笔者认为，环境警察的职责首先应确定为预防。

（2）侦办、查处破坏环境与资源保护的违法与犯罪行为。这是环境警察发挥作用的主要方面。涉及各种（水、气、噪声、光、土壤等）非法排放污染物的治安行政案件，侦办违法处置排放毒害性、放射性、腐蚀性等危险物质，造成环境污染、生态破坏、人员伤亡及重大财产损失的犯罪案件。

（3）为环境保护行政机关及其工作人员的正常行使职权提供保障。

（4）对社会公众进行环保宣传教育，鼓励举报环境违法与犯罪行为。

根据上述职责，环境警察应依据人民警察法享有侦查权、行政强制权等权限。环境警察配备警车、枪支、手铐等警用基本装备，还要配备随时对水、气、噪声、光、土壤进行取样化验的便携式环保检测仪器，赋予其特殊的刑事强制措施和行政强制措施权力，对构成犯罪的犯罪嫌疑人进行刑事拘留、逮捕、移送审查起诉，对偷排、直排导致环境严重污染或者暴力抗法的人员进行行政拘留。

4. 执法程序

在执法程序上，作为一个警种通常应遵守人民警察执法办案的程序规定[②]。然而，由于环境案件的特殊性，如环境污染与破坏危害结果出现的滞后性，特别是在取证上专业技术性强、难度大，有些情况取证过程延续时间长等，需要在相关程序规定尤其是时限规定上作出特殊规定。

结论

我国建立环境警察制度是大势所趋，这已为世界许多国家经济社会与环境保护的发展所证实。我国环境警察制度的建立，取决于全社会对我国可持续发展战略的共

---

① 第一种是公安系统内部不同的警种，如缉毒、刑侦、经济犯罪侦查、交通警察等；第二种是因历史形成的林业公安、铁道公安等，它们在全国都有完整的序列，有全国性的管理体制；第三种是有关行政管理部门和公安执法部门结合，并在全国形成统一管理体制，例如1999年成立的海关缉私警察，它受海关总署和公安部双重领导，以海关总署领导为主。

② 如《公安机关办理刑事案件程序规定》（1998年）、《公安机关办理行政案件程序规定》（2006年）、《公安机关执法细则》（2009年）。

识、取决于社会公众环保意识的树立和环境权利意识的觉醒、取决于政府及其领导者的环境监管的创新意识的增强。我国环境警察制度的建立也是公安执法规范化与执法创新的重要体现。

(初审编辑：沈国琴)

On Police's Enforcing Law in the View of the Rule by the Environmental Law

—Concurrently Discussing the Establishment of Environmental Police System in China

Xing Jie

Abstract: In the view of the rule by the environmental law, the public security organ in China bears some responsibility to implement law of environmental protection in light of the clear provisions. And it is of legitimacy that the police intervene in environmental and resources protection. Although there are some problems in practice, there have been experiences of reference for Chinese public security organs' intervening in environmental law enforcement. In order to cope with the serious environmental pollution and destruction in the process of economic development, many countries in the world have established their own environmental police system. We hold that the establishment of a national environmental police system be the inevitable result of the environmental protection consciousness of the whole society having been at a certain level. It is of great importance to establish environmental police system as soon as possible in our country to protect the people's livelihood, effectively control environmental risk, and overcome the status quo of weak environmental law enforcement; furthermore, it manifests the standardization of police law enforcement and the innovation of police service. It is feasible to establish the environmental police system in our country; however, we must overcome some obstacles.

Key words: rule by environmental law; police' enforcing law; legitimacy; system innovation

我国警察法的概念与范围再析

高文英*

摘　要：警察法学是以警察法律现象及其发展规律作为研究对象的一门学科，是我国法学的一个重要部门。而警察法概念和范围的界定则直接关系到这一学科的研究对象、方法和体系框架。长期以来，警察法学的理论研究一直依附于行政法学研究，这种情况势必会削弱对警察法学的深入研究，束缚警察法学自身的发展。事实上，警察法律现象所具有的特殊性，是其他任何法律部门无法取代的，只有把警察法学从行政法学中分离出来，作为独立的学科，才能对其进行系统的研究。从理论和实践的结合上深入研究警察法律内在的发展规律，提出并解决警察执法中出现的新情况、新问题，如此不仅有利于警察执法，而且对充实和发展我国的法学基本理论，繁荣我国法学研究，并使其日臻完善也有十分重要的意义。

关键词：警察法　警察执法　警察法学

学者中有一种提法：凡是以研究警察行政实定法规，并阐明此种法规的形式、原理、效力及实际应用的学科，称之为警察法学；凡是以研究全部警察法规，分析其一般原理，从而对警察法规作整体系统研究的学科，称之为警察法学总论或通论；凡是仅就各种警察法规依警察业务性质而作分别论述，即以个别法规所规定的内容为研究对象的，称之为警察法学各论。① 对于这种观点，笔者大体持赞同的态度，但认为也有不足。为了进一步阐明清楚警察法学的概念和研究范围，笔者认为有必要先从警察法学中的两个核心概念的分析入手。

一、警察的概念与范围

分析各类研究警察定义的文献后，笔者发现，警察的概念其实具有强烈的时空性。如果我们单从某一种角度、某一时代或某一国度为基点研究警察概念，都将会赋予“警察”两字不同的内涵。在警察发展的历史中，由于文字的流变、移植以及各国文化、政体、民情互异，彼此之间对警察的定义必然有不同的诠释。在这种情况下，对传统警察概念作统一的界定是有困难的。近年来，探究警察含义的学者从多元的角度对警察的概念和范围作了迥异的解释，各有特点。笔者认为，警察的概念其实

---

* 高文英，法学博士，中国人民公安大学教授，博士研究生导师。

① 蔡震荣. 警察法总论［M］. 台北：台湾一品文化出版社，1998：3.

主要可以从广义与狭义、实质与形式、功能（作用）与组织、学理与实定法等对立概念的比较上着手。而其中广义的警察含义，包含了实质上、功能上、学理上或作用法上的警察含义，是上述各种角度的统一。而狭义上的警察含义则多是从形式上、组织上或实（制）定法上对警察的概念进行界定。以下笔者拟从广义与狭义两个视角分析如下。

（一）广义的警察含义与范围

如前所述，广义上警察的含义，是“实质意义”、“功能”、“学理”或“作用法”上的警察概念。持如此观点的理由是：长期以来不少学者认为，凡具有以维持社会公共安宁秩序或公共利益为目的的，具有命令强制（干预、取缔）手段特质的国家行政作用或国家行政主体，概称之为警察。中外许多警政学者诠释警察定义，也多属于这种广义上警察或实质上、功能上的警察含义，其间的区别在于：有的学者认为，警察为警察作用的主体；有的学者认为，警察为警察作用本身。比如台湾学者陈立中教授就认为警察为作用的主体，其代表性的看法为“国家为保护公益，以强制力限制人民的自由，而行使其行政行为者为警察，如无强制之必要，则不得谓为警察”。① 梅可望认为“警察是依据法律，以维持公共秩序，保护社会安全，防止一切危害，促进人民福利为目的，并以指导、服务、强制为手段的行政作用”。②

分析这种广义的警察概念发现，警察是一种功能作用，或是功能作用的主体，正因为警察是这种功能作用或者是功能作用的主体，所以这种角度是一种广义的警察概念。从警察任务的观点看，由于警察似乎是涉及“具有实质上警察作用的行政主体的总称”，因此，凡行政机关中以维持社会公共安宁秩序或公共利益为目的，且不排除使用干预、取缔手段的都属于警察的范围。如此定义，警察的范围包括了除警察机关及其人员外，行政中涉及维持社会公共安宁秩序或公共利益的比如情报、海官、出入境管理，司法行政中具有刑事诉讼法上司法职能的调查人员、行政执行人员、监狱管理人员等，甚至立法行政中的驻卫警，法院、检察院的法警皆属于警察范围。另外，普通行政中如建管、环保、卫生、交通、消防、户政等，甚至有可能行使强制干预权力的社政、医政机关及其人员，以及受托行使公权力的私人（包括自然人、法人与非法人团体），由于其部分涉及社会公共安宁秩序或公共利益，也应包括在警察概念和范围之内。③

可见，广义上的警察含义是将行使所谓广义警察权者皆纳入警察范围，警察涵盖面极广，颇具有阐明国家行政中警察作用的特点。

（二）狭义的警察含义与范围

狭义上的警察通常是指“形式意义”、“组织意义”或“实定法”上警察的概念。笔者认为，实定法上警察的概念可从组织法的观点诠释，由于不论从内涵或形式上，组织法上的警察都可再分为组织和人员两部分，因此，这种狭义上的警察也就成为警察机关及其人员的合称。换言之，凡具有警察组织和警察人员的法定组织形式的即属

---

① 陈立中：《警察行政法》，台北：作者自印，1980年增订版，第42~46页。

② 梅可望：《警察学原理》，台北：“中央”警察大学印行。1991年9月版，第20页。

③ 李震山．警察行政法论——自由与秩序之折冲［M］．台湾：元照出版公司，2007：5-6.

于警察范围。可见，狭义上的警察概念不再以警察的任务或作用作为界定警察的标准。比如我国台湾地区“警察法实施细则”第10条第1项就规定：“本法第九条所称依法行使职权之警察，为警察机关与警察人员之总称。”于是，组织法、实定法上的警察也就成为了狭义上的警察概念，是指警察机关与警察人员的统称。

1. 警察机关

警察机关是指国家依法设立的行使警察权力、履行警察职责的国家机关。在我国大陆，警察机关包括中央与地方各级警察机关，警察机关的名称依警察法明文规定，主要分为各级人民政府内的公安机关和专业公安机关。

2. 警察人员

警察人员则较为复杂，因为警察人员所属的机关并非都可以称作警察机关，而警察机关内的人员也并非都是警察人员。通常而言，警察人员是指在警察组织中依法行使警察职权、履行警察职责、执行警察任务的人员。但实践中，警察人员也有广义与狭义之分。广义上的警察人员，是指警察机关组织编制内的人员，除包括服务于警察机关内承担并执行警察勤务的各类人员外，还包括文书等其他非执行警察勤务的人员。狭义的警察人员也称为真正的警察人员，乃是依据《人民警察法》规定的依照法定程序，进入警察机关，承担警察职责，享有警察职权，执行警察勤务的人员。通常认为，行使《人民警察法》第6条所规定的职权的人员，以及国家安全机关、监狱、劳动教养管理机关的人民警察和人民法院、人民检察院的司法警察，则是狭义上的警察人员。应当指出的是，即使为狭义上警察人员，亦非均可以行使警察法或相关法律法规中所定的“一切”警察职权，因为警察权的启动和运作还须注意警察机关组织法规所规定的各级机关的办事细则中，对其内部单位业务管辖的划分规定，甚至必须遵守警察权行使中对警察机关职权的赋予或限制。否则，“凡是警察人员即可行使一切警察职权”，则警察组织法或警察行为法上有关警察机关的权限分配，以及其内部各职能部门的职权分配，将形同具文，失去其存在的意义。

如此看来，何谓警察，首先需要明确学理上有关警察的概念有广义（实质、学理）与狭义（形式、组织）的不同诠释。前者是将凡以维持社会公共安宁秩序或公共利益为目的的，并以命令强制为手段特征的国家行政作用或国家行政主体，称之为警察；后者是根据警察的组织形式来界定警察含义，而不再以警察任务或警察作用为确定警察范围的标准，于是警察机关及其人员被合称为警察，即所谓组织上或者形式上的警察概念。

值得关注的是，由于组织或者形式意义上的警察受警察组织类型所制约，随着组织法的适时修订，警察机关与警察人员的变迁过程便有轨迹可以遵循，因此来看，依据组织法界定警察的概念和范围似乎比较合乎实际，且具有法定性和可塑性。

（三）现时期界定我国警察概念与范围应当注意的几个问题

综上可知，广义的警察是从警察的功能和作用上着眼，因此警察的范围广泛；而狭义的警察概念是从形式、警察组织上着眼，因此警察的范围相对有限，一般仅限于警察组织法上规定的承担警察职能享有警察权限的警察机关和警察人员，因此，对于仅具有一定的警察作用或者担负有一定的警察任务的组织和人员，比如负有维持社会公共安宁秩序或公共利益，但不具有警察形式或者不属于警察组织的城管机关和城管人员等，则不属于警察的范畴。

分析我国现有的警察组织法的规定，笔者认为，现阶段警察概念的界定和警察范围的确定有以下特点值得深思。

首先，《人民警察法》和相关组织法中在有关警察的概念和范围上其实采用了广义与狭义或者实质与形式的两分法。一是《人民警察法》中没有采用条文规定的形式对警察的概念作出界定，但却划定了警察的范围。《人民警察法》第 2 条规定："人民警察的任务是维护国家安全，维护社会治安秩序，保护公民的人身安全、人身自由和合法财产，保护公共财产，预防、制止和惩治违法犯罪活动。人民警察包括公安机关、国家安全机关、监狱、劳动教养管理机关的人民警察和人民法院、人民检察院的司法警察。"这种警察范围的划分无疑采用了实质或者功能上的广义的警察概念。这还不算《人民警察法》第 51 条规定的"中国人民武装警察部队执行国家赋予的安全保卫任务"中的武装警察。这样的规定一方面确定了警察的功能、作用，另一方面也大致确定了警察的范围，但并没有采用形式上的界定方式，即警察是指警察法中享有权力承担义务的警察机关和警察人员，二是使用了"包括"二字，这就为今后将符合警察功能的组织和人员纳入警察留有一定的余地。

其次，公安机关的范围并非仅限于各级人民政府中的公安机关，还包括附设在交通、铁路、民航、森林以及海关非公安机关内的专业公安机关。因此警察的概念和范围自然包括了这些行政机关中的警察机构及其警察人员。

最后，即使不具有警察功能的事业单位也属于警察的范围。比如《公安机关组织管理条例》第 41 条规定"新疆生产建设兵团的公安机关和经批准参照《中华人民共和国公务员法》管理的公安机关所属事业单位的组织管理，适用本条例"，这将这些公安机关所属的事业单位纳入了形式警察的范围。

由此，笔者认为，现阶段我国警察的概念应当属于学理上的广义的警察概念，确切地说，是实质上或者功能上的警察概念，而且这种界定方式在处于社会转型期的中国一时间还会有扩充的趋势，比如增设新的警察机关和警察人员等。但笔者认为，以维持社会公共安宁秩序或公共利益为目的的，具有命令强制（干预、取缔）手段特征的国家行政作用或国家行政主体绝非皆为形式上或者组织上的警察。广义的警察概念和范围有利于从总体上研究"警察权"这种具有强制、干预、取缔手段特质的公权力，但不利于警察机关警察人员、警察任务的明确，也不利于对警察及其职能的规范管理，长远看会影响警察本质功能的发挥。现阶段中国的特点也许可能比较适合实质或者功能的警察概念和范围，但长远来看，笔者认为，应当以组织上或者形式上的警察概念为宜。因为这不仅符合警察的本质特征，也有利于警察明确警察任务，防止非警务的过分增长，从而有利于警察专心于维护治安和依法公正地开展各项警务活动。

二、警察法的概念与范围

即便是从狭义的警察概念和范围出发，笔者认为警察法概念和范围的界定也有最广义、广义与狭义的区分。

（一）最广义警察法的概念与范围

最广义警察法，是指警察机关与警察人员为达成警察任务、行使警察职权，于执行职务时所依据或执行的一切法规范的总称。如此界定警察法的概念，警察法的范围就包括了两大部分：一是警察行政法；二是警察刑事法。此外，笔者认为，对于警察在执法中偶然适用的民事法令是否应当包括在警察法的范围内值得研究，因为凡是警察于执行职务时所须引以为据的法律规范，皆可纳入最广义的警察法范畴。由于警察任务同时具有社会治安的危害防止及刑事侦查和刑罚执行双重功能，而前者的维护社会治安任务主要属于国家行政的领域之一，因此警察的这部分任务属于警察行政法；至于后者的刑事侦查和刑罚执行，则为司法警察作用，其任务具有一定的司法职能，其所适用法律规范即为刑事法。

正是考虑到警察执行职务时除依据行政法执法外，尚须依据刑事方面的法律，因此，最广义的警察法主要是指警察行政法与警察刑事法两大领域。显而易见，由于行政法与刑事法分属于不同的法的领域，其在适用、执行、解释上皆依据不同的法理，比如，行政法以依法行政为原则（但并非“无法令即无行政”），刑事法以罪行法定为根本，即使在争讼救济上两大领域亦显然分道而治。因此在警察执法实践中由于警察机关在不同执法领域使用不同的法领域而产生的诸多问题，也就成为警察法学上的一大特色。

应当指出的是，警察行政法与警察刑事法有时并非泾渭分明，会有部分邻接重叠或竞合的领域。如果从实定法上观察来看，主要有盘查留置、使用枪支警械以及其他具有犯罪预防性质的相关法律法规。对于这部分法律规范也有学者将其归于警察即时强制范畴，自然应当属于警察法的范围。

（二）广义警察法的概念与范围

广义的警察法或称为实质意义上的警察法，主要是指警察行政法，基本上并不包括警察刑事法领域。换言之，从警察法规范的内容上分析，凡涉及刑事诉讼和刑罚执行部分的刑事法律规范，被排除在警察法范畴之外，但警察行政法与警察刑事法邻接的领域，仍属于警察法的范畴。

为什么广义的警察法概念和范围摒弃了刑事法律规范部分，笔者认为主要是受狭义警察概念和范围的影响。这种观点认为，形式上的警察机关和警察人员属于行政组织法的范围，即使警察具有刑事侦查和对刑罚执行的司法职能，适用了警察刑事法，但警察刑事侦查职能和对刑罚的执行职能是具有行政权性质的。也就是说，警察权虽然具有行政和司法双重属性，但本质上是一种行政权，况且警察侦查权与审判权等司法权具有截然不同的性质。①

由于警察行政是国家秩序行政中至为重要的一环，因此警察行政法也是秩序行政法中的一支，但即便如此，警察法内仍有其基本原则、警察组织法、警察人员法、警察行为法、警察救济法等可以说是非常完整的体系，因此往往构成了行政法各论中警察行政法的体系。

若将警察行政法自成一领域称为广义上的警察法的话，警察行政法本身也可以再分为警察法总论与警察法各论。前者是指行政法总论在警察领域的具体化，包括警察法的基本原则、警察组织法、警察人员法、警察行为法、警察救济法等；后者是指因

① 陈卫东．刑事诉讼法再修改后刑事警察权与公民权的平衡［J］．法学家，2012（3）：73.

个别性质而特别立法的部分，主要包括两部分：一是由警察机关为主管机关的法律，比如集会游行示威法、国家安全法、枪支和警械使用法等；二是由警察机关与其他机关共同为主管机关的法律法规，比如道路交通管理方面的法律规范等。

（三）狭义警察法的概念与范围

狭义的警察法又称为形式意义上的警察法，或者实定法上的警察法，主要是指于1995年由中华人民共和国第八届全国人民代表大会常务委员会第十二次会议公布施行的《中华人民共和国人民警察法》及相关警察组织管理等方面的法律法规。

在狭义的警察法律规范中，不仅规定了人民警察的任务、警察的职权、警察的义务和纪律，还对警察机关之间的指挥监督关系、警察组织管理、公安机关的设立和编制、警察的职务和待遇、警务保障、警察的法律责任等，作了原则性的规定。狭义警察法的范围类似于广义警察法范围中的警察组织法。从其在警察法的法律地位来看，狭义上的警察法具有警察法制基准法的地位，相当于各种警察法规之“母法”、“主法”，也是警察行政法中具有代表性的上位实定法。所以，即使将狭义的警察法说成是警察法规的“宪法”，笔者认为一点也不为过。

作为以警察法律现象及其发展规律为研究对象的警察法学，上述三种警察法概念和范围界定方式都可以使用，只是看你研究的对象和目的是什么，因此由于警察法概念不同，决定了警察法范围大小的不同，可以范围广泛，如最广义的警察法，也可以根据警察权的性质来确定警察法的范围，如广义的警察法，还可以从警察法中警察组织法的特殊地位来研究狭义的警察法。

本文倾向于广义的警察法概念和范围，即警察行政法为研究论述范围，如此警察法的范围不仅当然包括了狭义上的警察法，还包括了属于警察行政法与刑事法交叉地带的法律规范，但原则上不涉及刑事法律。由此，本文将警察法范围确定为：警察法的一般原理、警察组织法、警察行为法（该部分包括：警察命令、警察行政处罚、警察强制、警察事实行为等）、警察监督救济法。

三、警察法学的概念与研究范围

自警察法学创立之日起，理论和实务界对我国警察法学的概念和体系就一直存在争议。

（一）警察法学的名称

关于本门学科，是称作警察法学，还是公安法学，在不同的发展时期，有不同的倾向。警察法学初创时期，本学科的理论体系尚未最终形成，一些学科之间的界限难以分开，警察法学到底能否成为一个独立的学科，争论较大。为了回避这一问题，20世纪80年代比较早的教材并没有用“警察法学”这一称谓，而是含糊其词，遮遮掩掩地用了《公安法规基础理论》或《公安法规教程》的名字。

随着这一学科的发展，人们开始认识到其独立存在的必要性和可行性，于是一些教材和报刊文章相继使用了公安法学的名称。到了20世纪90年代初期，随着学科理论体系的逐步发展，特别是对国外相关学科的考察研究，很多人开始使用警察法学来代替公安法学，至于其中理由表述也不同。

有人认为，为什么叫警察法学，而不再称之为“公安法学”，主要是出于两方面的考虑：一方面，"警察"与"公安"相比较，更能准确、鲜明地反映这门法学的本质特征，含义更为确切，不易产生歧义。而"公安"二字的内涵和外延都不很确定，往往可作多种理解和诠释，不仅内涵上可以说是警察，也可以指公共安全、公众安宁，而且在外延上有的甚至把保持生态平衡、治理环境污染，也说是属于公安的范畴。另一方面，"警察"是世界上绝大多数国家通用的一种称谓，其本义是指行使国家警察权力、执行国家警务的机构、人员及其活动，为国际社会所公认。因此，叫警察法学名实相符，比较得体，适应对外开放的需要，便于同国外有关部门联系和交往。也有人提出，应称为警察法学，因为我国警察体制及承担职能的特殊性和复杂性决定了警察不仅指公安机关的人民警察，还包括检察院、法院的司法警察，国家安全部门的警察，劳改劳教系统的警察，甚至还包括人民武装警察，而这些警察所隶属的机构，并不能统称为公安机关。所以称为公安法学不能涵盖所有的警察执法领域，范围面太窄。还有人认为，在我国"警察"与"公安"只是叫法不同，实质是一样的。如公安机关就是警察机关，公安工作就是警察工作，公安人员就是人民警察，所以"公安法学"就是"警察法学"，两者的概念相同，只是称谓不同。

笔者认为，自新中国成立以来我们通常把政府序列的警察机关称为公安机关。但随着警务的发展，陆续成立了国家安全机关、司法机关中的警察机构和人民武装警察部队，可以预见，随着我国治安形势的发展变化，新型的警察机关、新的警种也会出现。所以，我国《人民警察法》第2条第2款，并没有写人民警察"就是"公安机关、国家安全机关、监狱、劳动教养管理机关的人民警察和人民法院、人民检察院的司法警察，而是用的"包括"二字，其中的意味是显而易见的。另外，随着本学科不断发展和完善，警察法学的研究领域已不可能局限于公安机关及其人民警察的立法、执法等活动，它定将也必然要涉及整个人民警察执法领域。所以，我们认为称为"警察法学"是符合这门学科的性质和发展趋势的。

（二）警察法学的研究对象

多数人认为，警察法学的研究对象是警察法律以及相应的法律现象及其规律性。但在具体范围上有一些分歧。有人认为，警察法学是一门以研究警察法为主体，同时又研究与警察法规相关的法律现象及其规律性的科学。它的研究领域十分广泛，涉及国家经济生活、政治生活和社会生活的各个方面，涉及宪法学、刑法学、民法学、行政法学、诉讼法学、经济法学、国际法学等诸多学科。当然也涉及政治学、社会学、管理学、伦理学、心理学、教育学等其他学科。任何一个单独的部门法学或学科都包含不了公安法学的全部内容。也有人认为，警察法学的研究对象是警察法。但是，警察法本身和围绕警察法有许许多多的问题需要研究，不仅有警察法的本质、特征、作用、制定、实施等方面的问题，而且涉及政治生活和社会生活的各个方面，涉及社会科学和自然科学的多种领域。研究对象的范围大体可分为对内、对外两个方面。其中对内范围是指警察法本身的研究范围。从另一个角度来说，也可以看作警察法学的内部结构，即从研究的内容、方法等不同角度，将警察法学划分为不同的分支学科。如依据警察法规所调整的社会关系不同，可以将警察法规区分为警察组织法规、警察行政法规和警察刑事法规，进而确定研究各个部门的警察法学——警察组织法学、警察行政法学、警察刑事法学等。警察法学的对外范围是指警察法学和其他学科的关系，如警察法学与公安学、法学基础理论和行政法学的联系等。还有人认为，警察法学是以警察法律、法规和警察工作实践为研究对象的科学。它包括法律形态，即国家制定或颁布的与警察职能相关的法律、法规；实践形态，即警察执法实践中的理论问题和实践问题。警察法学的研究对象则是法律形态和实践形态的有机结合。

笔者认为，警察法学的研究对象肯定应包括警察法律、警察法规及相关法律规定，但绝不能仅限于法律条文本身，否则就变成了注释警察法学。除警察法律、法规外，还应研究实践中产生的各种警察法律现象及其规律性，使学科具有一定的超前性，为我国警察立法提供一定的理论指导，改变理论落后于实践的状况。

此外，笔者还认为，警察法学研究注意与其他部门法学或其他学科的关系固然十分重要，但绝不能搞成若干法学学科或其他社会科学的简单拼凑，这种“杂烩”式的研究体例，不利于对警察法学自身规律性的认识，并且否定了警察法学独立存在的必要性。

（初审编辑：叶晓川）

Re – discussing the Concept and Scope of Police Law in Our Country

Gao Wenying

Abstract: Police law science, which studies the police legal phenomenon and its law of development, is an important part of Chinese law science. Defining the concept and scope of police law is directly related to the research object, method and system of this subject. For a long time, the theoretical study of police law having been attached to the study of administrative law, the status quo is bound to weaken the in – depth study and the development of the police law itself. In fact, the police law phenomenon has specific characteristics of its own which any other legal department cannot replace. Only when the police law is separated from administrative law science, being regarded as an independent subject, can we study it systematically. To study the inherent development rule of police law from the combination of theory and practice, putting forward and solving new situations, new problems appeared in the police's enforcing law, is not only beneficial to the police law enforcement, but also of great importance for enriching and developing the basic theory of jurisprudence of China, furthering the prosperity of law research in our country.

Key words: police law; police law enforcement; police law science

第1卷(2013年3月)
No. 1 Mar. 2013

人权国际保护语境下“不干涉内政原则”的困境与维护

高智华*

摘　要：国际人权法的迅猛发展正在冲击和影响着国际法体系中既有的原则和规则。尤其是在当今人权国际保护的语境下，不干涉内政原则面临着前所未有的困境。毫无疑问，不干涉内政原则仍然是国际法的基本原则，仍然是调整国家间关系的重要行为准则，是弱小国家抵御强国欺凌和侵略的法律盾牌。因此，如何协调不干涉内政原则与人权保护之间的关系，是国际社会必须慎重思考的问题。不干涉内政原则与人权的保护不是对立的关系，不干涉内政原则也不是绝对的，一旦有证据证明发生了大规模侵犯人权、灭绝种族、战争、反人道等以致危害国际社会的和平与安全的事件时，就应在联合国的授权下进行适时适度的干涉。在国际关系中，国家之间应通过积极的合作与交流来增进彼此的影响，共建繁荣与和谐的世界。

关键词：人权的国际保护　保护的责任　不干涉内政原则　联合国授权　武力干涉

当今时代，尊重人权已成为国际社会的关键词，人权国际保护在国际法体系中的地位得到了极大的提升，国家在其国民人权的享有和保护方面被赋予了更多的国际义务与责任，甚至可能因其消极的不作为而招致国际社会的谴责和干预，这在第二次世界大战前是难以想象的。可以说对人权的保护已经在实践中冲击和影响着国际法既有的基本原则——尊重国家主权原则和不干涉内政原则，尤其是为保护人权而建立的一些国际组织或机构被赋予了采取行动的权利，干涉他国事务不再被视为当然的违法行为。因此，不干涉内政原则遇到前所未有的困境，如何在保障个人权利与自由的国际法规则与国际法的不干涉内政原则之间建立起有效的平衡，维护不干涉内政原则在国际法体系中的既有地位，尤其是维持其作为弱小国家保护本国不被霸权国家欺凌的盾牌作用，是我们必须思考和研究的课题。

一、人权国际保护发展的新趋势

人权的国际保护，是指各国和国际组织根据国际人权条约，对实现基本人权的某

---

* 高智华，法学硕士，中国人民公安大学法学院副教授，硕士研究生导师，中国国际法学会理事。

些方面承担特定的或普遍的国际合作义务，并对违反国际人权条约义务、侵犯人权的行为加以防止和惩治的活动。第一次世界大战之前，人权保护仅限于国内，无论国内的人权状况如何，他国都无权干涉。第二次世界大战是人权问题由国内管辖的事项转化为国际法范畴的里程碑和转折点。德意日法西斯军国主义发起的侵略战争和荼毒生灵的残暴行径，特别是纳粹德国对犹太人灭绝种族的行为以及法西斯日本对中国人民的大肆屠杀，对人类尊严和生存权利进行了最严重的践踏。国际社会终于认识到有必要在国际范围内建立起行之有效的机制，对不能充分保护国民人权的国家进行监督与制约，以充分保障基本人权与自由。人权国际保护的潮流，以不可阻挡之势成为战后国际社会的必然选择。从20世纪90年代迄今，国际人权法获得了空前的发展，主要表现在以下三个方面：

第一，人权国际保护的国际法律体系已经形成。"二战"结束后至今，虽然各国在人权的概念、内容、标准等方面存在严重分歧，在制定有关人权的国际文件时也各有不同的政治考虑，但由于保护人权的呼声在国际社会已经深入人心，在联合国的推动下，各国求同存异，构建了人权国际保护的国际法律框架。1945年6月25日正式签署的《联合国宪章》首次以普遍性国际公约的形式对人权问题作出了原则性的规定，《联合国宪章》序言、宗旨及原则强调："欲免后世再遭今代人类两度身历惨不堪言之战祸，重申基本人权，人格尊严与价值，以及男女与大小各国平等权利之信念"，"促成国际合作，以解决国际间属于经济、社会、文化及人类福利性质之国际问题，且不分种族、性别、语言或宗教，增进并激励对于全体人类之人权及基本自由之尊重"（第1条第3款）。虽然《联合国宪章》将尊重和促进基本人权作为其宗旨之一，但没有对"基本人权"进行具体的列举；1948年联合国大会通过的《世界人权宣言》则弥补了这个问题。《世界人权宣言》把人权和基本自由并列为一个内容，宣示人人均应平等享有最基本的生命权、自由权、人身安全权、财产所有权、工作权、休息权、受教育权以及和平集会、结社自由权等。作为宣言，它不具有法律拘束力，但对国际人权的促进和发展产生了深远的影响，为在联合国系统建立各种监督机制奠定了基础。1966年在联合国主持下由各国签署的《经济、社会、文化权利国际公约》、《公民权利和政治权利国际公约》及其任择议定书这三个法律文件连同《世界人权宣言》构成了"国际人权宪章"，是现代国际人权法的基本文件。与此同时，在联合国及其他国际机构的主持下，制定了一系列专门性国际人权保护条约，如《防止和惩治灭种罪公约》、《禁止并惩治种族隔离罪行国际公约》、《消除一切形式种族歧视国际公约》、《妇女政治权利公约》、《消除对妇女一切形式歧视公约》、《儿童权利国际公约》、《禁止酷刑和其他残忍、不人道或有辱人格的待遇或处罚公约》、《战争罪及危害人类罪不适用法定时效公约》以及国际劳工组织制定和颁布的一系列旨在保护劳工权利的公约，如《废止强迫劳动公约》、《工人代表公约》、《农村工人组织公约》、《取缔教育歧视公约》等；另外，各区域组织也制定了区域性的人权条约，如1950年的《欧洲人权公约》、1966年的《美洲人权公约》、1988年的《美洲人权公约关于经济、社会、文化权利的附加议定书》和1981年的《非洲人权和民族权利宪章》，等等，构成了当今世界范围内人权国际保护的法律体系。

第二，人权国际保护的实施机制基本建立。所谓人权国际保护的实施机制，是指监督并确保各国履行其依照国际人权公约或者人权国际习惯法所承担的国际义务的措施或程序，它是人权国际保护得以实现的具体操作规程。目前，已经构建的人权国际保护实施机制主要有以下四类：（1）联合国系统的监督实施机制。包括与人权有关的大会、经社理事会、妇女地位委员会、人权保护和促进委员会，以及依据《联合国宪章》第66条的规定由经社理事会设立的联合国人权委员会（现已被人权理事会取代），1993年12月联大第48届会议设立的人权事务高级专员；关于处理大规模侵犯人权行为来文的“1503程序”和“1235程序”，建立了审查、监督和公布特定国际人权状况或具体人权问题的专家制度等。（2）以主要人权国际公约为基础的监督机制。如根据《公民权利和政治权利国际公约》第28条规定设立了人权事务委员会，根据《消除对妇女一切形式歧视公约》设立了消除妇女歧视委员会。（3）区域性的监督实施机制。目前还有一些区域内的人权机构。其中，欧洲地区建立的最早，也比较行之有效。此外，在美洲地区和非洲地区也分别成立了区域性人权组织机构。（4）国际刑事司法制度的监督实施机制。前南国际刑事法庭、卢旺达国际刑事法庭、国际刑事法院的建立，使得人权国际保护的处罚机制得以确立，通过国际刑事司法制度，对那些大规模、系统侵犯人权和违反国际人道法的国际罪行追究国际刑事责任，已经成为一种趋势。上述四类机构及其相关的制度形成了广泛和多层次的国际人权保护的实施制度。

第三，“保护的责任”被提出并得到国际社会的积极回应。冷战结束以后，因宗教、种族、贫穷等原因造成的局部武装冲突、灾难和人道悲剧持续不断，特别是索马里、卢旺达、科索沃的人道主义危机，困扰着联合国和国际社会。2000年9月，时任联合国秘书长安南在其千年报告《我们的人民》中指出：“如果人道主义干预真的是对主权的一种令人无法接受的侵犯，那么我们应该怎样对卢旺达，对斯雷布雷尼察①作出反应呢？对影响我们共同人性的各项规则的人权的粗暴和系统的侵犯，我们又该怎样作出反应？”作为对安南报告的回应，加拿大总理让·克雷蒂安在联合国千年大会上宣布，将成立一个独立的关于“干预与国家主权国际委员会”（International Commission on Intervention and State Sovereignty，简称“ICISS”）。2001年12月，“ICISS”向全世界公布了它的研究报告——《保护的责任》，第一次提出了“保护的责任”概念。该报告明确提出了“保护责任”的核心内涵是：“主权国家有责任保护本国公民免遭可以避免的灾难——免遭大规模屠杀和强奸，免遭饥饿，但是当它们不愿或者无力这样做的时候，必须由更广泛的国际社会来承担这一责任。”国际社会很快对此予以了广泛的响应，2005年联合国“威胁、挑战和改革问题”高级别名人小组的《一个更安全的世界：我们的共同责任》，2005年联合国秘书长《大自由：实现人类共享的发展、安全与人权》的报告，以及有170多个国家的政府首脑参加的2005年联合国世界首脑会议通过的《成果文件》，都对“保护的责任”的理论表示肯定与支持。

---

① 斯雷布雷尼察：1995年7月，在波斯尼亚和黑塞哥维那的斯雷布雷尼察发生了一场大屠杀，造成大约8000名当地男子死亡。大屠杀由拉特科·姆拉季奇（Ratko Mladi）带领的塞族共和国军队在波斯尼亚战争期间执行。前南斯拉夫国际刑事法庭将此次屠杀定性为种族灭绝。

二、“不干涉内政原则”的意涵及国际社会的分歧

不干涉内政最早是作为一项国内法原则被提出来的。法国资产阶级革命胜利后，为反对欧洲封建势力的干涉，巩固资产阶级政权，在1793年宪法中规定：法国人民不干涉其他国家政府事务，也不允许其他民族干涉法国事务。该原则后来被接受并成为国际法的基本原则是在20世纪通过一系列的国际条约和联合国决议确定的。首先确定这一原则的国际条约是第一次世界大战结束后的《国际联盟盟约》第15条第8款规定：“如争执各方任何一方对于争议自行声明并为行政院所承认，按诸国际法纯属该方国内管辖之事件，则行政院应据情报告，而不作解决该争端之建议。”之后，1945年《联合国宪章》第2条第7款规定：“本宪章不得认为授权联合国干涉在本质上属于任何国家国内管辖之事件，并且不要求会员国将该项事件依本宪章提请解决。”20世纪60年代起，随着民族独立运动的兴起，殖民主义国家越来越多地干涉亚非拉国家的独立权。为此，联合国大会通过了一系列决议，确认、重申和强调国家间负有不得以任何形式干涉别国内政的义务。1965年通过了《关于各国内政不容干涉及其独立与主权之保护宣言》，1970年10月通过了《关于各国依联合国宪章建立友好关系及合作的国际法原则宣言》，1981年通过了《不容干涉和干预别国内政宣言》等，不干涉内政原则因此成为调整国家间关系的一项重要的行为准则。

根据上述国际法文件的有关规定，不干涉内政原则具体包括以下内容：

1. 任何国家均无权以任何理由直接或间接干涉任何其他国家之内政、外交，所以武装干涉及其他任何方式之干预或对于一国人格或其政治、经济及文化事宜之威胁企图，均属违反国际法。

2. 任何国家均不得使用或鼓励使用经济、政治或任何其他措施胁迫他国，以谋求该国获得主权行使之屈服，或取得任何利益。

3. 任何国家均不得组织、协助、制造、资助、煽动或纵容意在以暴力手段推翻另一国家政权的颠覆、恐怖或武装活动，或干涉另一国家之内乱。

4. 任何使用武力以消除一民族之特性的行为，均构成对该民族不可剥夺之权利的侵犯和对不干涉内政原则的破坏。

5. 各国均有不受任何国家任何方式之干涉，自由选择其政治、经济、社会及文化制度之不可剥夺的权利，任何国家亦均应尊重各民族及国家之自决及独立权利，使其能在不受外国压力并绝对尊重人权及基本自由之情形下自由行使，故所有国家均应致力于各种形式与表现之种族歧视及殖民地主义之彻底消除。

6. 任何国际组织也不得以任何借口或任何方式干涉属于成员国国内管辖的事项。

简而言之，不干涉内政原则是指国家、国际组织在相互交往中不得以任何理由或任何方式，直接或间接地干涉他国主权管辖范围内的一切内外事务。然而，“内政”或“国内管辖事项”究竟为何，包括《联合国宪章》在内的有关国际文件，均未提出相关的定义或衡量标准，这就使得不同的国家在适用该原则时有着不同的理解，争议也就在所难免；而且，这一概念是处于动态和演进之中的，随着国家间相互依存关系的日益发展，一些过去属于国内管辖的事项正在逐步被纳入与国际法律秩序的联系之中。国际常设法院在1923年“突尼斯和摩洛哥国籍法令案”（Nationality Decrees

Issued in Tunis and Morocco）的咨询意见中指出：“在国际法所确定的范围内，国家的管辖权是排他性的”，而“某一事项是否纯属国家管辖范围之内是一个在本质上相对的问题，其答案决定于国际法的发展”。① 法院还指出：“纯属国内管辖”这几个字似乎是意指某些事项，这些事项虽然与一个以上国家的利益密切相关，但是原则上不由国际法加以规定；对于这些事项，国家是唯一的裁判者。②

不干涉内政原则是国际社会成员国之间赖以维持正常关系的重要基础，只有遵守这一原则，不论大小、贫富、强弱的各个国家之间，才有可能在平等的基础上进行正常的交流。一旦摒弃了这一原则，则会使人类社会退回到以大欺小、以强凌弱、以富压贫的弱肉强食的时代。但自冷战结束以来，国际社会出现了一种强调主权地位下降，弱化主权的思潮。作为与国家主权相伴而生的不干涉内政原则，也开始受到质疑。西方国家认为，不干涉内政原则不是绝对的，如果国家依据“国际条约”、“应合法政府邀请”、“保护外国侨民”、“防止不法行为”或保护“基本人权”，就可以进行“依据权利的干涉”和“人道主义的干涉”。尤其是基于人权的干涉，不仅成为一些西方国家干涉他国的借口，也得到了联合国一些领导人的赞同，联合国第五任秘书长佩雷斯·德奎利亚尔 1991 年曾说：“人们现在日益感到，不能把不干涉国家国内管辖权的原则视为可以大规模或系统地侵犯人权的保护性屏障。”第六任秘书长加利 1992 年在《和平纲领》中说：“国家的根本主权和完整是取得国际任何共同进步的关键。但是，绝对和专属主权的时代已经过去；这种主权的理论也从来不符合事实。当今国家领导人的任务是了解这一点。设法平衡兼顾国内良好政治的需要与日益相互依存的世界的需要。”而第七任联合国秘书长安南在 1999 年联大会议上致开幕词时更进一步强调：联合国安理会不应该在发生大规模侵犯人权现象时袖手旁观，无所作为。大规模的和系统的侵犯人权事件——不管它们发生在什么地方——不应该被允许继续下去——假如他们知道联合国安理会将采取行动阻止侵犯人权的行为，那么他们将不再会抱有主权国家不容侵犯的想法，从而停止这类行为。③ 但发展中国家对此并不以为然，它们认为这是西方发达国家的一种新的强权政治和霸权主义，目的在于干涉发展中国家内政，服务于自己国家私利的需要。发展中国家引用不干涉原则有两条重要考虑：第一，不干涉原则是反对大国卷入其内部事务的一种保证，其重要性无论是在过去冷战期间反对超级大国的对外扩张，还是在未来的国际关系中都显得十分重要；第二，当一国的政府权威正在受到来自国内的威胁时，它是一种在相邻国家之间维护和平关系的一种政治保证，特别是对那些多民族国家由于民族冲突导致国内政局不稳时，就更加显得具有重大的意义。无论从哪种层次上说，不干涉原则都与发展中国家的安全紧密相连。

---

① 王铁崖．国际法引论［M］．北京：北京大学出版社，222.

② 黄惠康，黄进．国际公法国际私法成案选［G］．武汉：武汉大学出版社，1987：45 -47.

③ Robin Ramcharan. ASEAN and Non - interference：A Principle Maintained［J］. *Contemporary Southeast Asia*, 2000（4）：64.

三、人权国际保护对“不干涉内政原则”的冲击

无疑，不干涉内政原则对各国发展友好合作关系有着非常重要的意义，但人权国际保护机制的建立与实施、“保护责任”理论的提出和兴起，对国际法体系及其一些既有理论产生了深刻的影响，特别是全球化的发展，加快了人权问题的国际化趋势，不干涉内政原则正在经受着蓬勃发展的国际人权法带来的前所未有的冲击，一些国家、国际组织的行动也使得不干涉内政原则面临着两难与困惑。

首先，人权不再被视为纯属内政的范畴。按照一般的理解，凡属一国宪法规定的事项，都是国家的内政。人权是人所享有或应享有的基本权利，人权的内容和范围，一般都由各国通过国内法加以规定，而人权的实现，也由国内法加以保障。但随着国际人权法的发展，国家越来越多地参与并签订国际人权条约，各国在制定国内法律规定有关的人权问题时要充分考虑已经被国际条约所规定并获得普遍接受的人权原则以及国家自身承诺的国际义务。基于此，近几年某些西方国家提出了“人权无国界”理论，这种理论认为，人权问题是不受国界限制的，一国对另一国内部存在的人权问题表示关注甚至采取单独或集体的干预行动是合法的，不属于干涉别国内政。2008年3月14日，以达赖为首的极少数“藏独”分子与国外反华势力相勾结，在拉萨及周边地区制造了一起有预谋有组织有计划的打砸抢烧严重暴力犯罪事件。而对中国政府平息骚乱的行动，西方一些政客却打着“人权”的幌子，大肆攻击中国“血腥镇压和平示威者”、“侵犯人权”、“剥夺藏族人民宗教信仰自由之权利”和“限制言论自由之权利”等，事件爆发后，美驻华大使立刻约见中国官员，“呼吁中国政府对西藏克制行事”；欧盟和英国政府也发表声明，表示“关注事件”，要求“北京当局采取克制态度”，停止对“和平示威者的血腥镇压”，要求中国政府与达赖谈判解决西藏人权问题。2008年4月10日，欧洲议会通过了关于西藏问题的不具约束性的决议：谴责中国安全部队的镇压行动，要求在联合国主导下展开独立调查，呼吁欧盟在各国领导人是否出席奥运会开幕式的问题上采取一致立场。4月10日美众议院以413票对1票压倒性多数，通过了由议长佩洛西领衔提出的决议案。要求美国务院履行“西藏政策法”，包括在拉萨设立办事处，就近监察当地政治、经济和文化发展。决议案又使用强烈字眼，要求中国立即释放非暴力表达反对中国政府政策而遭逮捕监禁的西藏人，同时允许国际独立观察人士和媒体进入西藏及其他地区了解实情。① 在美、法、英、德等西方国家看来，西藏问题不是中国的内政，藏民的人权也不属于中国的内政，国际社会有义务关切并保障西藏地区人权的实现，美、法、欧盟等国所通过的议案不是对中国内政的干涉。

其次，基于人道原因的干预，即使是武力干预，也被视为具有合理性。1999年3月24日，以美国为首的北约绕过联合国对南斯拉夫联盟进行了78天的轰炸，北约领导人声明，此次军事行动，并非一场反对南联盟的战争，空中打击的目的仅在于

① 新华网．美欧涉藏反华议案如出一辙［N］．http：//news. xinhuanet. com/world/2008－04/12/content_7965827. htm.

"防止新的人道主义灾难，反对继续对科索沃平民的镇压和暴力"①。2003年3月20日，美国发动了伊拉克战争，由于在伊拉克境内未能找到发动战争时所宣称的大规模杀伤性武器，于是美国辩称该战争推翻了萨达姆的暴政，保护了包括库尔德族在内的伊拉克人民的人权。虽然美国、北约的行动明显违反了现行国际法规则，广大发展中国家也予以了谴责，但毕竟有了国际实践的先例，而且在西方国家的学术界也不乏赞成与支持，有些学者虽然也认为具有违法性，但面对大规模侵犯人权的人道危机，美国及其北约的行动是可以理解的。2008年5月2日，特大热带风暴袭击了缅甸，造成将近十万人死亡，上百万灾民面临食品、饮用水、药品短缺的威胁，在死亡线上挣扎。国际社会包括美国提出派遣救援队和医疗队，进入缅甸灾区帮助救灾，被缅甸军政府以可能威胁缅甸国家安全的理由拒绝，有国家提出绕过缅甸军政府，直接将运输机开进缅甸领空，向灾区空投食品和药品，以"侵略"的形式提供人道主义援助。虽然"侵略"式的援助并未付诸实践，但却为武力干预进行了舆论上的铺垫。

再次，国际组织的干涉被视为具有合法性。不干涉内政原则不仅要求国家间不得干涉彼此属于国内管辖的事项，对于国际组织也同样要求不干涉成员国的内部事务。但也有例外，国际组织对违反国际法规范或组织章程的成员国政府或叛乱行为而实施的政治、经济、司法、军事等各类干预行为，根据国际条约的有关规定，是被允许的，因而也就具有合法性。然而遗憾的是，由于某些国际组织干涉的决策机制不够健全、公正性令人怀疑和有效性难以保障等原因，② 在现阶段，国际组织的干涉，实际上是操纵该组织的某些国家或国家集团的干涉行为，这些国家或国家集团把国际组织变成了对他国进行干涉的工具。此外，国际组织的决议或规范对非成员国是否具有约束力，国际组织能否对非成员国采取干预行动，值得探讨。根据1998年罗马规约成立的国际刑事法院，对灭绝种族罪、危害人类罪、战争罪、侵略罪等国际罪行享有普遍性管辖权，不论被告国籍国是否为罗马规约的缔约国。据此，国际刑事法院检察官奥坎波于2008年7月14日在荷兰海牙总部指控苏丹总统巴希尔在达尔富尔地区犯下战争罪行，并请求法庭向巴希尔发出逮捕令，创下了国际刑事法院有史以来首次针对在位国家领导人提出指控的先例，苏丹国立刻予以激烈的回应，指责国际刑事法院的指控干涉了苏丹的事务。③ 虽然国际组织的这种干涉合法性与否受到发展中国家的强烈质疑，但毕竟被干预国确实存在着侵犯人权的事实，在保护与尊重人权的大旗下国际组织的干涉确有其合理性，西方国家及其国际法学者给予了肯定与赞赏，他们宣称这些实践将形成新的国际习惯，体现了国际法的进步与发展。

最后，坚持绝对的不干涉内政原则的国家在西方国家人权至上舆论的谴责和攻击下似乎丧失了道德的制高点。如国际社会普遍关注的苏丹达尔富尔，由于被认定发生了达尔富尔"种族屠杀"，它最近几年几乎成为西方媒体报道最多的非洲国家。因错

---

① 杨志清. 索拉纳下令对南斯拉夫进行空中打击［EB］. http：//www. gmw. cn/01gmrb/1999 - 03/25/GB/18006%5eGM4 - 2505. HTM.

② 杨泽伟. 国际法上的国家主权与国际干涉［J］. 法学研究，2001（4）.

③ 中国新闻网. 国际刑事法院指控苏丹总统犯有战争罪行［EB］. http：//www. chinanews. com/gj/ywdd/news/ /2008/07 - 15/1312341. shtml.

综复杂的种族和宗教矛盾导致暴力冲突持续不断、大量人员伤亡的苏丹达尔富尔问题始自2003年初，信奉伊斯兰教的阿拉伯居民和信奉原始宗教的居民经常发生武装冲突，造成大量人员伤亡，至今有200万人无家可归。2004年，西方一改对苏丹政府的局外批评者角色，开始介入达尔富尔问题，并将该地区的部族战争定性为“种族灭绝”。美国总统布什4月发表声明，公开要求苏丹政府制止达尔富尔地区“针对当地原住民的野蛮行径”，随后美国国会通过法案谴责达尔富尔危机为“种族灭绝”，达尔富尔危机迅速成为国际热点。2004年，西方开始向中国施压，当年8月《华盛顿邮报》称，在达尔富尔问题上，美国应促使中国行动。其后西方对中国的指责断断续续，2007年，西方的人权组织、媒体有意利用2008年北京奥运会临近的机会指责中国，认为中国在苏丹投资和与苏丹现政府合作，就是在客观上为达尔富尔地区冲突推波助澜，中方因此应该为达尔富尔的人道主义危机负责，甚至威胁、号召抵制北京2008年奥运会。① 中国在达尔富尔问题上并不是漠不关心，除派出特使积极斡旋外，中国政府也向世界表明了解决达尔富尔问题的立场：中国政府在苏丹达尔富尔问题上一贯倡导通过平等对话、耐心协商和谈判来解决政治争端。中国不赞成通过施压或用强制的方式来解决地区冲突，中国政府奉行的基本原则就是尊重苏丹的主权和领土完整。② 但一些国家以及国际上一些对中国抱有成见的组织和个人仍然对中国横加指责，2008年2月，好莱坞导演斯皮尔伯格以达尔富尔问题为由宣布辞去奥运会艺术顾问后将此事推向高潮。此外，2007年9月，缅甸发生了所谓“袈裟革命”的游行示威事件，对于缅甸政府采取武力手段平息骚乱而发生流血事件后，西方国家除了谴责、要求制裁缅甸政府外，还指责中国未能充分发挥对缅甸的影响力，中国则认为：缅甸局势属于缅甸内部事务，但“中国希望缅甸问题有关各方保持克制，妥善处理当前发生的问题，不要使事态进一步复杂化、扩大化，不要影响缅甸稳定，更不要影响本地区的和平与稳定”③，西方国家迄今仍由于中国未能如其所愿对缅甸“充分发挥作用”而耿耿于怀。而2008年4月中国中远公司货轮“安岳江”号依照合同向津巴布韦运送军品履行合约的行为也被西方国家描述为对津巴布韦穆加贝独裁政权的支持，中国应当对扑朔迷离的津巴布韦国内局势施加影响，要求中国“重新审视其不干涉内政的原则及其外交实践，因为这将影响中国在非洲及世界的形象，甚至可能引起中国同西方社会的冲突。”④

上述种种，不能不让人对“不干涉内政原则”产生疑惑。有些学者甚至极端地认为不干涉内政原则在很大程度上成了专制国家对抗国际人道主义批评和干预，维护独裁统治的挡箭牌和遮羞布。在人权的尊重和保护高于一切的语境下，“不干涉内政原则”是否还有存在的价值？

---

① 贺文萍．达尔富尔的现状与走向［N］．北京周报，2007-06-07（23）．

② 新华网．中国政府达尔富尔问题特别代表刘贵今大使2008年2月21日在访问伦敦的记者招待会上讲话［EB］．http：//news. xinhuanet. com/newscenter/2008-02/22/content_ 7647137. htm.

③ 2007年9月27日中国外交部发言人姜瑜的发言．http：//www. fmprc. gov. cn.

④ 新华网．美国：试图要求中国提高军事贸易透明度［EB］．http：//news. qq. com/a/20080722/000668. htm.

四、"不干涉内政原则"的维护与坚持

目前的国际形势以及国际实践确实向我们提出了一个两难的选题：如何既维护国际法基本原则——不干涉内政，保障国家不因意识形态、社会价值观的差异而被任意侵犯，危害国家主权与安全，又能通过有效的国际机制保障人权，尤其是如何干预那些无力或不愿保障人权的国家，以实现人的基本自由与尊严？

应该看到，人权的国际保护虽然已成为国际社会的主旋律，但借口人权干涉他国的上述事例迄今仍没有任何法律基础，无论是联合国宪章还是有关的人权国际公约，都没有任何授权国家或国家集团进行干涉的内容。因此，在尚无现行国际法规定的情况下，擅自干涉他国事务尤其是武力干涉，都是违法行为。毕竟，不干涉内政原则是国家主权原则的延伸，国家主权是国家对内的最高权和对外的独立权，而主权的这种独立性自然包括了不受外来干涉的含义。我国国际法学家周鲠生教授曾经精辟地指出，"主权原则是国际法最重要的基本原则，按照公认的国际法的这一基本原则，首先，国家各自根据主权行事，不接受任何其他权威的命令强制，也不容许外来的干涉"。[①]"不干涉内政"原则作为现代国际法的基本原则之一，不论是过去还是现在，依然是调整国际关系的重要规范，它与国家的安全、稳定以及国际社会的安定密切相关，尤其是对于发展中国家来说，不干涉内政原则仍然是它们在国际事务中对抗发达国家强国地位的一个重要武器。在国际形势依然错综复杂，影响国际和平与安全的因素依然没有消除的时代，切实遵循不干涉内政原则，既是维护世界和平与安全的保障，又是发展国际合作的基础。任何背离这一原则的做法，都将造成世界的混乱和无序。

不干涉内政原则与人权的国际保护不应该是对立的不相容的非此即彼的关系。不干涉内政原则作为国际法的基本原则适用于国际法的一切领域，对国际法个别领域的问题具有指导作用；人权的国际保护是国际法的分支——国际人权法的核心内容，在人权已经全面进入国际保护领域的今天，国际社会要求主权国家为保护本国公民免遭"可以避免的灾难"承担起更多的责任，但这不等于为干涉他国内部事务大开方便之门。但是，如果某些国家大规模严重侵害他国的民族自决权、自然资源主权、发展权以及与此相联系的个人权利，进行种族歧视，种族隔离，灭绝种族，贩卖奴隶，大规模制造和迫害难民，宣传战争，鼓吹法西斯主义、国际恐怖主义，贩毒，恶意违反、不履行国际人权公约规定的义务，国际社会就应当依法予以干涉。所以，为实现人权的国际保护应当是有条件的，这些条件主要有四：

第一，确实存在大规模侵犯人权的事实并足以影响国际社会和平与安全，而且这种事实的认定是客观公正的。只要有证据证明存在灭绝种族、大规模丧生的威胁或发生、反人道罪和违反战争法的行为、国家崩溃而因此造成广大人民面临饥饿和内战的境地或者是面对无法抗拒的自然灾害或环境灾害，有关国家不愿意或无力应对或要求援助，经联合国安理会"断定任何和平之威胁、和平之破坏或侵略行为存在时"，国际社会才可采取应对措施。

---

① 周鲠生．国际法［M］．北京：商务印书馆，1983：175－176.

第二，发生侵犯人权情势的国家不能或不愿履行保护本国国民的职责。一国国内发生大规模人道主义危机或者大规模侵犯人权的情势的时候，具体说就是发生大屠杀、战争罪、种族灭绝和反人类罪的时候，该国应当及时采取措施，因为它首先负有保护本国国民的首要责任。只有当该国放任局势恶化导致人民的生存面临着现实的威胁时，国际社会才能采取行动。但是，判断一个国家是否不能或不愿意履行这种责任，国际社会必须制定一个统一的评判标准。

第三，采取干涉行动须经普遍性国际组织的授权。为防止或制约国际组织任意干涉他国内政，国际社会采取干涉行动时必须经过普遍性国际组织（至少干涉国与被干涉国均为成员国）的授权。当今的国际社会没有凌驾于国家之上的权威机构，有关的国际组织是否有权力决定对主权国家进行干预，取决于成员国参加该组织时的承诺。联合国作为全球最大的参加国最多的最具有普遍性的国际组织，基于会员国的认可与对《联合国宪章》的遵从，根据《联合国宪章》第七章的相关条款，当安理会“断定任何和平之威胁、和平之破坏或侵略行为存在时”可以采取包括禁运、断绝外交关系等应对措施。但如果安理会认为这些措施不够充分，没有达到应有的效果，安理会“得采取必要之空海陆军行动，以维持或恢复国际和平与安全”。所以，联合国是目前拥有授权采取干预行动的国际组织，未经联合国授权的干涉不具有合法性。

第四，只有在穷尽一切手段仍无效的情况下才能采取武力干涉。武力干涉毕竟是一种以暴制暴的方式，武力干涉的结果同样可能使无辜的平民丧生、制造新的人道危机，因此，国际社会对人权的保护应尽可能地采用各种非武力的方法，我国政府对此立场就非常明确。2005 年 6 月 7 日，中国政府发表的《中国关于联合国改革问题的立场文件》中明确指出，“各国负有保护本国公民的首要责任。一国内乱往往起因复杂，对判定一国政府是否有能力和意愿保护其国民应慎重，不应动辄加以干预。在出现大规模人道危机时，缓和和制止危机是国际社会的正当关切。有关行动须严格遵守《宪章》的有关规定，尊重有关当事国及其所在地区组织的意见，在联合国框架下由安理会根据具体情况判断和处置，尽可能使用和平方式。在涉及强制性行动时，更应慎重行事，逐案处理。”① 2005 年 6 月 21 日，中国常驻联合国代表王光亚大使在联合国大会上也说：“各国政府负有保护本国公民的首要责任。一国内乱往往起因复杂，涉及多方面因素。对如何判定一国政府是否有能力和意愿保护其公民，应研拟国际社会普遍同意的综合评定标准，不应由少数国家或机构自行制定，进而鼓吹干涉。国际社会在缓和和制止大规模人道危机时，应严格遵守《联合国宪章》，尊重当事国及有关区域组织意见，由安理会根据具体情况判断和处置，尽可能使用和平方式。在涉及强制性行动时，更应慎重行事，逐案处理。”②

展望未来，不干涉内政原则仍将是国际法的核心原则，将来也不可能发生大的改变。但不干涉内政原则不是绝对的僵死的教条，在国际社会越来越强调个人的价值和尊严、强调国家对人民的保护责任的时代，国家之间应通过更多的交流与合作增进相互影响，促进国际社会的稳定、繁荣与发展。

---

① 中国关于联合国改革的立场文件 . http：//www. fmprc. gov. cn.

② 王光亚大使在联大磋商 9 月首脑会议成果文件草案时的发言 . http：//www. fmprc. gov. cn.

（初审编辑：王应富）

参考文献：

［1］周鲠生．国际法［M］．北京：商务印书馆，1983.

［2］王铁崖．国际法［M］．北京：法律出版社，1995.

［3］王铁崖．国际法引论［M］．北京：北京大学出版社，1998.

［4］黄惠康，黄进编．国际公法国际私法成案选［G］．武汉：武汉大学出版社，1987.

［5］王庆海，张蓝图．国际法上的内政及不干涉内政原则新论［J］．吉林大学社会科学学报，2001（4）.

［6］杨泽伟．国际法上的国家主权与国际干涉［J］．法学研究，2001（4）：4－144.

Abiding by the Principle of non – Intervention of Internal Affairs in the Context of International Protection of Human Rights

Gao Zhihua

Abstract：The law of international human rights developing quickly，it has been impacting the principles and rules of international law. Especially nowadays，the principle of non – intervention of internal affairs is confronted with a corner under international protection of human rights. Out of question，this principle is still a fundamental principle and important behavior rule to adjust relations between nations. And It is a legal shield for weak countries to fight against powers' bullying and aggression. So，how to harmonize the nexus between non-intervention of internal affairs and protection of human rights is an issue for international society to think it over. The principle of non – intervention of internal affairs and international protection of human rights are not opposite. The principle of non – intervention of internal affairs is not absolute. If there is evidence of massive violation of human rights，genocide，war，anti-humanism，etc. and of the event which can even endanger the peace and security the international community，we must intervene moderately in time under the authorization of the United Nation. And nations shall positively cooperate and exchange with each other to strengthen mutual influence，co-establishing a flourishing and harmonious world for our human.

Key words：international protection of human rights；responsibility to protect；the principle of non-intervention of internal affairs；authorization of UN；intervention with force

侦查取证中问题、难题与出路

李富成*

摘　要：刑事诉讼的基本任务是打击犯罪与保障人权，无论是打击犯罪还是保障人权，都离不开证据。由于一些民警缺少证据学知识，在收集证据过程中存在不知道、不重视、不规范、不守法等现象，加之刑事案件自身的特点，导致基层民警在侦查取证中存在不少问题，同时也遇到一些难题，这不仅影响对犯罪的有效打击，而且阻碍对人权的保护。

关键词：侦查取证　警察　证据

新刑事诉讼法的实施，对公安机关侦查取证提出了更高的要求。如果基层公安民警不及时转变观念，依托公安机关执法规范化与信息化建设的最新成就，将无法胜任侦查取证工作，也将无法完成刑事诉讼法赋予的打击犯罪与保障人权的双重任务。

一、收集证据中存在的问题

笔者于2011年围绕民警收集证据中存在的问题在某地进行调研，走访了当地的市级公安局、市级检察院、中级人民法院和3家县级公安机关及看守所，召开了6次座谈会，发现问题如下。

（一）缺少证据学知识

在调研中，笔者发现一些民警在侦查取证中所犯的这样或那样的错误，主要是因为缺少必要的证据学知识储备造成的，具体表现为一些民警在办案中不知道何种事实是证据，不知道在什么地方收集证据，不知道需要收集哪些证据。

1. 不知道什么是证据。我国《刑事诉讼法》规定："可以用于证明案件事实的材料，都是证据。"一些民警虽然知道证据的定义，但到动手时就会犯难，不知道什么材料可以作为证据，在收集证据时要么不分轻重，眉毛胡子一起抓，把握不住重点；要么把案件线索作为定案证据，把不是证据的东西作为证据来收集，所收集的证据材料无法与案件发生关联，起不到证明作用。

2. 不知道如何收集证据。刑事案件错综复杂，不同案件有不同的发案规律。民警在收集证据时，必须根据发案规律才能收集到有证明力的证据。如，讯问犯罪嫌疑

---

* 李富成，法学博士，现就职于江苏省公安厅警察学会秘书处。

人是获得证据的重要方法，一些民警不知讯问重点，经常在要害问题的边缘溜达。某市一名检察官反映碰到过这样的案件：派出所民警在讯问犯罪嫌疑人时，从笔录上看，马上就要触及核心问题，再问上一两句话，就可以获得关键性证据，讯问民警却就此打住。在聚众斗殴犯罪中，一些民警不注重收集犯罪嫌疑人的一贯行为与表现的证据，不知道固定谁是召集人的证据，对对方同伙的特征不加以收集。如此讯问，势必难以确定主犯与从犯，影响其后程序的顺利进行。

3. 缺少证据保护意识。虽然收集到一些证据，但是，缺少证据保护意识，导致证据被污染，法庭无法采信。某市派出所民警在盘查一辆有犯罪嫌疑的车辆时，发现犯罪嫌疑人汽车的后备箱里有解码器，盘查民警及联防队员都没有见过解码器，感到很新奇，都上去摸摸，造成证据污染，无法确定解码器上指纹的所有人。

（二）笔录中的问题

笔录属于公文书证，必须由法定人员在法定时间、地点，依照规范的程式制作，才能发挥证明作用，否则，其证明力会受到影响。从调研情况看，一些民警在制作笔录过程中主要存在以下问题。

1. 字迹潦草，难以辨认。笔录是刑事诉讼法规定的法定证据，包括勘验笔录、检查笔录、讯问笔录等。笔录是认定犯罪事实的重要证据，也是检察机关起诉与法院审理案件的根据。有些民警所做的笔录字迹潦草，难以辨认，花费了检察官、法官较多的时间。有位检察官形容：“一些民警所做的笔录像‘天书’，看上去就令人生气。”使检察官看上去就生气的笔录，势必影响检察官对笔录的认同感，削弱其应有的证明作用。

2. 相互矛盾，无所适从。从司法实践看，公安机关对犯罪嫌疑人往往反复讯问，制作多份不同的讯问笔录。由于犯罪嫌疑人的心理会随着审讯的进展发生变化，对犯罪过程的交代会出现反复，甚至相互矛盾。一些民警在审讯中不注意审核犯罪嫌疑人相互矛盾的供述，在审讯过程中被动、消极，不注意收集其他证据来印证犯罪嫌疑人的不同供述。

3. 笔录制作不规范。公安机关制作的笔录属于公文书证，法律对其制作有严格的规范，只有依法制作的笔录，才具有证明力。从调阅的笔录看，存在诸多不规范现象：一是讯问的起止时间不清楚，特别是犯罪嫌疑人在什么时间开始交代的记载不清楚。按照我国《刑事诉讼法》的规定，对犯罪嫌疑人连续讯问的时间不得超过12小时，不得搞“车轮战”。笔录的起止时间不清楚，很容易让人对笔录的合法性产生怀疑。二是一些发案、破案记录要么不清楚，要么不全面，或者干脆没有发案、破案记录。发案、破案记录虽然不属于证明犯罪构成的要素，但是，它能够对全案证据起到核实作用，当法官对某一关键证据有疑问时，他需要查破案材料来验证。如果发案、破案记录不清楚，直接影响法官对关键证据的认定。三是不遵守签名制度。在司法实践中，或是出于警力不足的原因，或是出于图方便的原因，一些民警自审自记，或者在讯问后随便找一个人签名。某市曾发生这样的案件：法院对勘验笔录中记载的事实不能确定，需要在笔录上签名的见证人出庭作证，见证人就是不肯出庭。后来，法庭调查了解到在笔录签名的见证人是派出所的一名驾驶员，没去过现场，是侦查员让他在笔录上签名的。

4. 多份笔录惊人的相似。某市检、法机关反映个别民警对同一被告人所做的多份笔录惊人的相似，甚至连错别字都一样。惊人相似的笔录往往使检察官、法官产生怀疑：一个人在不同时间所做的笔录不可能一致，特别是错别字都一致，除非笔录是办案人员抄的，或者直接从电脑中复制。

5. 记载不全面。勘验笔录是固定现场证据的重要方法，勘验笔录应该全面、细致、突出重点。记录提取的物品，应该记明在什么地方、什么时间提取的，但是，不少笔录记载不全面，重点不突出。某市曾发生这样的案例：公安机关在犯罪现场提取到一枚犯罪嫌疑人的指纹，现场勘验笔录上却没有记载。后来犯罪嫌疑人被外省公安机关抓获，犯罪嫌疑人不承认到过某市的犯罪现场，理由是公安机关现场勘验笔录没有提取其指纹的记载。笔者曾向从事现场勘验的朋友了解为什么会发生提取了物证，现场笔录却没有记载的现象，这位朋友如此解释：现场勘验往往需要多人，通常由经验丰富的同志提取物证，年轻同志负责保管、记载现场提取的物证。比如说，老王提取了一件短袜，让小张将其放在物证袋内，记载在笔录上，小张嘴上答应了，但是，此时却正在提取其他物证。现场勘验结束后，不仅小张将老王交代的事项忘记了，老王也忘记了交代小张的事项。

6. 反复讯问。一些侦查人员在讯问上存在误区，错误地认为讯问的次数越多，笔录就越有分量。他们不厌其烦，反复讯问同样内容。用一名法官的话说：这样的笔录形同“鸡肋”，不看对不起同志，看了无味。其实，笔录的分量重不重，不是看讯问次数多少，而是看笔录之间能否相互印证，犯罪嫌疑人的供述是否符合情理。在正常情况下，对犯罪嫌疑人做3次笔录就足够了，没有必要反复讯问。第1次讯问笔录重在面广，把该问的内容全部问到；第2次讯问笔录要围绕第一次讯问笔录进行，重在核实第1次讯问笔录中的矛盾；第3次讯问笔录重在查漏补缺。

（三）缺少责任心

1. 调查不主动，延误战机。在审查案件时，一些民警就事办事，不愿意主动调查取证。某市发生过这样的案件：3名犯罪嫌疑人共同偷窃，2名犯罪嫌疑人被现场抓获，他们交代本案还有第三人，并告知民警第三名犯罪嫌疑人在某工厂，但是，办案民警没有立即去核实。后来案件移送到刑侦大队，当刑侦队员赶到那个工厂时，发现第三名犯罪嫌疑人在两天前去了新疆。由于最初办案民警缺少主动调查精神，客观上放纵了第三名犯罪嫌疑人。

2. 物证保管不谨慎。物证与口供不同，只要查证属实，是打击犯罪的“铁证”。在调研时，笔者发现个别派出所物证保管制度不健全，曾发生物证遗失的情况，造成“铁证”不铁。如，在该市侦破的一起杀人案件中，犯罪嫌疑人交代是用一根绳子将受害人勒死的。公安人员现场提取了这根绳子，但是，公安机关移送给法庭的物证中缺少这根绳子。后来查明是派出所搬了一次家，把绳子搞丢了。在南京市的彭宇案件中，彭宇最初在派出所的供述中承认撞倒了老太。由于派出所在装修时，将对彭宇的第一次讯问笔录搞丢了，导致法庭难以确认当事人的责任。

3. 忽略细节证据与无罪证据。一些民警在审讯犯罪嫌疑人时，往往忽略对犯罪手段、犯罪工具、犯罪细节方面的讯问。不少民警只重视对有罪证据的收集，忽略对无罪证据的提取，将自己的任务片面地理解为仅是打击犯罪。这源于公安机关内部的考核制度，从公安机关考核制度的核心来看，都是规定打击犯罪嫌疑人越多，民警就越容易立功获奖，在公安机关的考核制度中，还没有发现将保障人权作为一个立功获奖的考核因素。但是，法院在裁判时，不仅要注意被告人有罪的证据，还会考虑被告人无罪、罪轻的证据。如果公安机关没有将无罪、罪轻的证据及时提供给法院，法院将无法裁判，从而影响诉讼进程。

4. 忽视证据的充分性和补强性。一些民警收集证据仅仅满足于检察机关同意批捕的水平，在检察机关批捕后，就不再收集证据，错过了最佳补证时间。民警满足于检察机关同意批捕的根源又与我国现行的诉讼结构、诉讼制度有关，从我国的司法实践看，我国的诉讼结构仍然是流水作业型的结构，只要检察机关批捕，一些民警认为自己的任务已经完成，至于能否判处犯罪嫌疑人有罪，那是检察机关和法院的事情，没有意识到自己是控辩中的一方。由此导致一些民警在提取证据时仅仅注意到关键证据，常常忽略补强证据的收集。前科在一些民警眼中是小节问题，但是，检察院、法院却不这样认为，它属于检察官、法官必须考虑的一个起诉、批捕、量刑的情节。如果刑事警察没有将犯罪嫌疑人有无前科的证据提供给其他司法机关，其他司法机关只能将案件退回补充侦查。

(四) 违法取证时有发生

在调研中，检察机关反映某市民警整体执法水平比较高，但也存在个别违法办案现象，主要有以下类型：

1. 应该回避而没有回避。刑事诉讼法规定回避制度是为了保证程序正义，避免当事人对司法机关的执法行为产生合理怀疑，但个别派出所在办案中存在应该回避而没有回避的问题。如，与本所民警或联防队员有关的案件，个别派出所主动办理，直接影响到司法公正。

2. 超过法定讯问时间。我国刑事诉讼法规定对犯罪嫌疑人连续讯问不得超过12小时，不得以连续的方式逼取犯罪嫌疑人口供，但是，超时讯问的现象在基层派出所时有发生。某市人民检察院曾将一名犯罪嫌疑人作无罪处理，理由是检察机关认为犯罪嫌疑人每次有罪供述都是在连续审讯70多个小时后做出的，证人证言也有很多矛盾，因此，犯罪嫌疑人有罪供述的可信度不高。

3. 存在刑讯逼供现象。检察机关认为某市公安机关办案在整体上是文明的，但也存在个别的刑讯逼供现象。有这样一起案件：检察机关发现犯罪嫌疑人的手不能活动，犯罪嫌疑人说是在派出所被打的，派出所民警解释是在抓捕时犯罪嫌疑人反抗造成的，但检察机关怀疑就是办案民警打的，只不过检察机关收集不到证据。在调研中，检察机关反映有一个派出所民警将犯罪嫌疑人打成肾衰，后来这个派出所又发生打人现象，检察机关由此认为该派出所办案不规范。

二、运用证据中遇到的难题

（一）年龄问题

按照我国刑法规定，刑事责任年龄是认定犯罪嫌疑人是否构成犯罪的前提条件。在司法实践中，犯罪嫌疑人的年龄不仅困扰公安机关，同样困扰法院、检察院。法院要求公安机关查实被告人年龄，但有些被告人的年龄无法查实。如，在苏州犯罪的新疆流动人口基本上是没有户口的，加之言语不通，无法查清楚他们的真实年龄。为了打工，河南籍、海南籍犯罪嫌疑人的户口大多有改动迹象。

基层公安机关反映法院对他们提供的户籍证明不相信，对骨龄鉴定意见不认同，经常让民警反复调查核实被告人年龄。法院不仅要求公安机关提供被告人原始的户籍证明，还要求提供被告人父母绝育证明，被告人出生证明。公安机关为年龄问题反复出差，花费巨大的人力、物力。

法院认为年龄问题阻碍他们对未成年人案件正确审理，在临界年龄没有查清时，法院不敢裁判。据某市中级法院初步调查，在该院2009年审理的案件中，有十多起案件中被告人的年龄被更改。年龄问题根子在户籍管理制度上，中国是个人情社会，犯罪嫌疑人亲属可以通过不正当的途径更改犯罪嫌疑人的年龄。目前，公安机关已经采用电脑管理户籍，户籍证明的可信度在不断增加，年龄问题比以前少多了。

（二）财物估价问题

盗窃案件中的赃物如何估价和认定？特别是像盗窃电缆线，由于犯罪嫌疑人是多次盗窃，抓获的仅是一次，其他都是靠犯罪嫌疑人交代，灭失财物的价值难以认定。涉案财物的价值是由物价局估价，物价局的估价不能及时出来，影响公安机关对案件的定性。

泥土的价格如何认定？有一个犯罪嫌疑人偷挖了一车泥土，物价局不估价，理由是泥土不是商品。昆山产生的石头可以作为收藏品，如何对其估价？物价局不好处理。在别人的虾塘中偷放黑鱼，黑鱼吃掉他人虾塘中的虾，对他人的损失如何估价？都是亟待解决的问题。

（三）鉴定问题

一是鉴定与办案时限问题。我国《刑事诉讼法》第147条规定：对犯罪嫌疑人作精神病鉴定的期间不计入办案期限，但是，对受害人做精神病鉴定是否不计入办案期限，法律没有规定。在一起强奸案件中，受害人是精神病人，对受害人必须作精神病鉴定，作精神病鉴定的周期比较长，不可能在12小时内得出结论。在正常情况下，派出所对犯罪嫌疑人传唤不能超过12小时，如果没有新证据，派出所只能放人。

二是重复鉴定问题。由于我国鉴定体制、鉴定管理和鉴定机构存在混乱状态，基于利益驱动，一些鉴定人员和鉴定机构迎合当事人需要反复鉴定。当事人拿着有利于自己的鉴定意见，据鉴力争，面对不同的鉴定意见，司法机关难以选择。在某市的司法实践中，犯罪嫌疑人或受害人往往要求地方鉴定机构鉴定，如果鉴定意见于己不利，就以鉴定意见受到对方当事人干涉为借口，要求重新鉴定。某市曾发生过一个案件有5份鉴定意见，都是权威鉴定机构作出的鉴定。鉴定的无序状态，严重干扰了公安司法机关的正常办案。

三是伤害程度的鉴定。伤害程度的鉴定主要存在三方面问题：首先，办案时限少于鉴定时间。一般伤害案件的鉴定需要治疗一段时间，还要看受害人身体恢复情况，才能作出鉴定意见。鉴定意见滞后于公安机关的办案时限，如果犯罪嫌疑人不具备取保候审或监视居住的条件，公安机关只能将犯罪嫌疑人放掉。其次，受害人不配合。在伤害案件中，如果犯罪嫌疑人与受害人达成协议，受害人就不愿意配合公安机关作鉴定。最后，受害人的伤情变化影响鉴定。如，犯罪嫌疑人将被害人打成耳膜穿孔，法医一开始鉴定是轻伤，公安机关按轻伤对犯罪嫌疑人采取强制措施。3个月后，法医对被害人鉴定是轻微伤，犯罪嫌疑人就会要求公安机关赔偿。在此类案件中，无论是法医还是民警都是在依法办案，不过，依法办案给自己办出了麻烦，这是许多民警想不通的问题。

（四）明知、故意问题

基层民警感到在扒窃案件中无法证明犯罪嫌疑人主观上是否具有故意、明知，无法证明犯罪嫌疑人是否具有非法占有的目的。在扒窃案件中，犯罪嫌疑人被采取强制措施后，通常会翻供。理由有二：首先，赃物是他买来的，由于办案民警取证不全面，没有讯问证人或受害人，很难证明赃物不是犯罪嫌疑人买来的。其次，犯罪嫌疑人会辩解，他没有偷受害人的东西，赃物是他碰巧捡到的。赃物究竟是犯罪嫌疑人偷的还是捡的，公安机关很难证明。

检察机关对犯罪嫌疑人主观上是否明知、故意，持谨慎态度。检察机关一定要犯罪嫌疑人亲口说出来，才相信犯罪嫌疑人主观上的内容是什么，但是，犯罪嫌疑人通常不愿交代自己的犯罪故意。如何证明犯罪嫌疑人主观上的明知、故意，是公安机关必须破解的一个难题。

（五）“一对一”证据问题

首先，在卖淫嫖娼案件中，如果不是抓现行，证据很难收集。其次，奸情案件中证据难以收集，特别是原先属于朋友关系，后来反目成仇，是否存在强奸，很难收集到证据证明。最后，在新型案件中，网络赌博案件中的证据难以收集。在网络赌博犯罪中，犯罪嫌疑人对赌博网站基本上采取加密措施，将服务器设在国外，证人分布在世界各地，收集证人证言的难度大。如果犯罪嫌疑人电脑中的证据没有删除，还可能收集到证据，否则，只能靠犯罪嫌疑人交代。但是，按照我国现行的证据理论，只有犯罪嫌疑人的口供是不能认定其有罪的。

（六）一些特殊案件中遇到难题

1. 毒鱼案件中的证据问题。苏南是水乡，不少人家都养鱼，经常发生在他人鱼塘下毒的案件。毒鱼的药家家都有，化验只能说明水中有毒药成分，现场勘验条件差，缺少目击证人，很难锁定具体犯罪嫌疑人。此类案件主要是靠犯罪嫌疑人交代，如果犯罪嫌疑人不交代，或者被告人在审判阶段翻供，证据上就有欠缺。

2. 机动车盗抢案件证据。“两抢”案件几乎没有犯罪现场，难以提取到有效证据。一位派出所的所长说："当场抓住犯罪嫌疑人的案件都是未遂，没有当场抓住都是人车分离。现在是有犯罪分子，但找不到被害人。"在"两抢"案件中，有的犯罪嫌疑人也交代犯罪事实，但是，办案人员找不到赃物、找不到被害人，无法结案。在犯罪嫌疑人身边发现了赃车，但他辩解赃车是买来的，民警无法证明不是他买来的。"两抢"案件中有的犯罪嫌疑人是老百姓扭送到派出所，由于缺少证据，对犯罪嫌疑人只能是抓了又放，放了又抓，民众意见很大。

3. 碰瓷案件的证据提取。犯罪嫌疑人利用拐弯、便道、叉道等路况，在自己有理的情况下，故意制造车祸或故意造成自己受伤，借此敲诈受害人或保险公司。发生车祸后，犯罪嫌疑人往往主动报警，依法敲诈。由于此类案件与正常的交通事故难以区分，案发现场流动性大，证据难以提取，加之好人、坏人真假难辨。此类案件如何取证？公安机关非常困惑，北京曾发生过误伤好人的判决。

4. 毒品案件中证据问题。毒品犯罪是故意犯罪，罪大恶极者可处死刑，如何证明犯罪嫌疑人主观明知，关系到打击毒品犯罪的效果。

（1）毒品犯罪中明知的问题。在毒品案件中，犯罪嫌疑人为了逃避打击，往往辩解不知道所携带的物品是毒品。哪怕是在犯罪嫌疑人身上发现了毒品，也会辩解不知道是毒品。在犯罪嫌疑人随身携带的手提包中发现毒品，他也会辩解不知道手提包里有毒品，不知道是谁将毒品放到箱子中的，箱子是帮别人带的。

（2）如何区分贩卖毒品还是持有毒品。贩卖毒品与持有毒品在量刑上有重大差距，犯罪嫌疑人贩卖毒品被当场抓获，往往辩解自己携带毒品是为了吸毒，将贩卖毒品辩称为持有毒品，以此规避法律打击。如何从证据上区分持有毒品与贩卖毒品，仍然是证明上的一个难题。

（3）技侦手段获得的证据如何合法化。采用技侦手段获取的证据，如何在法庭上使用，法律上还是空白。在毒品案件的起诉与审判中，法院希望看到技术侦查手段获得证据的全过程，而技术侦查手段一旦公开，又会暴露案件，甚至会牺牲卧底的民警。如果不公开技术侦查手段，很难令法院相信公安机关提取证据的合法性与真实性。

（4）诱惑侦查问题。如何运用诱惑侦查手段来打击犯罪，不少民警对此存在困惑。诱惑侦查是打击毒品等犯罪的重要手段，如果用之不慎，又会诱人犯罪。一般来说，机会提供型诱惑侦查是允许的，犯意诱发型诱惑侦查是禁止的。机会提供型是指为已经有犯罪意图的人提供一个犯罪机会，以此侦破案件。犯意诱发型是指劝说没有犯罪意图的人产生犯罪意图，以此破案立功。在司法实践中，应绝对禁止为了增加打击数、破案数，为了立功受奖而诱使没有犯意意图的人犯罪。

5. 假冒伪劣产品犯罪。此类案件主要是群众举报，其他部门事先处理，然后再移送到公安机关，在证据收集上就产生脱节。对于这类案件，公安机关要处理没证据，不处理群众有意见。①

① 对此问题，新修订的《刑事诉讼法》已经作出了明确规定。

三、问题与难题的成因

(一) 认识上的原因

基于角色定位的差异，不同的人对同样的事实会存在不同的看法。在调研中，笔者发现有些证据上的争议并不是证据本身原因引起的，而是由认识上的差异造成的，特别是基于一些潜在的利益，一些执法人员对证据选择性地理解，更是产生以上问题的重要原因。

1. 对证据理解存在差异。据张家港市民警反映，第一次传唤犯罪嫌疑人所做的笔录，检察机关不予认定，检察机关的理由是第一次传唤不是强制措施，对犯罪嫌疑人采取强制措施后所做的笔录才是证据。在打击赌博犯罪中，公安机关与检察机关对数额理解存在差异。虽然犯罪嫌疑人开设赌场时间较长，但一次现场抓获的赌资往往达不到检察机关的批捕标准。由于检察机关不批捕，犯罪嫌疑人出来以后又会重新开设赌场，检察机关不批捕客观上造成犯罪嫌疑人的犯罪成本很低。公安机关认为应将犯罪嫌疑人抓获前的赌资全部计算在内，而不能仅计算抓获的一次。基于赌博犯罪的特殊性，只要犯罪嫌疑人交代了以前犯罪的赌资，就可以认定。

在打击制造假证犯罪中，检察机关要求公安机关提供犯罪嫌疑人出卖3套以上假证书的证据。但在司法实践中，公安机关往往难以收集到3套以上假证书的证据。犯罪嫌疑人可以供认做假证卖了多少钱，但卖给谁，他也说不清。有的造假者把证书寄到国外，这些寄到国外的证据是无法收集的。

在某市调研发现，个别检察人员对鉴定意见的理解过于机械，他们认为DNA鉴定意见有万分之零点几的误差，要求公安机关作出说明。对此，恐怕鉴定专家也无法作出说明。

2. 对刑事政策理解存在差异。对宽严相济刑事政策理解方面，公安与检察、法院存在差异。特别是对“犯罪情节轻微，不需要判处刑事处罚”的理解，公安机关与检察机关存在重大差异。由于该条款的弹性大，基层公安民警难以把握。比如，一般性的聚众斗殴，根据“宽严相济”的刑事政策，公安机关认为不构成犯罪，不报捕，检察机关要立案监督；公安机关报捕后，检察机关又以“犯罪情节轻微，不需要处罚”不批捕，基层民警感到自己只能被动办案。

在检察机关调研中得知，为了保证逮捕案件的质量，检察机关有内部考核规定：逮捕后不起诉、起诉后判处无罪的案件，承办人员在年终考核时要被扣分。目前，最高人民检察院就是按照该标准考核下级检察机关的。所以，检察机关希望公安机关不能因为犯罪嫌疑人是外来人员就一律报捕，一些轻罪没有必要报捕。公安机关与检察机关认识上的差异不少是由考核制度引发的，对此，苏州市检察院一位领导戏称：都是考核惹的祸！

(二) 民警自身的原因

在某市中级法院调研时，一些法官反映个别基层民警缺少诉讼意识，在提取、固定、保全证据以及勘验现场时没有尽心尽责，他们提到了两起杀人案件。第一起案件经过是：第一被告砍了受害人一刀，第二被告也砍了受害人一刀，第一被告、第二被告都承认砍了受害人一刀，两把刀是一样的，究竟哪一刀是致命一刀，法庭无法查清。法官认为办案民警在对被害人的伤口勘验时，如果做到认真、仔细，就可以避免此类问题。

第二起是提请最高人民法院拟判死刑的杀人案件。犯罪嫌疑人作案后将刀扔进河里，公安机关制作的笔录上记载打捞时间是某年的1月29日，但让犯罪嫌疑人辨认时间却是某年的1月19日。打捞时间与辨认时间上自相矛盾，导致最高法院打电话询问某中级法院究竟是怎么回事。

这两个案例说明个别民警还缺少诉讼意识，工作上马虎粗心，不负责任。

（三）机制上的原因

1. 警力不足。目前，公安机关主业是“维稳”，在“维稳”上，公安机关耗费了大量的警力，由此导致公安机关无力在刑事案件侦查取证中精耕细作。以某市辖区内派出所民警的工作为例，民警基本上是三四天值一班，在处理其他报警时，民警不可能办理原先的案件，往往错过最佳取证时间，而处理最初报案的民警也没有闲着，一直在忙于其他案件或事情。如，某工业园区的派出所有民警6人，一年处理的治安案件与劳教案件有150多起，一个民警手上同时有五六起案件待办。昆山市的警力配置是万分之二，打击犯罪的任务比较重。有些派出所同时要处理七八起报警，连出警都来不及，很难苛求他们对案件精耕细作。

2. 专业化程度不够。派出所民警对治安案件的处理比较熟悉，对刑事案件处理比较陌生。接报警时，民警首先是按治安案件处理，等到构成刑事案件，才开始调查取证。由于取证不及时，会遗失一些关键证据。

3. 户口登记制度缺少公信力。户籍证明是公安机关出具证明当事人身份、年龄的官方文件。从证据属性看，户籍证明属于公文书证，具有较强的证明力。但在司法实践中，不仅检察院、法院对公安机关出具的年龄证明产生怀疑，律师对户籍证明也屡屡质疑。对户籍证明的怀疑，实质上是对公安机关户籍登记制度的不信任，公安机关户籍登记制度已丧失了公信力。

（四）法律上的原因

1. 法律空白。在刑事诉讼法修改后，犯罪出现了一些新情况，对这些新情况如何处理，法律没有作出具体规定。如，对艾滋病鉴定需要较长时间，但公安机关必须在一天内作出是否放人的决定。对犯罪嫌疑人作精神病鉴定时间不计入办案时间，但是，对艾滋病患者作鉴定的时间如何处理，法律没有规定，也缺少具体的司法解释。

2. 可操作性不强。基层办案人员普遍反映我国刑事诉讼的原则性规定比较多，具体可操作性规定比较少。如，讯问笔录是基层民警每天必做的工作，讯问笔录如何制作，法律没有详细规定。发破案记录是检察机关、法院审查证据的重要辅助性资料，如何制作，法无规定。

（五）案件自身的原因

不同案件中证据具有不同的特点，有些案件中的证据比较多，容易收集；有些案件中证据少，不易收集；有些案件事实可以用证据证明，有些案件事实无法用证据证明。一般来说，杀人案件证据较多，加之领导重视，通常能收集到足够的证据。毒品犯罪中缺少受害人，缺少证人，证据难以取得。犯罪嫌疑人主观上是否明知，无法用证据证明。飞车抢夺犯罪具有很大随意性、不确定性，作案过程短暂。受害人过于紧张，无法准确地说出犯罪嫌疑人的体貌特征。在一些侵财类犯罪中，犯罪嫌疑人多次作案，他对作案地点、犯罪时间无法准确的说明。

四、破解问题与难题的对策

（一）规范取证程序

公安机关收集证据中存在的问题，与取证程序不规范有或多或少的关系。规范取证程序不仅能避免证据收集上的遗漏，而且能保证所收集的证据合法、有效，使证据真正成为打击犯罪的利器。

1. 规范录音录像制度。录音录像不仅能有效地固定证据，而且能反驳被告人无理翻供，对民警依法讯问也起到保护作用。苏州中院一名法官曾言：张家港市公安局对一名涉嫌抢劫杀人的犯罪嫌疑人讯问时，对讯问过程实行全程录音录像。录像内容完整、清晰，法官相信没有刑讯逼供问题，当庭驳回了被告人的翻供。

目前，苏州市公安局对所有命案实行录音录像。在财力允许的情况下，应将录音录像扩大到其他类型的案件。另外，完善录音录像的技术规范：同步录音录像，全程录音录像，双机同时录音录像。此外，录音录像的过程要附有说明，并履行法定的签名制度。

2. 规范讯问笔录。(1) 从时间上规范。犯罪嫌疑人被采取强制措施后，应立即讯问。讯问结束时，由其确认讯问终止的时间并签字。(2) 从人员上规范。讯问人员不得少于两名，在笔录上签字的人员必须是实际参加讯问的人员。杜绝虚假签字和自审自记的现象，牢固确立证据合法性的理念。(3) 从责任上规范。笔录内容要由审讯人员互相审核，以减少笔录错误、遗漏、矛盾之处，审讯人员共同承担笔录错误的责任。(4) 从用语上规范。讯问笔录用语要规范、严谨，尽量用实词，少用或不用虚词。在关键用语上要避免产生两可的解释，比如，证人说“好像”、“可能”，民警就要追问一下，让证人或犯罪嫌疑人讲清楚，他究竟有没有看到或听到，还是真的不能肯定。(5) 从内容上规范。讯问内容要全面，关系到犯罪嫌疑人定罪量刑的内容一定要问到位。比如，犯罪嫌疑人年龄问题、前科问题、自首问题、立功问题、使用何种犯罪工具、何人持有犯罪工具等内容，在审讯时不得遗漏。(6) 从地点上规范。对犯罪嫌疑人讯问必须在看守所内进行，不得在办案单位的办公地点或其他场所讯问，讯问卷宗内应当有看守所民警的证明材料。

3. 规范现场勘验。绝大部分犯罪都有现场，现场在侦破案件中起重大作用，证据遗漏、证据污染、证据灭失，基本上都与现场勘验不及时、不全面、不认真有关。(1) 从技术上规范。省、市公安机关的职能部门都制定了勘验现场的技术规范，技术人员应严格按照规范要求勘验现场。(2) 从人员上规范。勘验现场时，技术人员与侦查人员必须同时到位，按照分工履行各自的职责。在个别地方，侦查人员往往不到勘验现场。侦查人员不到犯罪现场，不仅容易遗漏重要的证人，而且讯问犯罪嫌疑人势必没有重点，难以切中要害。（3）从程序上规范。勘验现场一定要邀请见证人到场，勘验结束时，让见证人在勘验笔录上签字。现场提取的物证、勘验笔录都要有记载。

（二）与检察院、法院多交流

由于缺少沟通，公安司法机关在证据问题上产生了一些无谓的争议。解决争议的办法是加强交流，了解其他机关的取证程序与认定证据的方法。

苏州公安机关在与检察院、法院沟通方面做得比较好，苏州有“大三长”会议与“小三长”会议。①“大三长”会议定期召开，解决一些宏观上的问题，“小三长”会议解决具体问题。苏州市公安局定期邀请资深法官、检察官给刑警队长、派出所所长讲证据要求、证据规范，这一做法值得推广。

公安机关也应主动向检察院、法院介绍情况，让他们了解公安机关的办案特点。如，在一起共同犯罪中，公安机关同时抓获了8名犯罪嫌疑人，苏州市某检察机关曾提出疑问：怎么可能同时抓住8名犯罪嫌疑人。其实，这是一起公安机关长期经营的案件，犯罪嫌疑人在聚会时被公安机关一举抓获。经过介绍情况，检察机关了解此案的侦破特点，消除了对抓捕过程的怀疑。

（三）推行网上审批程序

我国警力配置的万分比远低于发达国家，也低于周边中等发展水平的国家，警力不足长期困扰着我国公安工作。为应对警力不足的问题，公安机关必须在内部深挖潜力。

就内部深挖潜力而言，一些基层民警反映公安机关取证手续烦琐，自缚手脚，影响公安机关战斗力的提升。从某市的现状看，公安机关办案的审批手续由县级法制部门负责，一些离县城比较远的城镇派出所、农村派出所办理取证手续非常不方便，民警办案时间大量地浪费在往返法制部门与派出所的路上，一些派出所民警建议把办案审批权限下放。笔者认为这样的建议不可取，法治社会的要义在于限制权力，规范权力的运用。公安机关权力行使涉及公民的切身利益，必须有制约机制。目前，可推行办案网上审批制度。基层民警可在网上向法制部门提出办案申请，减少基层民警在路上的往返时间。有的地方法院已经实行网上远程立案，远程审批，公安机关可以借鉴法院的做法。

（四）扩大年龄审查范围

对年龄问题可以作两种情况处理。一是尽可能扩大年龄的审查范围。对拟判死刑案件，被告人的年龄不能有任何疑点。审查年龄的范围应包括被告人父母亲的年龄、

① “大三长”会议是指公安局长、检察长、法院院长定期举行的会议，苏州是每年举行一次“大三长”会议。“小三长”会议是指公安局的处长、检察院的处长、法院的庭长不定期举行会议，根据需要“小三长”会议可以不定期举行。

兄弟姐妹的年龄、被告人的属相、同学年龄、被告人父母做绝育手术的时间。公安在调查未成年人的年龄时，应该尽量多调取一些相关信息，这是司法公正的要求。二是对被告人拟判缓刑、拘役以下刑罚的案件，可以按照被告人户口簿上的年龄认定，如果被告人自认达到追究刑事责任的年龄，也可以按其自认的年龄处理。理由是户籍证明属于公文书证，在没有反证的情况下，公文书证应该推定为真实。被告人变更年龄大多是为了获取其他利益，变更户籍证明是破坏国家行政管理活动的违法行为，被告人应对自己违法行为承担相应的责任。推定户籍证明上的年龄为真实，有利于提高诉讼效率。

（五）提高取证能力

首先，要有证据意识。打击犯罪必须有证据，没有证据或证据不充分，很难将犯罪嫌疑人绳之以法。一些民警之所以害怕犯罪嫌疑人翻供，还在于收集的证据没有达到排他性。提高证据意识不是一句虚话、套话，从与犯罪嫌疑人接触的第一时间起，办案民警就必须有证据意识，他所做的每一件事，笔录中所记载的每一句话都得有证据支撑。公安机关收集证据不能仅满足于检察机关批捕的要求，还要达到法院审判的要求。其次，要增强取证能力。取证能力是与证据意识联系在一起的，一起案件发生了，侦查人员应该知道在什么地方会留有证据，在什么地方可以收集到证据，哪些证据是核心证据。在收集证据之前，就应该超前思考这些问题，这样才能避免机械取证、被动取证、无法取证的现象。

如何提高民警的取证能力？首先，民警要加强自我学习，通过旁听法庭审判等方式，使自己知道应该如何取证。其次，确立主办民警制度。一个案件的证据如何收集，由主办民警提出取证思路，其他民警加以配合，以此调动民警取证的积极性。又次，建立定期交流制度。以基层队所为单位，由民警定期汇报自己的取证经验，其他民警评论其取证得失。再次，加强专业化建设，保持办案人员相对稳定。调查取证的专业性很强，一个民警不仅需要受过专门训练，还需要参加一定时间的实际工作，才能胜任调查取证工作。刑事警察队伍人员流动性大，人员流动性大不利于办案民警调查取证能力的提高。必须制定配套措施，保持办理刑事案件人员的相对稳定。最后，确立定期培训制度。基层民警每年培训的时间不得少于五天，培训方式可以因地制宜，灵活多样，努力打造学习型警队。

（六）掌握推定有罪的方法

推定是与证据证明平行的另一种认定案件事实的方法，即在基础事实得到证实的前提下，根据法律规定或经验法则，推断案件事实的有或无。推定是由三个部分组成的：基础事实、推定根据、推定事实。其中，基础事实是前提，推定根据是关键。推定能够弥补证据证明的不足，其主要功能是解决对被告人主观上是否明知、故意的认定。《联合国反腐败公约》和《打击跨国有组织犯罪公约》中明确规定对被告人主观上的明知、故意，可以进行推定。

在刑事诉讼中，不仅要坚持无罪推定原则，还要掌握推定有罪方法。推定对基层民警而言是一种比较陌生的认定案件事实的方法，推定对犯罪嫌疑人主观方面的认定以及对“一对一”事实的认定，有其独特功能。基层民警要加强学习，尽快掌握推定有罪这一打击犯罪的利器。

（七）建立科学考评体系

严管队伍离不开考评制度，考评的意义在于奖勤罚懒，提高民警的办案水平与办案质量。基层民警反映目前考评体系总体上是合理的，但也存在不少需要改进的地方。公安机关在运用证据中出现这样、那样的问题，表面是民警的个人行为，实质上是与不科学的考评体系联系在一起的。如，不少地方规定打击犯罪的数量，导致民警将不够批捕条件的犯罪嫌疑人也移送起诉。个别地方为了完成破案指标，甚至出现制造假案，“购买”犯罪嫌疑人的现象。人为地规定犯罪打击数，不仅与科学发展观不吻合，反而会影响办案质量，甚至会恶化治安形势。

公、检、法机关都有各自的考核体系，特别是检察机关的考核体系如果有不科学的地方，将会影响公安机关对犯罪的打击。就公安机关而言，必须以科学发展观和构建和谐社会为指导，制定切实可行、反映公安实践真实情况的考评体系。这个考评体系的核心既要让基层民警依法办案，又不能束缚他们的办案手脚，特别是要避免“多办案无功，少办案无错”的负面现象。

（初审编辑：马明亮）

On the Problems and Solutions in Criminal Investigation and Evidence – Collecting

Li Fucheng

Abstract: The basic task of criminal litigation is to punish crimes and protect human rights. Whether it is combating crime or protecting human rights, the evidence is indispensible. Some policemen being short of the knowledge of evidence science, there is phenomenon of their not knowing or not attaching importance to collecting evidence, and of their not being standardized, or not abiding by law in criminal investigation. In addition, the criminal cases having the characteristics of their own, there are many problems encountered by grass – root police in criminal investigation, which not only affect effectively combating crimes, but also hinder the protection of human rights.

Key words: investigating and obtaining evidence; police; evidence

美国警察讯问录音录像制度

宋洪恩*著 赵 华**译

摘 要：目前，在美国警察讯问同步录音录像制度的建立早已成为不可逆转的趋势。犯罪嫌疑人的虚假有罪供述导致错误判决大量产生。为了解决这个问题，警察部门引入电子录音录像技术来记录警察讯问过程。虽然在最初阶段执法人员表现出了抵抗态度，但是这项实验最终获得支持，并且被普遍应用。技术本身并不能带来有益的结果，执法人员在法律框架内规范地使用录音录像技术才能解决根本问题。本文梳理了警察询问录音录像制度的合理性和相关历史实践，进而分析警察询问录音录像制度以何种方式实施，才能提高侦查行为的有效性。

关键词：警察讯问 录音录像

美国的刑事司法制度承载着两项与生俱来的责任，它们互相并存，但是并不矛盾。一方面，执法机关有责任识别和惩罚那些实施犯罪行为，危害了整个社会秩序的罪犯。另一方面，执法机关有责任保护无罪公民免受政府的非法骚扰、刑事调查和惩罚。第一项职责的目的在于通过打击犯罪行为和惩罚罪犯来保障法律和社会秩序。而第二个职责则强调保障法律中的基本公平和权利。斯坦福大学法律学者赫伯特·帕克提出两种模式来阐释这两种蕴含于美国刑事司法体系之中的责任和价值，即犯罪控制模型和正当程序模式。① 最近三十年，这两种职责和价值之间的冲突和张力促成了警察讯问同步录音录像制度的诞生，并最终被警察部门所接受。

无罪公民被错判为有罪是一种特殊的政府失职行为，这种行为将严重损害整个国家的法制权威。在很多国家，被错误判决的案件屡见不鲜，它们都在积极寻求应对和解决的方法。在美国，自从1973年以来共有26个州的138名被判处死刑的罪犯被无罪释放，因为新证据表明他们是无罪的。② 即使是非死刑的案件，很多无罪公民被错误地起诉和定罪。塞缪尔·R. 格罗斯和他的同事研究发现从1989年到2003年全美

---

* 宋洪恩，博士，美国城市大学约翰·杰伊刑事司法学院刑事司法系教授。

** 赵华，中国人民公安大学法学院讲师。

① Packer, H. (1968). *The Limits of the criminal sanction.* Palos Altos, CA: Stanford University Press.

② Death Penalty Information Center. (n. d.). *Innocence and the death penalty.* Washington, DC: DPIC. Retrieved form http://deathpenaltyinfo. org/innocence - and - death - penalty.

共有340名罪犯被免除刑事责任，包括327个男人和13个女人（2005）。在这340起案件中，144起（42%）案件中的被告被DNA结果证明无罪，196起（58%）案件的被告被其他手段证明无罪。[①] 但是，超过一半的罪犯已经在监狱服刑10年或者超过10年，80%的罪犯在监狱中服刑5年或者5年以上。整体来看，这些被误判有罪的公民已经为那些他们根本没做过的罪行在监狱中服刑3400多年了。根据美国拯救无辜罪犯项目（the Innocence Project）在2010年的研究证实，由一个研究小组负责调查的250个被误判的案件中，那些有罪的无辜公民被监禁的平均时间是13年。该研究小组由积极分子组成，擅长利用DNA鉴定技术来澄清那些错判的事实，帮助那些被错误定罪的公民。[②]

在美国，错判案件大量出现很重要的原因之一就是犯罪嫌疑人在警察讯问时作出了虚假有罪供述。[③] 这个令人遗憾的事实对美国的司法体系价值——惩罚罪犯和正当程序，造成了严重的打击，因为真正的罪犯没有受到惩罚，无辜的公民反而因为错误判决受到惩罚。几乎25%的错误判决产生的原因全部或者部分是因为犯罪嫌疑人在讯问过程中对警察作出了虚假有罪供述。[④] 在格罗斯的研究中，在被判谋杀罪而后证明罪犯无罪的案例中，虚假的有罪供述对定罪起到了至关重要的作用。如果犯罪嫌疑人是未成年人或者精神病患者，那么这个问题则更加严重。[⑤]

在这些不幸的案例中，这些无罪公民错误地承认自己曾经参与了警察侦查的全部或者部分犯罪行为。这种虚假的有罪供述误导了办案警察、检察官、辩护律师、法官和陪审团，使得他们认为犯罪嫌疑人实施了犯罪行为，从而作出有罪判决。法庭一旦作出错误的判决，真正的罪犯就会逍遥法外，在其他社区继续作案危害社会。从这个角度说，虚假供述和错误的有罪判决导致刑事司法体系和诉讼过程效率低下，并且毫无公平可言。

为了避免由于虚假供述导致的错误判决和无罪公民被判有罪，公众要求立法规定警察讯问同步录音录像制度的呼声越来越强烈。[⑥] 同时，美国和世界各国的执法机构

---

① DNA分析技术的诞生和DNA证据效力的持续性可以帮助我们去发现案件中的人为和技术错误，即使这些案件早已审理完毕。这种可能性永远地改变了公众对于错误供述和错误判决的态度，也改变了相关的实证研究。见Gross, S. R., Jacoby, K., Matheson, D. J., Montgomery, N., & Patil, S. (2005). *Exonerations in the United States*, 1989 *through* 2003. Journey of Criminal Law and Criminology, 98 (2), 523–560。

② The Innocence Project. (2010). 250 *Exonerated*: *Too many wrongfully convicted.* New York: Benjamin N. Cardozo School of Law, Yeshiva University.

③ Huff, C. R. (2003). Wrongful conviction: Causes and public policy issues. *Criminal Justice* (American Bar Association), 18 (1): 15–19.

④ Huff, C. R. (2003). Wrongful conviction: Causes and public policy issues. *Criminal Justice* (American Bar Association), 18 (1): 15–19; Lassiter, G. D. (2010). Psychological science and sound public policy: video recording of custodial interrogation. *American Psychologist*, 65 (8), 768–779.

⑤ Gross, S. R., Jacoby, K., Matheson, D. J., Montgomery, N., & Patil, S. (2005). *Exonerations in the United States*, 1989 *through* 2003. Journey of Criminal Law and Criminology, 98 (2), 523–560.

⑥ 本文中警察讯问是指为了查明犯罪，警察依法对犯罪嫌疑人进行审讯和诘问，以获得有罪供述的行为。在询问过程中，被讯问的犯罪嫌疑人有理由确信自己正处于警察的羁押状态中。

也都逐步采取措施，切实落实警察讯问同步录音录像制度，进一步规范警察执法行为。比如美国哥伦比亚特区和伊利诺伊州的立法机关已经制定和颁布了涉及警察讯问同步录音录像的相关立法。本文将就美国开展警察讯问同步录音录像实践的实践和教训展开探讨。

一、亟待解决的旧问题

在刑事案件的审理中，检察官能够提供的最有证明力的证据就是犯罪嫌疑人作出的有罪供述。从实践中来看，如果检察官已经获得犯罪嫌疑人的有罪供述，那么随后进行的审判过程，将显得无足轻重，审判结果也无疑会是有罪判决。在美国，仅凭有罪供述足以认定犯罪嫌疑人有罪和判处刑罚。

（一）错误的有罪供述

为何一个无辜的被告会承认自己犯下某种卑劣的罪行，即使他没有参与犯罪，甚至对该罪行一无所知？最新的研究表明，尽管实践中发生错误有罪供述的原因千差万别，错误供述的类型纷繁多样，但是其深层次的动因却是一致的。总的来说，错误的有罪供述之所以发生，是因为警察在讯问过程中常常造成三个错误，并且这三个错误是遵循一定顺序发生的。① 第一个错误就是错误分类，即有罪推定，也就是说未经审判，警察或者探员却错误地推定一个无辜公民实施了犯罪行为，并且这种先入为主的有罪推定观念引导或者影响了后续的讯问方案。这种有罪推定观念产生的主要原因是警察的培训课程过分地夸大了人为分析谎言的作用和真实性，结果警察过度地依赖自我判断的结果。② 警员常常愿意相信一个事实，那就是如果他们学会分析人类的非语言信息，比如肢体语言，那么他们能准确地从100个谎言中发现85个谎言的真相。这个结果连最发达的测谎技术都无法企及。

第二个错误是胁迫③，即在讯问过程中警察会对犯罪嫌疑人施加巨大压力。一个无辜的公民被错误地贴上了有罪的标签之后，警察经常会制造高压的、责问式的讯问氛围，利用其突破犯罪嫌疑人的心理防线。比如警察不会使用“是否”这个词，而直接讯问“为什么”、“怎么样”、“什么时候”、“和什么人”等问题。最近，针对警察讯问失当行为的控诉数量逐渐减少，这些控诉主要包括警察在讯问过程中使用暴力威胁手段或者酷刑，拒绝提供合格的食物和卫生条件，不允许犯罪嫌疑人睡觉，不允

---

① Leo, R. A. (2009). False confessions: Causes, consequences and implications. *The Journal of the American Academy of Psychiatry and the Law*, 37, 332 -343.

② Leo, R. A., & Drizin, S. A. (2010). The three errors: Pathways to false confessions and wrongful convictions. In G. D. Lassiter & C. A. Meissner (Eds.), *Police interrogations and false confessions: Current research, practice and police recommendations* (pp. 9 -30). Washington, DC: American Psychological Association.

③ 被警察胁迫而作出的虚假有罪供述都是虚假的有罪供述，但是不一定虚假的有罪供述一定是因为警察胁迫犯罪嫌疑人而作出的。胁迫是指警察在讯问时实施暴力手段或者威胁，超期羁押犯罪嫌疑人，拒绝提供合格的食物，不允许犯罪嫌疑人睡觉，作出不追究刑事责任或者减轻刑罚的许诺，威胁不合作则面临严苛的刑罚，或者对犯罪嫌疑人隐瞒其宪法权利。在庭审时，犯罪嫌疑人通常都会要求撤销其作出的有罪供述，即使这些有罪供述有时是真实的。显然，被警察胁迫而作出的有罪供述有时候恰恰是真实的。

许律师会见当事人，使用疲劳战术，等等。但是，在讯问中，警察会利用隐含的或虚假许诺或者严苛的刑罚来引诱或者迫使犯罪嫌疑人作出有罪供述的现象还依然存在。警察要么迂回地利用恐吓问题和安慰性的交换条件来打消犯罪嫌疑人的抵抗心理，要么不断迫使犯罪嫌疑人相信当前除了承认罪行之外，没有任何办法摆脱目前的境遇。显然，这两种方法都是为了得到有罪的供述。①

为了使有罪供述看上去内容完整、真实，警察还需要犯罪嫌疑人在有罪供述中，详细地描述作案时的犯罪细节和行为，比如作案的原因和作案手段等。因此，最后发生在讯问环节中的错误就是虚构事实，即利用警察提供一些公开或者非公开的信息，警察和犯罪嫌疑人合作虚构作案的细节，从而完成对犯罪事实的虚假描述。一份可信度很高的描述犯罪事实和细节的供述，不仅仅是警察和犯罪嫌疑人合作的结果，有时也常常由犯罪嫌疑人自己虚构。也就是说，为了完成获取有罪供述的目的，美国警察经常给犯罪嫌疑人提供关于案件的非公开信息，帮助犯罪嫌疑人建构一种他明知并能详细重述整个作案经过和犯罪事实的现象，这样可以将检察官、法官和陪审团的注意力全部集中在警察的讯问结论上，而忽视其他证据，也可以凭借这些描述作案经过和犯罪事实的供词加强检方证据的说服力，达到排除其他一切可能性的目的。② 上述这三种因素，即误导的专业知识、胁迫的压力、虚构的描述会导致很多有罪的判决，其中很多的有罪判决都被证明是错误的。

警察在讯问时之所以会发生有罪的推定、胁迫的手段和虚构的事实三个连续的错误，主要是由以下因素造成的：犯罪嫌疑人造成的或者警察感觉到的来自犯罪嫌疑人的威胁，警察使用暴力手段或者给犯罪嫌疑人造成即将使用暴力手段的心理压力，犯罪嫌疑人的分析推理能力减弱（由于疲劳、压力、饥饿、酗酒或者吸毒、精神错乱、无知）、欺骗性的讯问技巧的使用（比如谎称警方已掌握其他有罪证据）和犯罪嫌疑人产生的拒绝供述将带来更重的刑罚的预期。③

除了上述三种错误，信息的缺乏，加之草率地对现状进行成本效益分析后，犯罪嫌疑人也会作出有罪供述。也就是说，为了离开高压力的环境，避免不合作而带来更重的惩罚，犯罪嫌疑人会认为作出有罪供述是一种迫不得已的理性选择。错误的供述通常意味着犯罪嫌疑人不能真正理解有罪供述带来的法律后果，因为警察常误导犯罪嫌疑人认罪就能换来减轻刑罚。同时，警察也常常提供一些减轻刑罚的因素，比如犯罪是出于疏忽大意，犯罪嫌疑人被激怒而犯罪，等等。④

---

① Leo, R. A. (2009). False confessions: Causes, consequences and implications. *The Journal of the American Academy of Psychiatry and the Law*, 37, 332 – 343.

② Leo, R. A., & Drizin, S. A. (2010). The three errors: Pathways to false confessions and wrongful convictions. In G. D. Lassiter & C. A. Meissner (Eds.), *Police interrogations and false confessions: Current research, practice and police recommendations* (pp. 9 – 30). Washington, DC: American Psychological Association.

③ Salzberg, A. (2009). *False confessions and recording of custodial interrogations.* New York: The Innocence Project.

④ Perina, A. (2003). The false confession. *Psychology Today*, 36 (2), 11.

（二）假称警察在讯问中有不当行为

有些决策者已经认识到警察讯问录音录像制度能够带来诸多好处，比如有利于提高警察执法的法治化程度，有利于在庭审时法官判断警察获得有罪供述的方法是否合法，有利于保护警察避免面临由于讯问行为非法或不当的指控。随着虚假的有罪供述和错判案件的不断出现，公众认为警察对犯罪嫌疑人使用暴力或者欺骗手段的现象确实存在，这一点会极大削弱公众对于警察执法的公信力。如果不采取积极的措施将警察讯问过程透明化，恢复公众对刑事司法程序的信心，那么警务部门会发现其执法公信力和合法性就会不断地受到公众的质疑和挑战。政府行为公开化和责任制是当今社会的两大基石。在当今社会，迅速重播技术、电子裁判和视听证据早已被引入来确保社会竞争的公平公正，比如体育比赛。

二、解决方案：警察讯问录音录像制度

一般来说，在实施刑事诉讼对抗制审判模式的英美等国，改革者的提议很少获得诉讼程序所有参与方的一致欢迎和赞同。但是，可信度高和可行性强的录音录像技术却被认为是一个一箭双雕的有效措施，既能够减少错误认罪供述的产生，也能够判断警察是否实施了不当或者非法的讯问行为。支持者认为录音录像制度增加了警察讯问程序的透明化，从而使警察讯问能够得到有效的公众监督和事后审查。执法者认为录音录像制度的实施揭开了警察讯问的神秘面纱，以两种主要方式起到了保护犯罪嫌疑人和警察的作用。

第一，由于讯问过程将被影音设备同步录制下来，警察就不敢轻易使用那些很容易产生虚假认罪供述的讯问技巧，[①] 犯罪嫌疑人也不能在庭审时声称受到警察刑讯逼供而要求法庭忽略自己作出的有罪供述。[②] 也就是说，如果警察和犯罪嫌疑人明知其一言一行都将被同步记录在案，那么他们都会对讯问发生的一切保持谨慎的态度。

第二，法官和陪审团能够看到警察讯问的全程音像资料，这样将极大提高法庭审查被告的有罪供述是否能被采纳作为定案证据的能力。理论上，通过观察警察的行为，听到犯罪嫌疑人的言语，评估双方的互动效果，法官和陪审团将可以很好地解决犯罪嫌疑人的有罪供述和犯罪嫌疑人是无罪的可能性这两者之间的矛盾。

对于警察和检控官来讲，建立全程录音录像制度将便利其对刑事案件的侦查和控诉。警方的讯问人员不再需要作详细的讯问记录，可以集中精力关注犯罪嫌疑人的行为和语言，更不再需要花费精力去回忆几周前的讯问中到底说了什么，做了什么。一旦警察讯问被视听设备同步录制下来，那么可以避免辩护方在庭审时提出排除犯罪嫌疑人有罪供述的动议。而且，通过观看警察提供的音像证据，法官和陪审团就可以判断犯罪嫌疑人是否在讯问过程中经历了刑讯逼供等非法讯问。最后，警察讯问录音录

① Kassin, S. M., Drizin, S. A., Grisso, T., Gudjonsson, G. H., Leo, R. A., & Redlich, A. D. (2010). Police – induced confessions: Risk factors and recommendations. *Law and Human Behavior*, 34, 3 – 38.

② Mills – Senn, P. (2006). What's new with interviews? Digital technology is taking a seat next to criminals in interview rooms. *Law Enforcement Technology*, 33 (7), 54 – 66.

像制度还可以切实保障犯罪嫌疑人获得律师辩护和不得自证其罪的宪法权利，使警察免于受到由于讯问行为失当而引起的民事诉讼和指控。

（一）录音录像技术在警察讯问中的运用

通常，警察是在一个指定的会见室或者讯问室来讯问犯罪嫌疑人。传统讯问室的内部格局会让犯罪嫌疑人一踏进来就感到恐惧害怕，进而放弃抵抗的想法。一般来讲，讯问室就是一间很小的只有一张桌子和几把椅子的隔音房间，四壁空白。一旦进入房间，犯罪嫌疑人立刻会产生一种陌生的、孤立的和毫无隐私的感觉，非常渴望尽早离开。在很多警察局，讯问室中还安装一面镜子，这样可以增强犯罪嫌疑人的焦躁不安情绪，也便于其他警员观察整个讯问过程。目前，这种传统的设计理念已经被新的设计取而代之。现代的审讯室不仅设计得非常舒适，并且安装了很多新设施，其中电子录音录像设备必不可少。

警察讯问录音录像制度的强制实施需要如下几方面成本：讯问人员的培训、购买和维护设备、电子证据的保留等。这些成本非常昂贵，但通常在开始安装电子视听设备时就会产生，在设备安装完毕和人员培训结束时就会大幅度下降。事实上，在很多警察局，了解电子技术的最新发展，使用先进的电子测试设备本身就是警务工作的内容。比如，使用呼吸式酒精测试器检测驾驶者的血液酒精浓度来确定驾驶者是否为醉酒状态早已成为美国很多警察局的规范化执法行为。据估计，将一间旧的讯问室改建成为舒适的、隔音的、配有电子录音录像设备的新式讯问室将需要 14000 至 25000 美金。①

同一个人工记录员相比较，电子录音录像设备使用简便、费用低廉，因此先进的影音设备已经并且会继续给警务工作带来极大的便利。大都市的警察部门选择建造多种形式的隔音讯问室。这些讯问室都安装有一套电子录音录像设备，同一个中央处理中心连接，只是有的电子设备是肉眼可见的，有的电子设备是隐藏起来的。电子数字技术能够提高图像的画面质量（标准画面尺寸是 640mm × 480mm），并且节省存储空间。电子录音录像设备的使用十分简便，仅仅需要按下录音按钮即可开始开始工作，一秒钟可以录 30 个画面。此外，现代的录音录像设备还可以从不同角度记录警察讯问的过程，录制过程中还可以转换拍照和录制的角度。这样警察能够从大量的场景和长达数小时的录像资料中寻找需要的目标。警察还能够对关键的画面作标注或者记录，人工或者自动设定删除某些画面。定向的声音查寻话筒能够很容易获取 16kHz 的声音样本。这些数字声音和影像数据可以存储为多种格式（MPEG - 4/mp4，WAV，JPEG，BMP 等），但是注释和标注通常是以 CVS 格式输出。日期、时间和照片帧数通常可以在任何一种存储格式中显示。

尽管大部分州的立法只是允许执法部门采取秘密方式使用电子录音录像设备记录讯问过程，但是狡猾的犯罪嫌疑人或者惯犯一般都非常清楚这一点。各州的立法并没有规定警察需要告知犯罪嫌疑人，但是实践中美国警察通常会告知犯罪嫌疑人整个讯

① Beitsch, R. (2011). Bill requires recording of interrogations. *The Bismarck Tribune*, January 11.

问过程会被电子设备记录下来，或者直接将电子录音录像设备放置在可见的位置。如果警察选择告知犯罪嫌疑人讯问过程将被电子录音录像设备记录下来，那么告知的方式有几种，比如口头告知、书面告知或者在讯问室或派出所张贴标识。如果电子录音录像设备被安装在隐秘的地方，当犯罪嫌疑人提出讯问是否会被记录下来的问题时，警察通常会按照事实回答犯罪嫌疑人的问题。如果犯罪嫌疑人表示拒绝在摄像机前开口讲话，那么警察通常会关闭录音录像设备。

有些警察局为每间审讯室都安装几部电子设备，从不同角度记录讯问过程，以避免单一角度的录音录像资料会造成视觉偏见①，而有的警察局则只安装一部正对着犯罪嫌疑人的录像机。培训警察如何使用电子设备记录讯问过程，以及将电子数据转为书面文字，都需要支出一定的费用。如果决定实施警察讯问录音录像制度，那么讯问的警察必须接受相关培训，能够熟练使用记录设备的硬件和软件以及利用电子技术记录讯问过程的技巧。尽管现行立法并不要求将电子数据转为书面文字，但是很多警察局都会根据影音资料，由专人将讯问内容誊写成文字并存档。这种誊写需求日益增多，所以此项服务在美国很受欢迎。

（二）警察讯问录音录像制度的原则

技术本身并不能直接减少错误的有罪供述的产生，也不能解决假称警察讯问时行为不当的问题。解决问题的关键在于如何使用电子录音录像技术。为了最大限度地获取科技发展带来的益处，警察讯问录音录像应当遵循一些程序性的原则，应当在特定的法律框架下进行。

1. 全程性原则

警察讯问的全部过程都应该被清晰地记录下来，而不仅仅是犯罪嫌疑人作出有罪供述的部分。当犯罪嫌疑人进入讯问室，并被告知米兰达规则时，录音录像设备就应当开始录制工作。因为整个讯问过程中都有可能产生错误的认罪供述，因此只有当整个讯问过程停止，犯罪嫌疑人离开讯问室之后，录制工作才能结束。

这种开始和结束的方式是唯一能够被认可的，其结果也是较为可信的记录方式。②

仅仅记录犯罪嫌疑人作出供述的过程并不能避免错误的有罪供述的发生。1989年，5个纽约年轻人被错误地判决在中央公园强奸和殴打1个正在慢跑的女性，判决的依据就是他们在讯问时作出的有罪供述。尽管这些未成年人作出有罪供述的过程被记录下来，但是供述之前这些未成年人到底经历了多长时间的审讯却不得而知。几年

---

① 单一录像机录像造成的视觉偏见是指在讯问室中只安装一部录像设备，在讯问时只拍摄犯罪嫌疑人的言行，而不拍摄警察的动作。如果使用这种仅仅拍摄犯罪嫌疑人的方法记录警察询问，那么观察者会更倾向于相信犯罪嫌疑人出于自愿作出了有罪供述自愿性，犯罪嫌疑人是有罪的。如果采用交替录制警察和犯罪嫌疑人的方法，结果很可能相反。实验室数据显示最好的方法是只录制警察的言行，但是这种方法不太可能被警察接受。

② Salzberg，A.（2009）. False confessions and recording of custodial interrogations. New York：The Innocence Project.

之后，这些未成年人声称当年在警察的胁迫下才作出了有罪供述，后来，DNA 证据表明真正的罪犯另有其人，但是此时他们都已被监禁了 5 至 11 年。这些不完整的录音录像资料极大损害了社区公民和纽约市警察局的警民关系。

运用视听设备记录警察讯问的全部过程，并且由专人誊录全部讯问内容，这无疑会导致成本的增加。美国司法部资助的一项研究结果显示，在安装录音录像设备后警察讯问一般持续 2 ~4 小时，传统的警察讯问后制作的讯问笔录一般只有 15 分钟。①

2. 全面性原则

所有讯问参与人的言行都应当被记录下来，而不是仅仅记录犯罪嫌疑人的举动和语言。警察应当在每间讯问室的不同角度安装视听设备，以便能够同时和清晰地记录警员和犯罪嫌疑人的所有面部表情、肢体语言和话语。广角镜头和超灵敏话筒能够很容易捕捉到双方的语言和动作交流。研究数据表明，当警察和犯罪嫌疑人同时出现在一个画面并且各占一半画面的话，那么观察者则更愿意相信犯罪嫌疑人是自愿地作出了真实的有罪供述。②

3. 真实性原则

每一份影像资料和声像数据都应该被系统地分析和详细地评估，才能用来判断警察讯问过程的公正性。二十多年前，很多从事此项研究的学者认为，应当制定一套以证据为导向的评估指引，去评估那些被影像设备记录下来的讯问是否真实。这些评估指引应当包括犯罪嫌疑人的精神状态、警察施加的压力等级和双方的交流顺序。

声像数据还被用来确定犯罪嫌疑人的心理特征。有些特定犯罪嫌疑人很容易成为胁迫、建议和欺骗的受害者。比如青少年常常作出虚假供述，因为他们容易受到摆布，也容易相信只要承认有罪就能很快回家的诱骗。有心理障碍的犯罪嫌疑人也常常这样做，因为他们更容易相信官方的数据和结论。目前，只有少数警察才接受过相关培训，知道如何讯问有心理障碍的犯罪嫌疑人。精神病患者、吸毒人员或者酗酒者也可能作出虚假的有罪供述。最后，那些预示着压力、恐惧和疲惫的行为值得深入分析，比如颤抖、焦虑、流汗、呼吸急促、尿频和言语不连贯。

一些关键的客观条件也需要深入分析，比如会见持续的时间、讯问技巧、瞒骗已知证据、公开的或者心照不宣的胁迫或者许诺、承认犯罪即可释放的承诺等。在讯问过程中，警察的很多行为都是合法的，比如指控犯罪嫌疑人、大声说话、靠近犯罪嫌疑人、编造事实、展示证据、假装掌握其他证据、告知犯罪嫌疑人没有通过脉搏或者呼吸议的测试等。这些行为的合法性在于一个无辜的人不会承认自己有罪，即使他正在面对很多不利的虚假证据。警察允许使用很多讯问技巧，向犯罪嫌疑人施压或者试图说服他，但是警察被禁止使用明显的恐吓性语言或者诱骗性许诺，因为这些语言和

---

① Geller, W. A. (1993). *Videltaping interrogations and confessions.* Rockville, MD: National Institute of Justice.

② Lassiter, G. D., Ware, L. J., Ratcliff, J. J., & Irvin, C. R. (2009). Evidence of the camera perspective bias in authentic videotaped interrogations: Implications for emerging reform in the criminal justice system. *Legal and Criminological Psychology*, 14 (1), 157 – 170.

许诺会让犯罪嫌疑人感受到胁迫、诱骗从而作出非自愿的有罪供述。在美国，法院的审查标准就是：警察使用讯问技巧是否会干扰犯罪嫌疑人的自我意志，从而导致非自愿的或者虚假的有罪供述。

警察和犯罪嫌疑人之间的言语互动也是一个衡量犯罪嫌疑人作出有罪供述的自愿性的重要指标，比如犯罪嫌疑人和警察哪一个先说出了案件的关键事实，犯罪嫌疑人是自己主动作出了有罪供述还是接受了警察的建议，犯罪嫌疑人的供述是否提出了之前警方没有掌握的新证据，通过观看讯问的录音录像资料寻找这些问题的答案，能够帮助法官评价警察讯问的公正性和有罪供述的可信度。

三、警察讯问录音录像制度的发展趋势

美国各界逐步达成一种共识，那就是应当尽快通过立法规定和实施警察讯问录音录像制度。① 1985 年，阿拉斯加州第一个制定相关法律，规定警察讯问那些被控重罪的犯罪嫌疑人时必须全程录音录像，否则这些犯罪嫌疑人作出的有罪供述就不能被法庭采纳。这个立法来源于阿拉斯加州最高法院的一个裁定。2011 年 10 月，另外的 8 个州（明尼苏达州、伊利诺伊州、马里兰州、蒙大拿州、内布拉斯加州、新泽西州、新墨西哥州、威斯康星州）和哥伦比亚特区也通过了立法，强制要求全程记录全部或者部分刑事案件的讯问过程。② 其余 40 个州的超过 500 个警察局则制定了内部条例或者规章，要求警察讯问暴力犯罪或者重罪的犯罪嫌疑人时必须录音录像。③ 甚至连空军特别调查处、司法部和海军刑事侦查处的现役军警也被要求在讯问涉嫌刑事犯罪的犯罪嫌疑人时必须全程录音录像。

最近几年，美国拯救无辜罪犯项目（the Innocence Project）④ 和其他的非政府组织（比如美国律师公会⑤，纽约州地区检察官协会⑥）都提出了针对警察讯问录音录像制度的立法建议和行为指引。在立法建议中，关于证据的可采纳性这部分，他们不约而同地达成一致意见。“如果在警察讯问过程中没有录音录像，那么任何人作出的供述不得被法庭或者少年法庭采纳作为定案证据。这些供述不仅仅限于被记录下来的

---

① Leo R. A. , & Richman, K. D. (2007) . Mandate the electronic recording of police interrogations. *Criminology & Public Policy*, 6 (4), 791 – 798.

② Leo R. A. , & Richman, K. D. (2007) . Mandate the electronic recording of police interrogations. *Criminology & Public Policy*, 6 (4), 791 – 798; Sullivan, T. P. (2010a, January) . *Departments that currently record a majority of custodial interrogations.* Chicago: Center on Police Wrongful Convictions, Northwestern University School of Law.

③ Sullivan, T. P. (2010b) . The wisdom of custodial recording. In G. D. Lassiter & C. A. Meissner (Eds.), *Police interrogations and false confessions: Current research, practice, and police recommendations* (pp. 127 – 142). Washington, DC: American Psychological Association.

④ The Innocence Project (2009, December) . *Model Legislation*, 2010 *state legislative sessions: An act directing the electronic recording of custodial interrogations.* New York: Benjamin N. Cardozo School of Law, Yeshiva University.

⑤ American Bar Association. (2004, February) . *Resolution 8A: Videotaping custodial interrogations.* Chicago: American Bar Association.

⑥ District Attorney Association of the State of New York. (2010) . *The New York State Guidelines for recording custodial interrogations of suspects.* Albany. NY: District Attorneys Association of the State of New York.

供述。”[①]

2010 年，纽约州地区检察官协会的卓越人才委员会建议，如果警察讯问过程没有被电子设备全程记录下来，并且有证据证明犯罪嫌疑人在讯问时受到胁迫，那么法官必须指引陪审团忽略犯罪嫌疑人作出的有罪供述。最好的做法是法官不得将犯罪嫌疑人的有罪供述作为定案证据，只要作出有罪供述的过程没有完整地、恰当地被电子视听设备记录下来。[②] 排除未经录音录像的有罪供述是基于人道主义和人本主义两大理念，即审查的法官应当综合考虑犯罪嫌疑人作出有罪供述的情形，以及有罪供述所证明的事实。可以说在一个电子化的时代，美国司法界已将未经电子视听设备完整、适当录制下来的警察讯问视为新的“毒树之果”。

四、警察讯问录音录像制度的局限性

尽管警察受益于现代科技的巨大进步，但是警务工作或者警察讯问本身还是存在很多复杂和棘手的问题。警察询问毕竟要由人来完成，而不仅仅是单纯的操作机器。2007 年在斯科特诉哈里斯（Scott v. Harris）[③] 一案中，美国联邦最高法院的安东尼·斯卡利亚大法官代表多数意见执笔写道：我们非常乐意允许警察使用影音资料来证明其讯问的公正性和真实性。[④] 但是，不幸的是这种做法本身也会导致新的分歧和迷惑，因为影音数据必须依赖人的分析才能说明问题。在以事实为依据的刑事诉讼过程中，不同的参与主体（警察、检察官、辩护律师、陪审团、受害者、法官和犯罪嫌疑人）基于不同的诉求有可能对同一份影音证据作出不同的诠释。更重要的是，人类的语言和肢体交流本身存在的模糊性和多元价值也会造成影音数据在事后分析时必然带有极大不确定性。

研究表明，观看者自身内心的期待和意愿会影响其理解和评判音像资料所传达的

---

① The Innocence Project（2009，December）. *Model Legislation*，2010 *state legislative sessions*：*An act directing the electronic recording of custodial interrogations*. New York：Benjamin N. Cardozo School of Law，Yeshiva University，2.

② 纽约州地区检察官协会的卓越人才委员会研究并且公布了《纽约州警察询问录音录像行为指引》（以下简称《指引》）。该《指引》指出在有些条件下，警察询问同步录音录像的做法是不可能实现的。这些条件包括：在逮捕过程中犯罪嫌疑人回答警察提出的常规问题或者在此过程中嫌疑人作出的其他陈述，嫌疑人在被逮捕时作出的陈述，警察讯问犯罪嫌疑人时并不知道该嫌疑人所犯的罪行，警察在未安装录音录像设备的地点讯问犯罪嫌疑人（该讯问地点并不是刻意选择），犯罪嫌疑人因故不能出现在讯问室而在其他地点接受警察讯问，比如犯罪嫌疑人在他州、医院或者正在他处监禁，如果犯罪嫌疑人书面拒绝接受警察询问而作出的其他陈述，出于疏忽大意导致讯问未能被录制下来（执法人员的故意行为除外）。

③ 在斯科特诉哈里斯（550 U. S. 372）一案中，一位副警长被诉将一辆正在参与飞车比赛并试图逃脱警察管制的汽车撞到路边，因此导致司机瘫痪。大多数法官认为警察行为合法，并解释道，如果警察为了停止道路上的高速飞车比赛，而将无辜行人的生命置于危险的境地，这种做法并不违反美国宪法中关于公民免受非法搜查和扣押的规定，即使这个行为有可能使正在逃跑的司机受伤或者死亡。在一项特殊动议中，法庭接受了电子证据来证明司机确实在超速行驶。

④ Lassiter，G. D.，Ware，L. J.，& Lindberg，M. J.，& Rathcliff，J. J.（2010）. Videotaping custodial interrogations：Toward a scientifically based policy. In G. D. Lassiter & C. A. Meissner（Eds），*Police Interrogations and false confessions*：*Current research*，*practice and police recommendations*（pp. 143 – 160）. Washington，DC：American Psychological Association.

含义和内容。① 而且，人类的主观理解和判断也总是带有很大的选择性，容易受到情绪的支配。例如，犯罪嫌疑人在讯问中表现出精神紧张和情绪激动，那么检控官的理解是犯罪嫌疑人内心怀有负罪感和忏悔，但是陪审团则认为这证明犯罪嫌疑人受到了警察的胁迫。以书面材料和音像材料为对象的实验性研究证明，即使模拟陪审员明知犯罪嫌疑人很可能在讯问时遭受警察胁迫而作出有罪供述，一份有罪供述将会极大增加陪审团投票认为犯罪嫌疑人有罪的可能性，不论这份供述是否出自犯罪嫌疑人的自愿。② 上述研究并不意味着诉讼参与各方不能就视听资料的内容和其使用价值达成共识，而是提示我们，观察者对音像资料的理解和评判其实是一个会受到人格特性、思想偏好、人生经历和职业立场等因素影响的主观能动过程。③

近几年的研究证明，为了避免产生错误的有罪供述，法律需要规定警察讯问必须进行全程录音录像制度的同时，还需要明确禁止警察使用某些容易导致虚假有罪供述的诱骗性的讯问策略。④ 比如在进行辩诉交易时，如果检察官常常会滥用权力促使犯罪嫌疑人作出有罪的供述来换取更轻的刑期。在进行讯问时，犯罪嫌疑人常因无法承受审讯压力，就会选择提供虚假证据以尽快摆脱被羁押和隔离的状态。在讯问过程中，美国的执法部门应当放弃使用这些不恰当的策略，应当注重搜集信息以便更好地计划和准备接下来的侦查活动，应当使犯罪嫌疑人感觉到他们处于一个公平、开放的、注重证据的环境中，应当将提问和聆听结合起来，应当为那些弱势的群体提供特殊权利保障措施。⑤ 因此，如果美国警察部门决心提高录音录像技术在讯问中的作用，减少错误供述和错误判决的数量，那么他们应当采取措施加强相关培训，比如哪些讯问策略容易使犯罪嫌疑人作出错误的有罪供述，如何评估和讯问那些高风险的犯罪嫌疑人和特定的弱势人群。

综上所述，尽管警察讯问录音录像并不能解决讯问中存在的暴力胁迫的问题，不能消除所有的虚假供述，室内安装高科技设备也不能完全忽略警察讯问包含的人为因素，但是随着相关法律的不断出台，以科学实验为基础的立法建议不断增多，那么电子录音录像技术能够改变警察讯问的终极目标，从以秘密地高压手段获取有罪供述转为以双向的、公开的方式来获取证据。⑥ 警察讯问过程和结果的改变必将提升整个刑事司法制度的效率和公信力。

---

① Balcetis, E. , & Lassiter, G. D. (2010). *The social psychology of visual perception.* New York: Psychology Press.

② Kassin & Sukel (1997). Coerced confession and the jury: An experimental test the "harmless error". *Law and Human Behavior*, 21, 27 – 46.

③ Kahan, D. , Hoffman, D. A. & Braman, D. (2009). Whose eys are you going to believe? Scott v. Harris and the perils of cognitive illiberalism. *Harvard Law Review*, 122 (3), 837 – 906.

④ Kassin, S. M. , & Gudjonsson, G. H. (2004). The psychology of confessions: A review of the literature and issues. *Psychological Science in the Public Interest*, 5, 33 – 67.

⑤ Bull, R. , & Soukara, S. (2010). Four studies of what really happens in police interview. In G. D. Lassiter & C. A. Meissner (Eds.), *Inerrogation, confessions and entrapment* (pp. 181 – 196). New York: Kluwer/Plenum.

⑥ Bull, R. and Milne, R. (2004). Attempt to improve police interviewing of suspects. In G. D. Lassiter (ed.), *Interrogation, confessions and entrapment* (pp. 181 – 196). New York: Kluwer/Plenum.

五、结论

数字影音设备揭开了警察讯问的神秘面纱，使得公众能够了解警察与犯罪嫌疑人在讯问室中的一切言行。犯罪嫌疑人和警察任何一方都无法预先设计或者事后人为重塑整个讯问过程。法官、检察官和陪审员也可以看到讯问时警察和犯罪嫌疑人的一举一动，比如犯罪嫌疑人的供述是否连续、清晰和明确，犯罪嫌疑人是否更改过供述的内容，或者犯罪嫌疑人看上去是真诚无辜还是狡猾内疚。他们也可以对警察的侦查策略和讯问技巧是否恰当提出质疑。尽管电子技术不能消除人类主观感受和记忆之间的矛盾，但是它却肯定能减少错误供述的数量。

美国的执法部门在使用视听设备记录警察讯问方面获得了很多有益的经验，这一切归功于很多研究机构给他们提供了必要的行为指引。可以说，美国的执法部门不仅仅能够使用新的电子技术和设备，还能够发挥其最大的作用。十多年前，美国的精英心理学家就进行了很多规范警察讯问行为的社会科学研究。通过在实验室以科学的方法分析研究数据，研究者们梳理了理论，并且积累了足够多的重要数据，比如出现错误供述的原因，犯罪嫌疑人对胁迫和欺骗手段的承受能力，技术造成的主观偏见和人类记忆中的社会、心理因素。由于人类的行为现象很容易受到文化的影响，因此不同族群和时代的人对同一行为的理解会千差万别。心理学家设计各种科学实验，在特定环境下模拟、演示各种讯问技巧，分析警察和犯罪嫌疑人的各种表现、行为及其含义。科学实验方法的运用极大地推动了这一领域的研究进程，也使得警务工作的性质和警察讯问获得了科学的阐释，有利于学者和执法者紧密合作来提升立法和执法的科学性和合法性。

实际上，在警察讯问录音录像的最初阶段时，警察内部的反对之声极其普遍。其实，那时他们的担心不难理解，比如很多探员以为引入录音录像技术的目的就是仅仅增加一个能够证明“我抓到你了”的法律程序或者试图惩罚那些在讯问中行为失当的警察。很多警察争辩，在讯问中使用欺骗和试图恐吓的策略是合法的，尽管这些特殊的讯问策略由于其极高的专业性很难得到普通民众的理解和赞同。还有些警察非常担心电子技术的可靠性和因为设备损害造成对讯问工作的干扰。但是当警察、法官和检察官看到这些电子视听证据在庭审时发挥了意想不到的证明作用时，这些反对之声很快就被热烈的赞誉声取代了。2004 年一项来自阿拉斯加州和明尼苏达州警察局的调查结果表明，参与调查的警员对录音录像技术的引入都给予了积极的评价。

对于检察官来说，电子录音录像技术能够为他们检控案件提供更多的细节证据，也能够提高辩诉交易的成功率，增加犯罪嫌疑人在庭审时作出有罪答辩的数量，缩短冗长的判决过程，降低司法成本。在庭审时，法官和陪审团会更倾向于作出有罪判决，因为由电子视听资料比警察简述讯问过程更能证明犯罪嫌疑人作出有罪供述的自愿性和真实性。更重要的是，讯问过程的透明化和来自公众的监督已变成一种重要的推动力，促使警察不断改进搜集证据的方式，不断完善提问方式和行为的合法性。警察不仅减少了错误有罪供述的产生，也提高了专业自信心和社会形象。圣保罗警察局的尼尔·纳尔逊局长指出，讯问专家非常赞同引入录音录像技术，声称这是避免经常不当讯问行为的最好武器。①

（初审编辑：张小玲）

Electronic Recording of Police Interrogations in the United States

Hung - En Sung　Zhao Hua

Abstract: Currently, there is a trend towards mandatory electronic recording of all custodial interrogations in the United States. The existence of numerous wrongful convictions resulting from false confessions has prompted the promotion of audiovisual recording as a solution to the problem. Despite initial resistance from law enforcement practitioners, the experiment has been successful and popular. Technology itself does not bring about good results; it is the principled use of the technology that produces the best outcomes. This essay provides an overview on the rational and practice of recording police interrogations and reviews best practices that have enhanced the effectiveness of this investigative approach.

Key words: police interrogation; electronic recording

① Wagner, D. (2005). FBI's policy drawing fire: Interrogations not taped. *The Arizona Republic*, December 6, 1A.

俄罗斯联邦警察立法变化述评

周艳萍*

摘　要：20世纪90年代前苏联解体，作为主体部分的俄罗斯联邦按照资本主义民主、宪政原则进行了一场根本性的旨在建立法治国家的改革。警察机关承担着维护国家社会公共安全及打击犯罪的重任，如何进行改革以适应新时期的需要，是改革的重点之一。2011年，俄罗斯国家杜马废除了原《民警法》，通过了新《俄罗斯联邦警察法》，新法内容全面、细致，堪称一部较为完善的警察法典，也是对警察制度一次较为全面、彻底的改革。本文拟通过对《俄罗斯联邦警察法》内容的介绍，以及与旧法的比较，对新《俄罗斯联邦警察法》的特点及精神尝试阐述自己的一点看法，以期对同样处于转型时期的中国警察制度的改革有借鉴意义。

关键词：俄罗斯　警察法　述评

俄罗斯是当今世界上具有较强影响力的大国，也是中国的近邻。俄罗斯作为中央集权国家，十分强调警察的作用。俄罗斯警察在国家权力构成中占据着十分重要的地位，警察队伍十分庞大。如何合理定位警察在国家中的职权，有效调整规范警察活动，使之发挥有效维护社会公共安全，促进社会和谐安定的作用，是俄罗斯警察法致力改革的目标。2011年1月28日，在经过为期半年的全民讨论之后，俄罗斯国家杜马正式通过了《俄罗斯联邦警察法》，该法自2011年3月1日生效。新《俄罗斯联邦警察法》第55条规定正式废止1991年4月18日由俄罗斯苏维埃联邦社会主义共和国人民代表大会和最高委员会通过并实施的《民警法》，同时全面废止了与该法相关的一系列修改决议，包括前《民警法》在内总计废止45个法律及修改决议。因此，《俄罗斯联邦警察法》不是对原《民警法》的个别修补，而是一次较为彻底、全面的修订。在形式上废旧立新，重新制定，使《俄罗斯联邦警察法》成为一部统一的警察法的法典。在内容上，在保留原《民警法》部分内容的基础上，增加了许多新的内容，涉及范围广。因此，本次通过的《俄罗斯联邦警察法》是一次重大的立法活动，在俄罗斯警察法的发展中具有里程碑意义。

本文通过分析《俄罗斯联邦警察法》的内容，并与原《民警法》对比，归纳俄罗斯联邦警察立法的变化，并简要给予评价。

---

* 周艳萍，中国人民公安大学法学院讲师。

一、俄罗斯联邦警察立法的变化

（一）首先在警察的称谓上，新《俄罗斯联邦警察法》恢复使用了历史上的“警察”称谓，取消前苏联时期的“民警”称谓，并在俄罗斯联邦警察予以统一

此次通过的《俄罗斯联邦警察法》在警察称谓上恢复使用了历史上最初建立警察机构时所使用的名称——警察（ПОЛИЦИЯ），不再使用旧法“民警”（МИЛИЦИЯ）的称谓。“警察”称谓在俄罗斯历史由来已久，可以追溯到三百年前。18世纪初沙皇效仿法、德等欧洲国家进行改革，改革前期的1718年，俄罗斯成立警察这一专门机构，作为政府机关，并开始正式使用“警察”这个名称，一直延续到1917年，共有两百年的历史。① 1917年俄国十月革命苏维埃推翻沙皇政府建立了新政权，重新建立警察机构，并使用了与此前不同的新的称谓——民警。1991年前苏联解体，取而代之的俄罗斯联邦颁布了警察法，但仍然沿用“民警”这一称谓。现实生活中存在着警察、民警不同的称呼和叫法。本次修改恢复使用历史上的警察称谓并在全俄罗斯联邦进行了统一，不再使用“民警”的称谓。

（二）在警察职责上，新法在原有基础上赋予了警察更多的职责，以满足社会转型时期维护社会安定的需要

与原法相比，新法赋予了警察更多的职责，警务活动的范围也有所扩大。例如，《俄罗斯联邦警察法》第1条开宗明义明确了警察的三项使命：“1. 保护俄罗斯公民、外国人以及无国籍人的生命、健康、权利和自由；打击犯罪，维护社会秩序、财产；保障社会安全。2. 警察迅速出警给予那些需要保护以免受犯罪和其他非法侵害的人以帮助。3. 警方在其权限范围内对俄罗斯联邦权力机关、俄罗斯联邦主体权力机关、其他国家机关、地方自治机关、其他市政机关、社会团体以及任何所有制性质的组织及其公务员在权利保护方面给予协助。”② 其中，第一项使命是对旧法的保留，第二、第三项使命为新法新增加的内容。即新法在保留原法规定的警察所承担的第一项使命基础上，新增两项使命。除此之外，还在后面进一步加以相关具体规定予以配套和实施。

新增的第二项使命强调的是警察迅速出警的义务，即如果接到报警有人受到犯罪和其他非法侵害，警察即应迅速出警，迅速赶到，以及时有效地提供帮助和保护。与此相衔接，《俄罗斯联邦警察法》第12条第1款第2项规定，警察具有“迅速到达实施犯罪、行政违法行为及事故现场，制止不法行为，消除对公民安全和公共安全的威胁，记录犯罪、行政违法行为实施情况、事件情况，保证犯罪、行政违法行为、事故痕迹的完好性”的职责。新增的第三项使命强调的是警察的协助义务，即如果其他国家机关、社会组织及负责人需要警察给予协助以实施权利保护时，警察应及时予以协助。与此相衔接，《俄罗斯联邦警察法》第10条规定了互助与合作，其第3款规定，“警察在自身权限范围内对国家和市政机关、社会团体和组织给予协助，以保护

① И. Т. Тарасов：《 Полиция России История законы реформы 》, Составление и редакция В. С. Чижевский – М.：Книжный мир，2011 256 стр，8.

② ФЕДЕРАЛЬНЫЙ ЗАКОН" О ПОЛИЦИИ" от 07. 02. 2011 N 3 – ФЗ，Статья 1. Назначение полиции.

其权利和自由，维护法律和秩序。同时也对发挥公民在预防违法和保护法律秩序方面的主动性上给予支持。”①

（三）区分刑事案件不同种类，分别采取不同种类的预审活动，并赋予侦查员采取快速侦缉措施的权力

与我国刑事案件的预审统一采用侦查形式不同，俄罗斯刑事案件的预审采用侦查或调查形式，即除《俄罗斯联邦刑事诉讼法》第150条第3款规定的进行调查的案件范围之外，其他刑事案件的预审采用侦查刑事。也就是说，俄罗斯刑事案件的预审并不是统一的侦查形式，而是区分不同的刑事案件种类，采取侦查或调查的预审形式，并且由不同的机关即调查机关或侦查机关来进行。根据俄罗斯联邦刑事诉讼法，所谓调查，是指对不必进行侦查的刑事案件由调查员（侦查员）进行的一种预审形式。其所管辖的多为罪行较轻的刑事案件。与侦查的主要区别体现在处理的案件不同，实施的主体不同，实施的程序不同以及享有的权限不同等诸多方面。② 以俄罗斯联邦内务系统为例，其内部设有侦查机关和调查机关，根据刑事诉讼法关于侦查管辖、调查案件范围的划分，由具体的侦查员和调查员进行立案、侦查等活动。本次警察法的修改中，明确规定了警察对于刑事案件的两种预审方式，即《俄罗斯联邦警察法》第12条第1款第8项规定，警察根据俄罗斯联邦刑事诉讼法有关侦查管辖，提起刑事案件，对某些非必要的刑事案件进行调查、预审。对某些必要的刑事案件进行紧急侦查行为、预审。由此，将刑事案件的预审从名称上、从管辖机关主体上、从管辖案件种类上明确作出区分，从而形成两套相互独立的预审。

与此同时，《俄罗斯联邦警察法》扩大了警察侦查权限的内容，增加规定了警察采取迅速侦缉措施的权力。例如，该法第12条第1款警察承担的职责中规定：“警察在其权限范围内执行法院（法官）判决，执行侦查员、侦查处长、调查机关的书面委托，进行个别侦查活动，采取快速侦缉措施，拘捕犯罪嫌疑人和被告，进行其他协助诉讼实施的活动”以及“警察有权开展快速侦缉活动，以揭露、预防、制止和查明犯罪，保障个人安全，以及为实现联邦法律规定的其他目的。”③ 快速侦缉措施是为完成快速侦缉活动任务而实施的一系列特殊侦缉手段，是预审活动的一部分，包括：搜查住所、检查邮件、窃听等④。根据俄罗斯刑事诉讼法，快速侦缉措施严格限制于专门主体、依严格的审批程序来实施，普通警察并没有采取迅速侦缉措施的权力。此次警察法赋予警察有权采取快速侦缉活动这一特殊侦查手段，扩大了警察职权。

（四）“扩权与限权相结合”，坚持人权保障，严格规范警务活动依法进行

《俄罗斯联邦警察法》在扩大警察权力的同时，对警察权力的行使亦予以严格限制，坚持保障人权，表现出明显的“扩权与限权相结合”的特点。例如，该法第二章

---

① ФЕДЕРАЛЬНЫЙ ЗАКОН " О ПОЛИЦИИ " от 07. 02. 2011 N 3 – ФЗ, Статья 10. Взаимодействие и сотрудничество.

② 《УГОЛОВНО – ПРОЦЕССУАЛЬНЫЙ КОДЕКС РОССИЙСКОЙ ФЕДЕРАЦИИ》, Статья 150 Формы предварительного расследования. Статья 151, Статья5.

③ ФЕДЕРАЛЬНЫЙ ЗАКОН " О ПОЛИЦИИ " от 07. 02. 2011 N 3 – ФЗ, Статья12. Обязанности полиции1. 8) 9)

④ Http: //knowledge. all best. run/law/3c0b656351. содержание оперативно – розыскных мероприятий.

明确规定了警务活动必须遵守和尊重公民的个人权利和自由、合法性等警务活动原则。一方面，将尊重公民的个人权利和自由放在原则之首，明确警务活动建立在尊重公民个人权利和自由基础之上，彰显对公民个人权利和自由的重视。另一方面，实质上丰富了保障人权的内容。例如，除严格限制对公民权利和自由的禁止、限制强制措施的使用、严禁各种形式刑讯逼供等之外，新法规定了警察对社会团体、组织和权利自由和合法权利的限制也必须有联邦法律规定的基础，并严格按程序进行。还规定警察有责任制止任何故意造成公民肉体或精神痛苦的行为，警察面对公民执法时有出示、解释和说明等告知义务。此外，新法强调对公民隐私权的保护，规定非经联邦法律允许，在未经本人同意时，警察没有权力将执法中获得公民的隐私提供给其他任何人。①

除明确规定警务活动必须坚持保障人权的原则之外，《俄罗斯联邦警察法》还将这一原则进一步加以细化，并渗透到警务活动的各个方面和环节。例如，在武力、特殊装备使用上，该法规定以最小动用武力为原则，即能不使用武力尽量不使用，能使用较轻程度的尽量不使用较重程度的。在肯定警察有权使用武力、枪支和特殊装备的同时，又从各个方面对警察使用武力、枪支和特殊装备进行限制。具体表现在：第一，从实体上规定了使用武力、枪支和各种警用装备的适用情况和条件。包括：对公民或警务人员进行暴力攻击，对拘留、逮捕加以武装抵抗的人等拒捕和公民、警察受到生命威胁等情况。第二，从程序上规定了使用武力、枪支和警用装备应遵守的步骤。包括：拔枪前必须向对方进行警告，告知警察身份及意图，以给对方有机会和时间满足警察的正当要求。因警察使用枪支而导致公民的人身伤害情况时，警察应在24小时之内通知公民的近亲属或其他关系密切的人，并通知检察官。警察有责任保护现场不被改变。对因使用枪支造成了危害公民健康或任何物质损失的任何情况，警察必须告知当地所属机关或负责人，并在24小时内提交相应报告，由相关部门对其进行事后调查，等等。第三，以列举方式逐一规定限制和禁止使用武力、枪支和特殊装备所适用的特定人群及各种情况。② 例如，对有明显怀孕迹象的女性，明显特征的残疾人和未成年人，除有武装抵抗、群体实施或者其他攻击威胁公民或警务人员的生命和健康情况外，禁止使用武力、枪支和特殊装备。第四，规定了警察使用武力、枪支和警用装备的资格。有权使用武力、枪支和警用装备的警察必须经过专门培训，并定期考核有关专业能力，以此保证警察在紧急情况下胜任准确适当使用武力、特殊装备和枪支。③

（五）立足现实，前瞻未来，对警务活动设定新的目标和追求

《俄罗斯联邦警察法》采用开门立法形式，充分听取采纳社会各界意见，内容上有较多突破，在立足解决现实问题的同时，对警务活动未来趋势的认识和把握上有所发展和创新。例如，致力于构建警民关系的和谐；追求警务活动现代化，将对现代科学技术的利用作为义务强制性予以规定，促进警务活动质量的提高；强调预防、控制

---

① ФЕДЕРАЛЬНЫЙ ЗАКОН" О ПОЛИЦИИ" от 07. 02. 2011 N 3 – ФЗ，Статья5. Соблюдение и уважение прав и свобод человека иягражданина. Статья 6. Законность.

② ФЕДЕРАЛЬНЫЙ ЗАКОН" О ПОЛИЦИИ" от 07. 02. 2011 N 3 – ФЗ，Статья20 – 22.

③ ФЕДЕРАЛЬНЫЙ ЗАКОН" О ПОЛИЦИИ" от 07. 02. 2011 N 3 – ФЗ，Статья18 – 23.

和打击恐怖活动，等等。其中，构建和谐的警民关系富有特色。例如，《俄罗斯联邦警察法》第8条规定警务活动公开性和宣传性，警务活动在与俄罗斯联邦有关刑事诉讼法、有关行政违法调查、迅速侦缉活动、保护国家和其他受法律保护的秘密等法律要求不相抵触的情况下是对社会开放的。这种开放是制度化、常规化的。警方通过大众媒体、电信网络、互联网，以及由负责人（至少每年一次）向俄罗斯联邦主体国家权力法律机关（代表机关）、向市政组织代表机关及向公民报告等方式定期向国家和市政机构、公民通报其活动。而相应的，公民、社会团体和组织有权利得到有关警务活动的准确信息，以及得到来自警方的直接涉及他们权利的资料。

警务活动在这种有制度保障的开放的基础上，接受社会各界监督，力求取得社会信任和公民的支持。例如，《俄罗斯联邦警察法》第9条规定，警务活动对公民来说应当是合理和可以理解的，并以一种负责任的态度规定，警务人员损害了公民的权利和自由以及损害了组织的权利的情况下，警方有义务在权限范围内采取措施恢复被损害的权利和自由，并应根据公民的要求，前往其所在地、工作或学习的地点进行道歉。此外，规定内务部联邦行政机关对有关警察活动的社会舆论进行固定监测，同时也对警察和民间社会学院的相互关系进行监测，监测表明的结果定期地通过媒体、信息和电信网络、互联网向国家和市政当局、公民进行通报，并规定社会舆论是内务部联邦行政机关确定的对警察活动进行正式评估的主要标准之一。

二、对俄罗斯联邦警察立法的评价

通过对《俄罗斯联邦警察法》以上变化的归纳和分析，笔者认为，本次立法无论是从内容上，还是形式上均具有创新和进步，对我国警察法的完善不乏借鉴意义。

第一，警察称谓的改变和统一是本次立法标新立异之处。虽然看似只是形式上的改变，但其中传递出了立法者强烈的修法决心和改革意志：一是标示了新法与旧法之间存在的界限，本次修法是一次彻底的、新的立法；二是反映出在经过剧烈社会变革后，俄罗斯对历史的重新审视和继承；三是反映了当今警察法制建设和改革时，对西方欧洲国家法律文明的尊重和借鉴。因此，其并不只具有简单的形式上的意义，它从一个侧面体现出俄罗斯法律乃至社会对历史的重新审视，以及对现实改革的重新认识和定位，具有标志性意义。

第二，对警察出警速度和协助义务的强调，是为了应对俄罗斯转型时期社会治安严峻形势及日益高涨的人权保障需求。一方面，俄罗斯新旧体制转型带来社会治安形势严峻，刑事案件高发，要求警察必须担负起维护社会稳定的艰巨任务。俄罗斯从20世纪90年代始进行激烈的民主社会制度转型，原有的利益格局被打破，新的利益格局日益形成，社会剧变导致社会治安形势严峻，刑事案件高发。因此，警察担负更为复杂、艰巨的维护社会治安和社会稳定的任务。而警察快速灵活反应，案发后能够第一时间迅速赶到现场，无疑有利于及时制止不法侵害，减少损害程度，有效控制犯罪嫌疑人，全面收集、保全证据，为案件的快速侦破及将来刑事诉讼的进行做好准备；另一方面，民众日益高涨的权利保障的需求，要求警察必须对刑事案件快速作出反应，履行义务。转型时期，人权意识的觉醒和高涨，使民众对作为政府主要组成部分的警察机关提出了更高的要求。人们不满于警察办案拖拉、不能及时有效地对其人身、财产安全予以保护。因此,《俄罗斯联邦警察法》强调警察快速出警义务的同时,亦强调加强社会整体联动作用,要求有关机关及负责人对于保障权利需要给予有效协助,当国家和市政机关、社会团体和组织因权利保障需要而对警察提出协助要求时,警察应当在其权限范围内予以协助,以便于发挥权利保护的社会联动作用,形成社会整体协调行动。

第三,预审阶段中区分不同的刑事案件,对于罪行较轻的案件由专门的调查机关进行更为灵活简便的调查活动,而对于罪行较重的案件由专门的侦查机关进行严格缜密的侦查活动,区别对待的做法,有助于集中优势警力资源,解决主要刑事案件,从而提高预审活动的效率。而在警察原有侦查权限的基础之上,赋予警察享有快速侦查措施的权力,也是基于现实治安形势严峻的现实需要,目的在于应对日益复杂的犯罪形势,增强对犯罪的控制和打击力度。

第四,警察权力是一把"双刃剑",在基于现实需要扩大警察侦查权限,以满足警察完成严峻的维护治安和社会稳定任务的同时,必须对其使用加以严格限制,以保证权力不被滥用,不会侵犯到公民、法人的正当权利。《俄罗斯联邦警察法》在限权方面规定得细致入微,体现了立法者对于保障人权这一目标的重视,并致力于付诸实施。

第五,俄罗斯警察和社会各界认识到社会健康长久的和谐应建立在获得社会的信任、理解和支持的基础之上。致力于警务活动与社会的和谐,才是长远之计。当警务活动损害公民权利时要及时修复和弥补,保持警务活动与社会科研院校的联系,重视社会舆论对警务活动的监督,使其对警务活动具有直接约束力,并予以制度化,以及专门的社会组织对警务活动的参与监督等等规定无疑富有诚意和创新。

(初审编辑:张小玲)

Reviewing the Change in Russian Federal Police Legislation

Zhou Yanping

Abstract: In the wake of the collapse of Soviet Union in the 1990s, the Russian Federation initiated the reform in order to establish the state ruled of law according to principles of socialism democracy and constitutionalism. Police, as one element to maintain the public order and to fight crime, is one of the targets of reform. The Russian Congress abolished the old *Civil Police Act* and passed *the Russian Federal Police Act* in 2011. The new act is comprehensive and delicate. Based on the new act, police system was completely reformed. This article first introduces the new act, and then compares it to the old one. Furthermore, this paper summarizes and reviews the characteristics and rationale of the new act, which are supposed to be a reference to the reform of police system in China in the transitional period of the same.

Key words: Russia; police act; review

《警察法学》征稿启事

《警察法学》是由中国人民公安大学法学院主办的学术读物。他围绕警学和警界的理论问题、实践问题展开研讨，通过学术交流，为提高警察执法的规范化与法治化水平尽绵薄之力。其目标是，通过不懈努力，不仅使其成为国内有重要影响的法学类核心学术读物、有特色的品牌读物，更将其打造成中国警界的重要学术园地与交流平台，中国警察执法的学术智库。

其专栏包括《名家论坛》、《主题研讨》、《法学专论》、《高警论坛》、《域外法治》等。

《名家论坛》邀请法学界权威人士对法学热点问题展开讨论。

《主题研讨》围绕理论前沿与实务热点问题，多视角展开研讨。

《法学专论》以展示法学各学科基础理论、前沿问题成果为主，侧重警察执法中的相关研究成果。

《高警论坛》精选一线高级警官的真知灼见，在办案经验、理论研究、立法规范上建言建策，搭建桥梁。

《域外法治》介评各国有关警察实务与立法改革的新动向。

《警察法学》竭诚欢迎学界与实务部门有识之士赐稿。

电子稿件：jingchafaxue@163. com

文字稿件邮寄地址：

中国人民公安大学法学院《警察法学》编辑部，邮编：100038

收稿之日起三个月内未接用稿通知的，请自行处理。

参照国家标准《文后参考文献著录规则》（GB/T 7714－2005）等，相关投稿要求及注释体例如下：

一、文章首页编排体例

1. 摘要。应为论文主要内容的浓缩，一般为200~300字。

2. 关键词。一般每篇文章可选择3~6个。

3. 作者简介。按下列顺序提供作者信息：姓名，学位，工作单位，职称，学术兼职。

4. 来稿篇幅一般在8000~15000字之间，特别优秀稿件可以突破字数限制。

二、注释体例

（一）注释

注释采用脚注，用①②……按序连续排列于页脚。每页单独排列。参考文献按下列顺序书写：主要作者，文献名称，文献类型标识（专著［M］，论文集［C］，报纸文章［N］，期刊文章［J］，学位论文［D］，报告［R］，标准［S］，专利［P］，汇编［G］，电子公告［EB］），出版项（出版地，出版社，出版年），文献起止页码。

（二）参考文献范例

①余敏．出版集团研究［M］．北京：中国书籍出版社，2001：179－193．

②［英］昂温G，昂温PS．外国出版史［M］．陈生铮，译．北京：中国书籍出版社，1988：56.

③辛希孟．信息技术与信息服务国际研讨会论文集：A集［C］．北京：中国社会科学出版社，1994：234.

④孙玉文．汉语变调构词研究［D］．北京：北京大学出版社，2000：90.

⑤丁文祥．数字革命与竞争国际化［N］．中国青年报，2000－11－20（15）．

⑥陈驰．论人权的宪法保障［J］．四川师范大学学报（社会科学版），2000（1）：1－9.

⑦萧钰．出版业信息化迈入快车道［EB/OL］．（2001－12－19）［2002－04－15］．http：//www.creadercom/news/20011219/200112190019. html.

⑧PIGGOT T M. *The cataloguer's way through AACR2：from document receipt to docume－nt retrieval*［M］．London：The Library Association，1990. 234.

⑨YUFIN S A. Geoecology and computers：proceedings of the Third International Conference on Advances of Computer Methods in Geotechnical and Geoenvironmental Engineering，Moscow，Russia，February 1－4，2000［C］. Rotterdam：A. A. Balkema，2000. 34－45.

三、英文信息（附于参考文献后）。包括与中文对应的正文标题、作者姓名、摘要、关键词。

《警察法学》编辑部